Eva Bohne

Was für ein **Mit**einander von Menschen mit und ohne Behinderungen

Einblicke in unsere jüngere Zeitgeschichte

novum pro

Dieses Buch ist auch als
e-book
erhältlich.

www.novumverlag.com

© 2017 novum Verlag

ISBN 978-3-95840-449-6
Lektorat: Dr. Annette Debold
Coverbild: Eva Bohne
Umschlaggestaltung: Beate Dingwort
Layout & Satz: novum Verlag
Innenabbildungen: Eva Bohne

Die von der Autorin zur Verfügung
gestellten Abbildungen wurden in der
bestmöglichen Qualität gedruckt.

Gedruckt in der Europäischen Union
auf umweltfreundlichem, chlor- und
säurefrei gebleichtem Papier.

www.novumverlag.com

Ein ins Wasser geworfener Stein zieht Kreise ...

Widmung

*Dieses Buch ist den Frauen,
KÄRRNER-Müttern behinderter Kinder gewidmet,
die seit 1950 den mühevollen Prozess des Umdenkens
in unserem Land eingeleitet und durchgesetzt haben.
Den Bürgerinnen und Bürgern,
die sich für das Zusammenleben der Menschen
mit und ohne Behinderungen **in Augenhöhe** einsetzen,
gestern – heute – morgen.*

Hamburg 2016

Inhaltsverzeichnis

VORWORT von Dr. Rita Bake

Dieses Buch macht zornig! Nicht auf die Autorin. Ihr sei großer Dank gezollt für diese couragierte und kritische Darstellung der Entwicklung der Ausgrenzung von Menschen mit „Behinderung" und der „Beschäftigung" mit ihnen in den letzten sechzig Jahren. Ebenso für ihre Beschreibung des Aufbegehrens von Eltern – der *Kärrner*-Eltern, wie Eva Bohne sie nennt – gegen die Nichtakzeptanz ihrer Kinder mit „Behinderung", zum Beispiel durch das Ignorieren der Kompetenz dieser Eltern. Und auch ihre Schilderung, wie diese Eltern nicht nachließen in ihren Forderungen nach einer Gesellschaft, in der alle Menschen unbeschränkt, selbstständig und selbstbestimmt an allen Bereichen unseres gesellschaftlichen Lebens teilhaben können und in der gemeinsam auf gleicher Augenhöhe diese Gesellschaft gestaltet wird.

Dieses Buch macht zornig auf eine Gesellschaft, in der der Wunsch nach einem genormten Menschen dominant ist und in der „anders normal zu sein" noch nicht zur Norm wurde. „Neues" Denken ist gefragt, das Verlassen üblicher Gedankenpfade und das kritische Hinterfragen des Begriffs „normal". Dieser Prozess des „neuen" Denkens ist ein lebenslanger Bildungsprozess.

Dieses Buch macht aber ebenfalls auch hoffnungsvoll, wenn Eva Bohne beschreibt, wie – langsam zwar – Fortschritte im selbstverständlichen Zusammenleben von Menschen mit und ohne „Behinderung" erzielt wurden, wie „neues" Denken an unterschiedlichen Stellen zu keimen beginnt.

Dieses Buch macht auch Mut: Mut zum Nachdenken über den eigenen Wert des Lebens. Und dieses Buch weckt Energien, das eigene Menschenbild sowie gesetzte Normen stets kritisch zu hinterfragen und nach den Ursachen zu forschen, woher dieser Wunsch nach einer genormten Welt kommt. Woher kommen diese Ängste, etwa in einer Welt leben zu müssen, in der das Selbstverständliche nicht zu einem Problem wird? Denn selbstverständlich ist nicht die Norm, nicht das Genormte. Selbstverständlich ist die Vielfalt der Schöpfung, die Vielfalt des Seins mit all seinen Facetten.

Eva Bohne zitiert in ihrem Kapitel über Kirche und Theologie den Oberkirchenrat Kurt Puls. Er spricht in seinem Bericht 1993 vor der Synode der Nordelbischen Evangelisch-Lutherischen Kirche davon, dass die Erkenntnis der eigenen Begrenztheit, der Erschöpflichkeit und Behinderung Ängste auslöst. Dies sei zum Beispiel ein Grund, warum in der Gesellschaft Behinderte ausgegrenzt werden. Und weiter sagt er: „Es ist eine Bedingung des Menschseins, begrenzt zu sein, erschöpflich zu sein, in Gefahr zu sein." Johannes Degen spricht von einem stark verinnerlichten Menschenbild, das uns daran hindert, die Begegnung mit Menschen mit „Behinderung" unvoreingenommen auszugestalten.

Ich frage an dieser Stelle: Woher haben wir dieses von Degen beschriebene verinnerlichte Menschenbild? Warum löst die selbstverständliche Erkenntnis der eigenen Begrenztheit Ängste aus und nicht eher Gelassenheit? Wir schaffen uns selbst die Welt, in der wir leben wollen. Warum dann also nicht eine Welt, in der alle gleich wichtig genommen werden? „*Weißt Du, wie viel Sternlein stehen … Gott, der Herr, hat sie gezählet, dass ihm auch nicht eines fehlet*" heißt es in dem Gutenachtlied, das Millionen von Kindern seit Generationen vorgesungen wird und deutlich macht, es darf niemand fehlen, alle sind wichtig: auf Augenhöhe gleich wichtig, möchte ich an dieser Stelle betont hinzufügen.

„Die Würde des Menschen ist unantastbar", heißt es in Artikel 1 des Grundgesetzes, das sich die demokratische Bundesrepublik Deutschland 1949 als Verfassung gab. Dieses und noch weitere einklagbare Grundrechte wurden unter anderem vor dem Hintergrund der Erfahrungen in der nationalsozialistischen Diktatur im Grundgesetz festgeschrieben. Artikel 1 des Grundgesetzes gilt für uns alle. Allein schon aus dieser schlichten, aber umso gewichtigeren Tatsache heraus steht eine genormte Gesellschaft im Widerspruch zum Grundgesetz.

Danke an Eva Bohne für dieses Buch. In ihrem Kapitel über Kirche und Menschen mit Behinderungen zitiert sie den wichtigen Satz von Pastor D. Ulrich Bach, der voll den Grundwerten des Grundgesetzes entspricht: „Entweder ist ein Satz für uns alle richtig oder er wäre auf uns alle falsch. Unterschiedliche Sätze über den Menschen wären apartheidstheologische Sätze."

Hamburg, Oktober 2016

Zur Verdeutlichung: Bei der Benennung von Personen ist das jeweils andere Geschlecht immer mitgemeint. In dem vorliegenden Text tauchen verschiedene Ausdrucksformen zu B e h i n d e r u n g auf. *Sprache ist Ausdruck unseres Fühlens und Denkens!* Der Wandel in der Einstellung gegenüber Menschen mit Behinderungen wird so durch die besonderen Begriffs- und Ausdrucksweisen in den jeweiligen Zeitabschnitten dokumentiert.

Zum Geleit

Für viele Bürgerinnen und Bürger unseren Landes rücken jetzt, so ist meine Beobachtung, Menschen mit Behinderungen ab 2009 wieder vermehrt oder erstmals in ihr Blickfeld. Warum jetzt und wieso erst jetzt? Bedurfte es dazu dieses Anstoßes von außen mit der UN-Behindertenrechtskonvention (UN-BRK), damit auch bei uns das seit Langem geforderte *Umdenken* zum Person-Sein der Menschen mit Behinderungen nicht länger engagierten Einzelnen und Gruppen überlassen bleibt umzusetzen, was bisher gegen bestimmte Interessengruppen im Behindertenbereich jeweils erkämpft und erstritten wurde?

Es wird einer breiten Leserschaft in unserer Bürgergesellschaft, für die einen bestätigend und für anderen „jetzt informierend" Einblick gegeben in einen uns dank der UN-BRK nun alle angehenden, aber bisher wenig beachteten Problembereich. Trotz vorhandener Fachliteratur begegnet mir aus den wiederholt gestellten Fragen der Bürgerinnen und Bürger große Unwissenheit. Als 1932 Geborene, Zeitzeugin, Aktivistin und Betroffene beantworte ich bisher punktuell Fragen der Jahre ab Ende des Zweiten Weltkrieges 1945 zum Thema und wirke damit aufklärend, welcher Kämpfe es in Deutschland-West bedurfte, die unhaltbaren Lebensumstände der Menschen mit Behinderung und von deren Angehörigen – als „Mit"-Betroffene – so in den Fokus zu nehmen, damit Kirche und Diakonie, Universitäten und Kommunen sowie gesetzgebende Institutionen endlich zu *neuem Denken* und zu *verändertem Handeln* gezwungen wurden die Wende einzuleiten. Diese Erfahrung wurde mir zum wichtigen Impulsgeber, den Inhalten mit dieser Publikation „Gestalt" zu geben.

Ein Anliegen ist es, mit diesem Buch einen Bogen zu spannen zwischen der rein wissenschaftlichen, theoretischen und abstrakten Sichtweise bezüglich des Phänomens „Der Mensch mit Behinderungen" auf der einen und der Lebenswirklichkeit Einzelner und der Familien mit behinderten Angehörigen auf der anderen Seite. Mit den von mir aufgezeigten Einblicken in unsere jüngere Zeitgeschichte wird bewusst der Blick auf die Auswirkungen der umzusetzenden geltenden wissenschaftlichen Grunderkenntnisse in Bezug auf die Lebenssituation der Menschen mit Behinderungen und von deren Angehörigen als *Mitbetroffenen* in unserem Land gelenkt und ausschnitthaft, aber dennoch exemplarisch und aufschlussreich „aufgeblättert".

So wird beispielsweise die Diskrepanz zwischen den normativen Vorgaben und den empirischen Tatbeständen deutlich und wie die fehlende praktische Umsetzung einer Verbesserung der Lebensumstände behinderter Menschen dazu in krassem Widerspruch stehen.

Verständlich für jede und jeden wird reflektiert und informiert über die lebens*un*würdige Lebenssituation der „Behinderten" und die „Beschäftigung" mit ihnen in unserem Land nach 1945 sowie über die, die diese *„Elendsstraße"* (Dr. Jörn Halbe) für eine sogenannte „Randgruppe" in unserer Gesellschaft nicht weiter fraglos als so *gegeben* hinnehmen wollten. Den interessierten Leserinnen und Lesern kann sich über den Inhalt des Buches erschließen, **wer** den not-wendigen Aufbruch ab Mitte der 1950er Jahre in Deutschland eingeleitet hat und wie er schrittweise erstritten und durchgesetzt wurde. Dieses Engagement und die Zivilcourage Einzelner und von Gruppen, deren Ziel es war, die *Noch-Zustände* im Behindertenbereich aufzudecken und zu verändern, gilt es würdigend herauszustellen. (Siehe auch: Teil I: „Aufbruch! Da kommt *mein* Kind nicht hin!") Es sind allen voran die mutig für ihre Kinder mit Behinderungen eintretenden Eltern, vor allem die Frauen der ersten Stunde ab den 1950er Jahren – die *FRAUEN*,

KÄRRNER-MÜTTER, wie ich sie würdigend nenne, als die, die es wagten, die mühevolle Arbeit für *neues Denken* wegweisend einzuleiten und durchzusetzen – unterstützt durch das Engagement der Pioniere an der Basis und vorausdenkenden Promotoren in den Chefsesseln der Leitungsebenen. Es ist unbestritten, durch das Bemühen betroffener Eltern und einiger aufgeschlossener Fachleute wurde der gesellschaftliche und fachliche Diskurs zur Integration angestoßen. So sind endlich die für dieses *neue Denken* und *neue Handeln* bisher verschlossenen Türen aufgestoßen worden.

Mein Berufsalltag zwang mich ab 1970 dazu, die wissenschaftlichen Grunderkenntnisse zu überprüfen und zu reflektieren in Bezug auf deren Umsetzung in den Lebensalltag der Familien mit behinderten Töchtern und Söhnen. Deshalb verknüpfe ich biografische und publizistische Elemente mit grundlegenden wissenschaftlichen Erkenntnissen zum Thema, wobei ich keinesfalls den Anspruch auf Vollständigkeit erhebe. Aus dieser Perspektive rücke ich Begebenheiten unserer jüngeren Zeitgeschichte und eigene Erfahrungen reflektierend und biografisch unterlegt ins Blickfeld. Meine Erkenntnis aus diesen fünfundvierzig Jahren lautet: **„Jedem Paradigmenwechsel geht eine Zeit voraus, in der** *m u t i g e* **Vordenkerinnen/ Vordenker** *gegen den Strom* **arbeiten."** [1*]

In dem wohlgeordneten Sozialraum unserer Kommunen mit Kirche und Gesellschaft gab es eine S o n d e r w e l t, zu der *ICH,* die Normalbürgerin oder der Normalbürger, möglichst nicht dazugehören wollte: *„Hauptsache gesund und nicht behindert!"* Die „Behinderten" als sogenannte „Soziale Randgruppe" existierte kaum im Bewusstsein unserer Bürgergesellschaft. Sie galt es, bewusst in den Fokus zu nehmen.

Nach Beendigung der Ermordung während der NS-Zeit 1945 wurden Menschen mit Behinderungen in West-Deutschland weiterhin ins *Abseits* gestellt in festgefügten, hierarchisch ausgerichteten Heim- und Anstaltsstrukturen. Enorme Hindernisse durch strukturelle Verkrustungen in Behörden, Ämtern und den Anstaltshierarchien standen dem Bürgerengagement und der Zivilcourage Einzelner entgegen, die die menschen*un*würdigen Zustände aufdeckten, um diesen ein Ende zu setzen. (Siehe auch Teil I: „Wo kommen wir her?") Im Unterschied zu den umliegenden europäischen Ländern hielt sich in Deutschland bis in die 1990er Jahre die allgemein bestimmende, verfestigte Einstellung, die bestehenden Strukturen mit *Sonder-Welten* im Behindertenbereich zu erhalten und möglichst auszubauen. So wurde einerseits viel *f ü r* Menschen mit Behinderungen als *Objekte des Handelns an ihnen* und *für sie* getan. Andererseits gingen die seit 1956/1958 gegründeten Elternorganisationen bereits neue, andere Wege mit dem Auf- und Ausbau möglichst zentral gelegener, ambulanter Förder-, Bildungs- und Wohnmöglichkeiten für ihre Töchter und Söhne mit Behinderungen.

Wie schwer es ist, hier dem Wandel eine Chance zu geben, beschreibt Ingrid Körner, seit 2011 Senatskoordinatorin für die Gleichstellung der Menschen mit Behinderung in der Hansestadt Hamburg: „… gewachsene Strukturen, ob in der Wirtschaft, in der Wissenschaft oder in der Sozialpolitik, sind die, die sich per se durch Beharren auszeichnen: Konzepte und Organisationen sind erprobt, Gebäude und Anlagen errichtet, Kompetenzen erlernt. Man hat Erfahrung mit der jeweiligen Struktur, das System funktioniert und ist erfolgreich. Warum sollte man so etwas grundlegend verändern, einen anderen Weg einschlagen, dessen Risiken man nicht kennt und dessen Erfolg unsicher sein könne?"[2]

In vier Abschnitten versuche ich zu verdeutlichen, wie eng verflochten mit dem Phänomen „*Der Mensch mit Behinderung*" diese in den Blick genommenen vier Handlungsfelder sind und einander bedingen:

- Das jeweilige Zeitgeschehen: Geschichte lebt mit uns und prägt uns.
- Normatives Denken und Handeln als Kennzeichen des Bildungsbürgers: Vorzeigen, was man hat, und ängstlich verstecken, was nicht der *Norm* entspricht.
- Fragwürdige theologische Auslegungen: die Reduzierung von Menschen mit Behinderungen zu namenlosen *„Objekten barmherziger Zuwendung"* und *„erlösungsbedürftigen Wesen"*.
- Die schrittweise Durchsetzung des *neuen D e n k e n s* und seine Herausforderung heute zu *inklusivem* Zusammenleben *aller*.

Die *Einblicke* sind ein **Plädoyer** dafür, wie inmitten fest gefügter Strukturen dennoch Veränderungen in unserer Gesellschaft möglich wurden, beispielsweise gegenüber dem *„alten Denken"* das *„neue Denken und neue Handeln"* zum Leben der Menschen mit Behinderungen durchzusetzen. Was damit gemeint ist, gilt es zu erklären und würdigend herauszustellen: Aus meiner Erwiderung auf die heute auffallend oft geäußerte Betonung der außerordentlichen und großen Herausforderung, vor der wir als Gesellschaft und als Kirche in Deutschland ganz neu ständen, diese UN-Behindertenrechtskonvention (UN-BRK) umsetzen zu sollen, wird dieses deutlich: „Jetzt wird offenbar! In unserer Bürgergesellschaft ist wenig Wissen darüber vorhanden, was in unserem Land seit mehr als vierzig Jahren mutig erkämpft und erstritten wurde und inzwischen s c h r i t t w e i s e umgesetzt wird. Es ist das *Fundament,* auf dem heute Inklusion aufgebaut und umzusetzen ist!

Inklusion meint: Das Zusammenleben der Menschen mit und ohne Behinderungen – auf Augenhöhe – zu *wagen,* es einzuüben und auszugestalten! Die *Vordenkerinnen* und *Vordenker* begannen seit Mitte der 1950er Jahre *mutig gegen den Strom* zu arbeiten und hatten ihr *neues Handeln* deutlich benannt: ,Es gilt das *„alte Denken"* endgültig zu beenden, das insgesamt *defizitär* ausgerichtet ist im Beschreiben, Beurteilen, im Klassifizieren der Menschen mit Behinderungen durch beispielsweise die Mediziner, Pädagogen, Theologen und Juristen. Stattdessen kämpfen und streiten wir hierzu einem Paradigmenwechsel den Weg zu bahnen im Denken und Handeln – „Neuem Denken", ausgerichtet an der seit 1948 geltenden Gleichwertigkeit aller Menschen durch die UN-Menschenrechtserklärung von 1948'."[3] Dieser neuen Grundeinstellung zum Leben der Menschen mit Behinderungen folgend, ist genauer und reflektierend hinzuschauen:

– Wie gingen wir nach der Befreiung vom Nationalsozialismus 1945 mit den Hinterlassenschaften des NS-Regimes um, mit seinem menschenverachtenden Umgang mit behinderten Menschen bis hin zur Vernichtungsaktion *lebensunwerten* Lebens?
– Wie und durch wen gelang es, die Separation der Menschen mit Behinderungen zu beenden?
– Wodurch haben internationale Verbindungen wie beispielsweise die Ökumene (WCC/ÖRK) und „Inclusion International", ehemals „Liga von Vereinigungen zugunsten geistig Behinderter", gegründet 1960, mit zu den Veränderungen beigetragen?
– Warum muss überhaupt die *uneingeschränkte TEILHABE der Menschen* mit Behinderungen am gesellschaftlichen Leben <u>völkerrechtlich</u> abgesichert werden?
– Beginnen wir mit den an uns gestellten Herausforderungen beim Stande null, die UN-Behindertenrechtskonvention (UN-BRK) nun auf allen Ebenen unseres Zusammenlebens umzusetzen?
– Wird nur, was rechtlich einforderbar ist, für alle umgesetzt und ist somit der Beliebigkeit bestimmter Interessengruppen entzogen?!

Anhand der „aufgeblätterten" Begebenheits-Berichte kann sich für die interessierten Leserinnen und Leser erschließen, **wie** die notwendigen Änderungen zu den lebens*un*würdigen Lebensbedingungen in unserem Land erkämpft und erstritten wurden.

Zur Erinnerung: Wir alle hatten Lehrer zum Thema „Behinderung ist …". Was haben wir wie und wodurch gelernt zum Thema: „Behinderung und Medizin", „Behinderung und Vererbung", „Behinderung und Kirche", „Behinderung und Theologie", „‚Behinderte' im Drittes Reich" (1933–1945)? Ich könnte die Liste beliebig verlängern. Was haben wir verinnerlicht und ist zu meiner heutigen Haltung geworden? Zum Beispiel weiß ein guter Pädagoge um seine Verantwortung, denn Pädagogik ist, ebenso wie andere Wissenschaften, in der Gefahr, auch *tendenziös* zu wirken: Die Rolle der Pädagogen in der Zeit des Nationalsozialismus (1933–1945) ist ein erschreckendes Beispiel dafür, wie ein ganzer Berufsstand teils bewusst, teils unbewusst, einem menschenverachtenden Regime zugearbeitet hat.

Wir Bürgerinnen und Bürger sind immer zugleich auch Lehrende zum Thema *Menschen mit Behinderungen* für andere. Sind wir uns dessen bewusst? Außerdem: Wir lernen *personal!* Unser So-Sein ist sichtbarer und spürbarer Ausdruck unserer Haltung. Unsere Körpersprache ist verräterisch echt! Unsere Authentizität drückt sich in der Sprache aus. Ob wir wollen oder nicht: wir *reden* ständig *personal*. Unsere ethische Haltung zu diesem Thema drückt sich in unserem Reden und Handeln aus.

Über meinem Schreibtisch hing gerahmt der Satz „*Wer etwas ändern will, findet einen W e g, die anderen eine Ausrede.*" Auf diesem Weg würde ich nur in der Vernetzung mit anderen etwas bewirken können, denn wer grundlegende Änderungen einleiten will, rüttelt an den *Grundfesten* bestehender Strukturen, hier der Hilfesysteme. Und die zeigen wenig Neigung für Veränderungen. Dank der ersten Vernetzung bereits ab 1970 und dann ab 1980 erweitert zum Kreis der *„Verbündeten in der Sache behinderter Menschen"* in der Nordelbischen Evangelisch-Lutherischen Kirche (NEK), heute Nordkirche, und darüber hinaus aus Theologen, Ärzten, Juristen, Laien, Studierenden, behinderten und *nichtbehinderten* Menschen bundesweit, wurde eine 25-jährige Pionierarbeit zugunsten eines veränderten *neuen Denkens* und *neuen Handelns* zu der stark veränderungsbedürftigen Lebenssituation der Menschen mit Behinderungen und deren Angehörigen auf- und ausgebaut. Dabei veränderten sich auch die *sogenannten* Nichtbehinderten. (Siehe auch Teil III: „Verbündete in der Sache behinderter Menschen")

Mein Suchen nach Gesprächspartnern innerhalb der Kirche begann seit der 1970 begonnenen Bildungsarbeit mit und für Familien mit behinderten Kindern unter der Fragestellung: *„In Kirchengemeinden leben Familien mit behinderten Angehörigen. Was ist im Jahr 1972 darauf die Antwort der Kirche?!"* Ausgrenzung der Menschen mit Behinderungen und ihrer Angehörigen war in sehr differenzierter Ausformung in der Gesellschaft weit verbreitet, auch in unserer Kirche der 1970er Jahre. Was hier Gemeindeglieder mit behinderten Angehörigen vorfanden, entsprach genau der kirchlichen Aufgabenteilung, nach der alles zum Thema *Behinderung* den Diakonischen Werken zuzuordnen sei. Ebenso galt noch: *Behinderte gehören in die Anstalt!* Die Folgen dieser Ausgrenzungsmentalität spürten die Familien besonders hart, in denen in der Geschwisterreihe ein Kind mit Behinderungen aufwuchs, denn Stephan mit einem Down-Syndrom war zum Unterschied seines Bruders und seiner Schwester von den Gemeindeaktivitäten für Kinder und Jugendliche einschließlich der Konfirmation ausgeschlossen. (Siehe auch Teil III: „Menschen mit Behinderungen leben unter uns – als eine Herausforderung an unsere Theologie und Kirche")

Die in den 1950/1960 er Jahren schnell erstarkten Selbsthilfeorganisation betroffener Eltern und deren Verbündeten sind nach Ines Cremer Ausdruckszeichen des Aufbegehrens zu bestehenden „Miss"ständen: „(…) Selbsthilfe entsteht aufgrund einer Kritik an den bestehenden Hilfeformen, wie sie vom Staat und großen Verbänden angeboten werden. (…) Sie sind Ausdruck von und Anspruch nach Bürgerbeteiligung an Belangen des öffentlichen Lebens."[4] Hierzu wird beispielhaft geschildert, wie engagierte, tatkräftige Frauen, Kärrner-Mütter behinderter Kinder, 1970 in der Hansestadt Hamburg den Anstoß zu einer Behindertenarbeit mit einem *Bildungs*-Ansatz gaben. Vergleichbar einem ins Wasser geworfenen Stein, der *Kreise* zieht, wurde daraus eine 25-jährige Pionierarbeit. (Siehe auch Teil II: „Eine Anfrage – 1970 – und was daraus wurde")

In der Bundesrepublik Deutschland ist mit dem Inkrafttreten der UN-Behindertenrechtskonvention (UN-BRK) 2009 durchgängig ein Aktionismus zu Inklusion zu beobachten, der vor allem die Barrierefreiheit in den Vordergrund stellt und umsetzend voranbringt. Inklusion ist jedoch sehr viel umfassender und geht uns alle an! Die dazu erforderliche Bewusstseinsbildung der Bürgergesellschaft selbst wird, so ist meine Beobachtung, zurzeit noch zu oft und gern *delegiert* an die *anderen*. An die, die es angeblich vor allem anginge, wie zum Beispiel die Schule. Gemessen am gesamten Lebensweg eines Menschen ist die Schulzeit zwar ein bedeutender Lebensabschnitt, aber nur einer unter anderen. (Siehe auch Teil IV: „*Neues Denken* setzt sich durch …")

Die Rede von einem weiteren *Paradigmenwechsel* zum Thema Inklusion ist weit verbreitet. Ein solcher benötige eben seine Zeit für die Umsetzung und Durchsetzung und rechtfertige, warum *inklusive* Schritte erst zögerlich sichtbar und spürbar sind. Diesen Ansatz stelle ich infrage. Mit der Argumentation, Inklusion sei das völlig Neue, lassen sich beispielsweise die nun zutage tretenden Lücken und Mängel von bisher nur zögerlich vollzogenem *neuen Denken* mit *integrativen* Umsetzungsschritten innerhalb einer Institution oder einer Organisation überdecken. Der Überbetonung eines Paradigmenwechsels, der nun seine Zeit für den Aufbau inklusiver Angebote benötige, liegt möglicherweise das verschleierte Eingeständnis zugrunde: Wir beginnen jetzt auch mit dem *Umdenken*.

Es geht meiner Ansicht nach um die Weiterentwicklung der seit 1980 begonnenen Integrationsbemühungen in Kita, Schule, Arbeit, Freizeit und Wohnen für Menschen mit Behinderungen. (Siehe auch Teil II: „Behinderung – eine g e i s t i g e Herausforderung an uns alle"). *Integratives* Denken und Handeln braucht Einübungsfelder im realen Leben. Es betrifft unser Miteinander der Menschen mit und ohne Behinderungen auf allen Ebenen unseres Zusammenlebens.[1]** Diese praktizierte Ausrichtung im *neuen Denken* und *neuen Handeln* der Vordenkerinnen und Vordenker der 1970er bis 1990er Jahre ist aus meiner Sicht nahtlos übertragbar ins Heute, wo in unserer Bürgergesellschaft *inklusives* Denken und *inklusives* Handeln einzuüben ist.

Rückblickend stellen sich mir einem Spannungsbogen gleich die fünfundvierzig Jahre Engagement in der Sache für und *mit Menschen* mit Behinderungen und deren Eltern dar als ein Mosaik aus *Stolpersteinen, Meilensteinen, Etappenzielen, mühsamen Langzeitvorhaben,* Anleitungen zu *gewagten Geh-Versuchen für* sogenannte Nichtbehinderte, *Aufdecken von unglaublichen Fällen, schmerzhaften Sprach- und Umdenkungsprozessen, zumutender Herausforderungen für die einen und erfahrenem Lebenszugewinn für die anderen und Wechselbäder der Gefühle, wenn strukturelle Schranken und Denkblockaden scheinbar unüberwindbare Grenzen „diktierten".*

Angefangen bei den Fragen von Müttern und Vätern von Kindern mit Behinderungen zur problematischen „Arzt-Eltern-Konstellation" 1972 verlief der Prozess über

— die verschiedenen Auseinandersetzungen mit bestehenden Ausgrenzungen insbesondere in den Bereichen Bildung und Kirche,

– die verbesserte Ausgestaltung der Bedürfnisse zur Lebenssituation inzwischen erwachsen gewordener Menschen mit Behinderungen wie Arbeit, Wohnen und Freizeit
– bis hin zu den Facetten des Altwerdens und Sterbens von Menschen mit Behinderungen.

Vor allem das Zusammenwirken im gemeinsamen Bemühen der betroffenen Eltern und aufgeschlossener Fachleute um Bildung und mehr Partizipation am Leben in unserer Gesellschaft für ihre Töchter und Söhne mit Behinderungen hat deutlich gezeigt, wie sich die Entwicklungschancen dieser Menschen, altersbezogen und individuell verschieden, zum Positiven wenden können. Diesen mühsam erkämpften Zuwachs an Lebensqualität gilt es zu erhalten und diese Wende als unumkehrbar zu verteidigen.

Der Leitsatz „Wenn einer alleine träumt, ist es nur ein Traum, wenn viele gemeinsam träumen, so wird das der Beginn einer neuen Wirklichkeit" von Helder Camara prägte das vernetzte Arbeiten miteinander. Der Kreis derer ist groß, denen ich zu danken habe, die mich in meinem *So-Denken* und *So-Handeln* unterstützt und auch ausgehalten haben,

– die sich mit *auf Spurensuche* begaben und lernten, hinter glänzende Fassaden zu schauen,
– die sich durch *Stolpersteine* nicht haben abschrecken lassen,
– die *mit gewirbelt* haben,
– die mutig das Wort ergriffen haben,
– die *Courage* gezeigt haben.

„Jeder noch so weite Weg beginnt mit einem – meinem – ersten Schritt." Diesen Satz von Konfuzius habe ich bewusst um das Wörtchen „meinen" Schritt erweitert. Nicht die *anderen*, ich fühlte mich herausgefordert und hoffte auf Verbündete. Wer sich mit Beginn der 1970er Jahre auf den Weg begab, die derzeitige Situation *Behinderter* und von deren Angehörigen in den Fokus zu nehmen, der wusste, welche *Felsbrocken* aus dem Weg zu räumen sein würden, bis aus *rechtlosen Objekten der Barmherzigkeit Menschen mit Gesicht und Namen* und *eigener Sprache werden* würden!

Ich lade die Leserinnen und Leser ein, über die exemplarisch ausgewählten Dokumente, die Berichte zu heruntergebrochenen *Aus*Wirkungsgeschichten auf das Alltagsgeschehen Einzelner und Familien mit behinderten Angehörigen, Einblick in den *Kampf um Bildung* als *Eintrittskarte* in unsere Gesellschaft zu nehmen. Dabei werden Sie erfahren, *wie das gemeinsam leben Lernen der Menschen mit und ohne Behinderungen* in vielen gewagten Einzelschritten in unserem Land ab Mitte der 1950er Jahre auf den Weg gebracht wurde. Es werden möglichst verständlich für jede und jeden dem wissenschaftlichen Blick auf die Problematik, der wenig handlungsrelevanten „Beschäftigung" von Staat, Gesellschaft und Kirche mit „Behinderung" Beispielgeschichten aus autobiografischem Erleben gegenübergestellt. Aus der Fülle der Begebenheiten ausschnitthaft zusammengestellt, sind sie dennoch als exemplarisch einzuordnen. Sie geben *Einblick* in unsere jüngere Zeitgeschichte, die heute das Fundament bildet, auf dem Inklusion zu verwirklichen ist.

Als Autorin verbinde ich außerdem die Hoffnung, den Leserinnen und Lesern möge sich über dem Inhalt des Buches in Ansätzen die Einsicht erschließen, warum und dass die UN-Behindertenrechtskonvention not-wendig wurde in der Völkergemeinschaft, aber auch in Deutschland, das Zusammenleben der Menschen mit und ohne Behinderungen nicht länger der Beliebigkeit zu überlassen, sondern völkerrechtlich abzusichern.

Eva Bohne, Hamburg, Oktober 2016

Teil I

Zeitgeschehen: Geschichte lebt
mit uns und prägt uns

Aus der Geschichte lernen heißt, sie zu reflektieren

„Erinnerungen sozusagen mit Zukunftsgehalt?!"
(Johann Baptist Metz)

> „Wer sich mit Geschichte befasst, kommt an die Schmerzzone. Es gibt die Bereitschaft, die Tötungsschwelle nicht nur zu senken, sondern das Töten zum guten Werk selbst zu machen (…). Die Geschichtserfahrung zeigt, wozu wir (!) fähig sind. (…) Denn praktische Humanität werden wir bis zum Ende der Tage nur im Widerstand gegen die ewig sprungbereite Inhumanität haben."[5]

Wir pflegen allzu leicht eine Form von Erinnerung, die alles Vergangene in ein mildes, versöhnliches Licht taucht. Wenn wir Erinnerungen zum unangefochtenen Paradies erklären, zum Asyl für die gegenwärtigen Enttäuschungen, wird Vergangenheit zum Inbegriff für die *gute alte Zeit*. Erinnerung wird so leicht zu einem falschen *Bewusstsein* von Vergangenheit mit Folgen für die Gegenwart.

Der katholische Theologe Johann Baptist Metz hält seit 1977 dagegen: „Es gibt aber auch eine andere Form von Erinnerung: gefährliche Erinnerungen, Erinnerungen, die herausfordern. Erinnerungen in denen frühere Erfahrungen aufblitzen und die neue gefährliche Einsichten für die Gegenwart aufkommen lassen. Sie beleuchten für Augenblicke grell und hart die Fraglichkeit dessen, womit wir uns längst abgefunden haben. (…) Solche Erinnerungen sind wie gefährliche und unkalkulierbare Heimsuchungen aus der Vergangenheit.

Es sind Erinnerungen, mit denen man rechnen muss, *Erinnerungen sozusagen mit Zukunftsgehalt.* Nicht von ungefähr ist die Zerstörung von Erinnerung eine typische Maßnahme totalitärer Herrschaft."[6]

Nur Zeitzeuginnen und Zeitzeugen können vermutlich mit mir ermessen, wie umsichtig suchend wir Ausschau hielten nach Veröffentlichungen mutiger Autorinnen und Autoren, die sich kritisch hinterfragend auseinandersetzten mit den langsam mehr und mehr ans Licht kommenden Unmenschlichkeiten des Nationalsozialisten-Regimes (NS-Regime) der Jahre 1933 bis 1945, denn „Das Vergangene ist nicht tot – wir stellen uns nur ‚fremd.'[7] Und es ist bemerkenswert, was wird wann erinnert?!

Allen voran die Eheleute und Psychoanalytiker Alexander und Margarete Mitscherlich haben mit dem Buch „*Die Unfähigkeit zu trauern*" 1969 gewagt den Untaten Sprache zu geben und es zu publizieren. Mit dem Erscheinen des Buches „*Glaube in Geschichte und Gesellschaft*" öffnete Johann Baptist Metz 1977 uns Christen die Augen. Mutig hatte er als katholischer Theologe, Vertreter einer neuen *Politischen Theologie* und als Befürworter der Autorität *der Leidenden* es gewagt, das Verdrängen der Untaten während der NS-Zeit und das Pflegen einer *falschen* Form von Erinnerung deutlich zu benennen.

Die Vergangenheit spielt laufend in die Gegenwart hinein, weil wir geprägt sind durch die sozialgesellschaftlichen Ordnungen und Vorgaben, die uns im Elternhaus, in Schule und Studium vorgelebt wurden. Bundespräsident Richard von Weizsäcker benennt die Folgen:

> *„Wer aber vor der Vergangenheit die Augen verschließt,*
> *wird blind für die Gegenwart.*
> *Wer sich der Unmenschlichkeit nicht erinnern will,*
> *der wird wieder anfällig*
> *für die neuen Ansteckungsgefahren."*[8]

Seit 2011 sind in der Landeszentrale für politische Bildung der Hansestadt Hamburg Erfahrungen zusammen mit der Historikerin Dr. Rita Bake und der Sonderpädagogin Bettina Marquardt gesammelt worden in durchgeführten Projekten, Workshops und Veranstaltungen zu den Herausforderungen, die für uns als Bürgergesellschaft mit der Umsetzung der UN-Behindertenrechtskonvention (UN-BRK) von 2009 verbunden sind.

Daraus liegt ein ernüchterndes Ergebnis vor: Heute, einundsiebzig Jahre nach Kriegsende, ist hierzulande wenig Wissen zu dieser Facette unserer jüngeren Geschichte vorhanden, um darauf ein *inklusives* Miteinander und Zusammenleben aufbauen zu können. In unserer Bürgergesellschaft kann hierzu nur geringe Kenntnis und daraus resultierend nur ein mangelndes allgemeines Bewusstsein vorausgesetzt werden. Diese Facette unserer jüngeren Zeitgeschichte, die Lebensumstände der Menschen mit Behinderungen in den Blick zu nehmen, wurde verdrängt und tabuisiert mit gravierenden Folgen für diese nicht beachtete Randgruppe unserer Gesellschaft. Ohne Einblick in die Entwicklung zu nehmen, wie sich der Weg der *Separation* im 19. Jahrhundert vollzog und was an schrittweisen *Maßnahmen* ab 1920/30 vorgeschlagen und eingeleitet wurde bis hin zur planmäßig durchgeführten „*Euthanasie – Vernichtung der als lebensunwert erklärten Menschen*" von 1939 bis 1945, bleibt jedem das Ausmaß der systematischen Vernichtungsaktion verschlossen. Ebenso entgeht einem, welcher Bemühungen und Kämpfe es bedurfte, diese systematische Ausgrenzung im Denken und Handeln gegenüber den *Leistungsgeminderten,* den behinderten, kranken, alten Menschen zu beenden und alternative, neue Wege ab 1945 zu wagen. Die „Euthanasie"-Vernichtungsaktion T4 des NS-Regimes von 1939 bis 1945 lediglich als ein historisches Datum unter anderen in Geschichtsbüchern aufzuheben, damit werden wir diesen Opfern nicht gerecht, und wir entziehen uns als Bürgergesellschaft dem Erinnern als Lernen im Blick auf unsere Zukunft, das Neue, beispielsweise die Aufgaben zur Inklusion, heute im Blick auf Vergangenes zu sehen. „Als erinnerte Leidensgeschichte behält die Geschichte die Gestalt ‚gefährlicher Überlieferung'", (…) die nicht in einer rein kritischen Attitüde gegenüber der Vergangenheit ‚aufgehoben' und „stillgelegt" werden kann. (…) Sie geschieht nie rein argumentativ, sondern immer auch ‚narrativ'[* erzählt] in gefährlich-befreienden Geschichten.[9] [(* erzählt)]

Das Thema mehr in den Fokus zu nehmen würde aufdecken, welchen schrittweisen Weg schleichender Veränderungen durch ein sich ausbreitendes „*Klima für Euthanasie*"[10] wir als Gesellschaft ab Ende des 19. Jahrhunderts trotz einiger Mahner mitgegangen sind, dann in der NS-Zeit tatenlos zugeschaut haben, um es danach als ein Tabuthema zu erklären und zu verdrängen.

Ein Rückblick in großen Schritten offenbart: Der Anfang auf dem Weg der uralten Versuchung in Richtung Euthanasie war eine feine Verschiebung der Grundeinstellung der Ärzte zu menschlichem Leben bereits um 1600. 1895 wurde daraus ein „*Recht auf den Tod*", so der Mediziner Adolf Jost. Fünfundzwanzig Jahre später, ab 1920, liegt den schriftlichen Verlautbarungen zum Thema ein nicht mehr zu übersehender Angriff auf das Leben des Menschen vor. „*Es gibt Leben, die nicht wert sind, gelebt zu werden.*" So Dr. jur. et phil. Karl Binding und Dr. med. Alfred Hoche in ihrem Buch „*Freigabe der Vernichtung lebensunwerten Lebens. Ihr Maß und ihre Form*".[11]

Die 2000-jährige Wirkungsgeschichte des christlichen Glaubens bezogen auf Menschen mit Behinderungen ist gekennzeichnet von Perioden der Integrationsbemühungen, Leidensverherrlichung und Ausgrenzung bis hin zur „Euthanasie"-Vernichtungsaktion T4 des NS-Regimes von 1939–1945. Die teilweise qualvollen Maßnahmen im Mittelalter und zur Zeit der Reformation beruhten auf der Vorstellung, dass mit beispielsweise Ausprügeln, Totschlagen oder Ertränken die *teuflischen* Ausgeburten vertrieben werden könnten. Menschen mit Behinderungen selbst und die Frauen, die sie gebären, haben nachhaltig unter diesen diskriminierenden Ausgrenzungsstrategien im Rahmen von Unreinheitsvorstellung und Dämonologie gelitten. Bis heute wird in der christlichen Theologie daran gearbeitet, um diese überholten Vorstellungen zu entkräften. Der von einer Behinderung selbst betroffene Dr. theol. Hans R. Herbst hat in „Behinderte Menschen in Kirche und Gesellschaft"[12] die Wirkungsgeschichte von Formen der mystischen Verklärung bis hin zu Dämonisierung und Tötung von beeinträchtigten Kindern eindrücklich ins Blickfeld gerückt.

Pastor D. Ulrich Bach kommt in seinem Buch „Ohne die Schwächsten ist die Kirche nicht ganz. *Bausteine einer Theologie nach Hadamar*" zu der ernüchternden Feststellung: „Theologie und Kirche war in der Zeit des NS-Regimes keine Größe, auf die sich alle Schwachen und deren Angehörigen vorbehaltlos verlassen konnten." Und er fragt: „*(…) Hat die Kirche, zwar nicht die Euthanasie gemacht, aber dennoch möglich gemacht?*"* Weiter fragt er, sucht und bringt diejenigen zu Gehör, die früh, bereits ab 1910 versucht haben, Kirche und Theologie aufmerken zu lassen, um der Entwicklung gegenzusteuern. So äußerte sich zum Beispiel der Theologe Martin Ulbrich: „*Euthanasie und Sterilisation sind der verkehrte Weg, der verbaut werden muss!*"** Der Obermedizinalrat Ewald Meltzer kommentiert, und seine Einschätzung zur Sachlage 1920 fällt nach einer Befragung, die er unter Theologen durchgeführt hat, so aus: „*Selbst hochstehende Vertreter der Theologie sind der Auffassung, dass solche Handlungen (Tötungen) dem Geiste der christlichen Religion nicht widersprechen, weil sie, aus reinstem Wohlwollen für die leidende Menschheit hervorgegangen, eine tief sittliche sein würden.*"***[13] Mit der Gründung der „Evangelischen Fachkonferenz für Ethik", Treysa 1931, unter Leitung des Dr. phil. und Dr. med. Hans Harmsen, wurde eine eugenische Neuordnung unserer Wohlfahrtspflege propagiert, und der Ton in Protokollen und Verlautbarungen wurde ein deutlich anderer. So heißt es 1931:

„Könnten wir eine Kommission anerkennen, die über das Leben von Menschen zu entscheiden hätte? Dem Staat geben wir das Recht, Menschenleben zu vernichten – Verbrecher und im Krieg. Weshalb verwehren wir ihm das Recht zur Vernichtung der *lästigen Existenzen?*"[14] In diesem Zusammenhang frage ich mit D. Ulrich Bach: „Nimmt es wunder, wenn der Staat sich diese Vorempfehlungen ab 1933 selber zunutze macht?"[15] Ergänzungen in Teil III: „Verbündete in der Sache behinderter Menschen"

Als Vorboten der Vernichtung der *Asozialen-* und der Kranken-Euthanasie des NS-Regimes waren die bereits ab 1937 gezielt eingesetzten *Einzelmaßnahmen* und *Verlegungen* anzusehen. Immer ging es nicht nur um das Unschädlichmachen des Einzelnen, sondern um das *des Erbstroms*, von dem der Einzelne nur ein kleiner Teil sei, aber der Nutzen für die Gemeinschaft als Maßstab angesetzt wurde. Die Texte der einzelnen *Erlasse, Maßnahmen* lesen sich aus heutiger Sicht als menschenverachtende Richtschnur, durch die der Staat sicherstellte, dass Anstaltsinsassen und Zöglinge „… die Betreuung erfahren, die ihnen nützlich ist und die die Erwartungen des Staates erfüllt."[16]

Widerstand gegen die so begonnene Vernichtung *lebensunwerten Lebens* während des NS-Regimes hat es vor allem dank couragierter Einzelner gegeben.

Der evangelische Pastor Paul Braune, ehemals Leiter der Hoffnungstaler Anstalten in Lobetal bei Berlin und Vizepräsident des Zentralausschusses der Inneren Mission hatte als Erster die Hintergründe der Einzelnen, angeblich als unbedenklich deklarierten *Maßnahmen* durchschaut. Er hatte reichlich Informationen in verschiedenen Ministerien gesammelt, verfasste eine Denkschrift zur Krankentötung und informierte Pastor Fritz von Bodelschwingh. Damit war die Geheimhaltung der als *Erlass* vom Oktober 1939 angelaufenen Vernichtungsaktion unterlaufen, und Pastor Paul Braune wurde der erste Widerständler in dieser Sache, der im August 1940 in Gestapo-Haft genommen wurde. Bei seiner Freilassung musste er eine Erklärung unterschreiben, dass er gegen Maßnahmen des Staates oder der Partei keine Schritte mehr unternehmen würde.

Zeigten weitere Versuche vom Juli 1940 Wirkung, die angelaufene Tötungsaktion zu stoppen? Gemeint sind die Eingaben des evangelischen Bischofs Theophil Wurm in Württemberg und des Pastors Ludwig Schlaich, Leiter der Anstalt Stetten an das Reichsministerium des Innern und an das Reichsjustizministerium in Berlin zum Euthanasie-Verdacht in der Anstalt Grafeneck. Hier wurde seit Herbst 1939 das Töten von Menschen an Behinderten *erprobt,* um die *effektivste* Tötungsmethode durch Vergasen zu sichern, die dann mit dem Euthanasie-Erlass tausendfach an Menschen mit Behinderungen sowie im Holocaust an der jüdischen Bevölkerung zur Anwendung kam. Allein von Januar bis Juli 1940 wurden in Grafeneck 4916 Menschen vergast. Die Tötungsanstalt Grafeneck wurde im Dezember 1940 geschlossen. Dafür wurde Hadamar, sechs Kilometer außerhalb der Stadt Limburg gelegen, neu als Tötungsanstalt auf deutschem Boden eingerichtet. Das Personal wurde unter anderem aus Grafeneck abgezogen und kam in Limburg zum weiteren Einsatz.

Mit der Eingabe Bischof Theophil Wurms wurde die Tötungsaktion nicht gestoppt. Es wurde aber zumindest erreicht, in Württemberg und darüber hinaus die Justiz auf den Plan zu rufen. Wenn es um Tötung geht, so sollte man meinen, sei es wohl der ganz normale Weg, gegen Mord zu ermitteln. Aber dem war nicht so. Pastor Ludwig Schlaich hatte 1940 den Reichsjustizminister angefragt: „Wenn der Staat tatsächlich die Ausrottung dieser Kranken oder doch gewisser Arten dieser Geisteskrankheiten durchführen will, müsste da nicht ein klares, vor dem Volk offen verantwortetes Gesetz verkündet werden?"[17] Es gab den von Adolf Hitler unterschriebenen *Euthanasie-Erlass.* Eine Gruppe von Ärzten der T4-Aktion war damit beauftragt, das Gesetz zur gezielten Krankentötung zu erarbeiten. Es lag als Entwurf vor, ist aber bis 1945 nicht beschlossen worden. Das erklärt die teilweise fragwürdige Haltung der Justiz in der Nachkriegs-Aufarbeitungsphase: *„Die Justiz hat die Kranken-Euthanasie sozusagen ignoriert.“*[18] Hervorzuheben ist das mutige Eintreten des katholischen Bischofs Clemens Graf von Galen in Münster. In seinen überaus mutigen Predigten vom 13. und 20. Juli sowie vom 3. August 1941 in den Münsteraner Innenstadtkirchen St. Lambertus und der Liebfrauenkirche hatte er klar und deutlich mahnend benannt, wie verwerflich die Tötung kranker, hilfloser Menschen, unproduktiver Volksgenossen, von Bürgern, Nachbarn aus unserer Stadt ist. Er richtete den Blick auch auf die vielen Kriegsversehrten, die dieser Krieg fordert und denen damit das gleiche Schicksal bevorstände: „(…) Deutsche Männer und Frauen! Noch hat Gesetzeskraft der § 211 des Reichsstrafgesetzbuches, der bestimmt: „Wer vorsätzlich einen Menschen tötet, wird, wenn er die Tötung mit Überlegung ausgeführt hat, wegen Mordes mit dem Tode bestraft.' Wohl um diejenigen, die jene armen Menschen, Angehörige unserer Familien, vorsätzlich töten, vor dieser gesetzlichen Bestrafung zu bewahren, werden die zur Tötung bestimmten Kranken abtransportiert in eine entfernte Anstalt. Als Todesursache wird dann irgendeine Krankheit angegeben. Da die Leiche sofort verbrannt wird, können die Angehörigen und auch die Kriminalpolizei es hinterher nicht mehr feststellen, ob die Krankheit wirklich vorgelegen hat und welche Todesursache vorlag. (…) Der erste Transport der schuldlos zum Tode Verurteilten ist von Marienthal bei Münster abgegangen! Und aus der Heil- und Pflegeanstalt Warstein sind, wie ich höre, bereits achthundert Kranke abtransportiert worden. (…) Jene unglücklichen, kranken Menschen müssen sterben, weil sie nach dem Urteil irgendeines Amtes, nach dem Gutachten irgendeiner Kommission, ‚lebensunwert' geworden sind, weil sie nach diesem Gutachten zu den ‚unproduktiven' Volksgenossen gehören. Man urteilt:

Sie können nicht mehr Güter produzieren, sie sind wie eine alte Maschine, die nicht mehr läuft. (…) Was tut man mit solch alter Maschine? Sie wird verschrottet. (…) Wenn man den Grundsatz aufstellt und anwendet, dass man den ‚unproduktiven‘ Mitmenschen töten darf, dann wehe uns allen, wenn wir alt und altersschwach werden! Wenn man die unproduktiven Mitmenschen töten darf, dann wehe den Invaliden, die im Produktionsprozess ihre Kraft, ihre gesunden Knochen eingesetzt, geopfert und eingebüßt haben! Wenn man die unproduktiven Mitmenschen gewaltsam beseitigen darf, dann wehe unseren braven Soldaten, die als Schwerkriegsversehrte, als Krüppel, als Invaliden in die Heimat zurückkehren. Wenn einmal zugegeben wird, dass Menschen das Recht haben, unproduktive Mitmenschen zu töten, … dann ist der Mord an uns allen, wenn wir alt und altersschwach sind und damit unproduktiv werden, freigegeben. (…) Dann ist keiner von uns seines Lebens mehr sicher.“

„(…) Wehe den Menschen, wehe unserem Volke, wenn das heilige Gottesgebot: ‚Du sollst nicht töten‘, nicht nur übertreten wird, sondern wenn diese Übertretung sogar geduldet und unbestraft ausgeübt wird!“[19]

Die Predigten von Bischof August von Galen wurden über den Sender BBC in vollem Wortlaut verbreitet. Mit Übersetzungen in die englische, französische, spanische und holländische Sprache erhielt das Ausland zeitnah Kunde von den vorsätzlichen Tötungsaktionen an den eigenen „Volksgenossen“. Dieser massive öffentliche Protest binnen kurzer Zeit von immer der gleichen Person, dem hochgeschätzten, einflussreichen katholischen Bischof von Münster, zeigte Wirkung. Der Stopp der „Euthanasie“-Vernichtungsaktion T4 durch Adolf Hitler fällt zeitlich hiermit zusammen, ist aber nicht bewiesen. Dem widerständigen Bischof drohte Schlimmes. Die Ankündigungen bis hin zur Todesstrafe wurden mit Rücksicht auf den zu erwarteten Protest nicht umgesetzt.

Damit war das Morden von Menschen aus der eigenen Volksgemeinschaft nicht beendet. Es trat im Herbst 1941 die Aktion „Brandt" in Kraft. Dieser „*Dezentralen Euthanasie*" sind die Tötung weiterer mehr als 100 000 rechtloser, kranker, behinderter Menschen durch Mediziner zu verantworten. Auf Spezial-Hungerstationen und mit der *Behandlung* von Medikamentenüberdosierung ging das Morden bis Juni 1945 weiter. Hierzu gehörte auch die sogenannte *Kinder-Euthanasie* in dreißig extra eingerichteten *Kinder-Fachabteilungen* im Deutschen Reich. Sie stellt auch deshalb eine besondere Verbrechenskategorie dar, weil die meisten der dreihundertfünfzig beteiligten Ärzte und Ärztinnen ihre Karrieren nach 1945 fortsetzten, als sei nichts gewesen. Der Journalist Andreas Babel hat mit seinem Buch „Kindermord im Krankenhaus" zu diesem Teil unserer jüngeren Geschichte nun siebzig Jahre danach erneut aufgedeckt, zu welchen Taten intelligente, gebildete Menschen fähig waren.[20]

Gedenkarbeit Gestalt geben

Gedenkarbeit *des Erinnerns* zur „Euthanasie"-Vernichtung der als *lebensunwert erklärten Menschen* aus unserer eigenen Bevölkerung zu leisten oblag bisher vorrangig den in die „Euthanasie" verstrickten ehemaligen Anstalten und darüber hinaus engagierten Einzelnen.

Als Zeitzeugin stellt sich mir nachdrücklich die Frage: Warum gibt es bis heute zur „Euthanasie" – *Vernichtung unwerten Lebens* des NS-Regimes keine gesamtgesellschaftlich breit angelegte und aus der Öffentlichkeit nicht mehr wegzudenkende *Gedenkkultur*, vergleichbar der hoch angesehenen Aufarbeitungskultur zum unleugbar gewordenen Holocaust? Ist die Scham so groß, weil es sich bei den Opfern der *„Euthanasie"* um eigene Verwandte, Nachbarn, Bürger meiner Stadt, meines Landes handelte? Noch dazu, weil deutsche Ärzte in so großer Zahl, schweigende Juristen und ungezählte „Mitwisser" mit der Umsetzung der Tötungen befasst waren, ohne später dafür belangt worden zu sein? Uns wenigen noch lebenden Zeitzeugen kann es nur gelingen, diesem *unmenschlichen Vergehen an den schwächsten Gliedern unserer Gesellschaft* mehr würdigende Beachtung im allgemeinen Bewusstsein unserer Bürgergesellschaft zu verankern, wenn dem mehr Sprache und unterschiedlich Ausdruck gegeben wird – und das allerorts.

Gedenkarbeit hierzu begann ab Anfang der 1980er Jahre und wurde zunächst als eine Aufgabe angesehen, die gegen das Vergessen vor Ort anzusiedeln sei in den ehemaligen sechs Tötungsanstalten auf deutschem Boden in Brandenburg, Bernburg/Saale, Grafeneck, Hadamar/Limburg, Hartheim/Linz und Sonnenstein/Pirna in Sachsen.

Seit 2006 ist zu beobachten, dass an dieser Lücke in unserer Geschichtsaufarbeitung verstärkt gearbeitet wird. Über die wichtigen bereits unternommenen Einzelaktionen, beispielsweise mit Dokumentation, hinaus nehmen die öffentlichen Medien das Thema mehr in den Blick. Auch die wissenschaftliche Auseinandersetzung hat in zahlreichen Veröffentlichungen ihren Niederschlag gefunden. Dazu sind unter anderem Dr. Michael Wunder, Evangelische Stiftung Alsterdorf, Dr. Therese Neuer-Miebach und der Jurist Dr. Klaus Lachwitz von der Lebenshilfe Marburg herauszustellen. Sie haben als *Vordenker* und Anwälte *der Menschen mit Behinderungen* Aufklärung geleistet und notwendige Gesetzesänderungen eingefordert und durchgesetzt.

Das „Mobile Denkmal der *Grauen Busse*, Mahnmal für Euthanasie-Opfer" ist seit 2006 *in Bewegung* und abrufbar zum Gedenken an verschiedenen Orten in Deutschland. Mit einem solchen grauen, nachgebildeten Bus der GeKraT (gemeinnützige Krankentransportgesellschaft mbH.) wurden Behinderte in die Tötungsanstalten abtransportiert. Aus meiner Kindheit erinnere ich diese grauen Busse. Wir sahen sie beim Spielen in meiner Heimatstadt Königsberg aus der nahe gelegenen Nervenklinik an uns vorbeifahren, ohne deren tödliches Ziel zu ahnen.

Auf dem Platz vor der Berliner Philharmonie weist eine Gedenktafel auf die Euthanasie-Opfer hin. Ein zentraler Ort des Gedenkens fehlte bislang und ist jetzt, siebzig Jahre nach der Vernichtungsaktion lebensunwerten *Lebens* entstanden. Die Zentrale der „Euthanasie"-Aktion T4 des NS-Regimes war in der Villa in Berlin, Tiergartenstraße 4 untergebracht. Diese Adresse wurde zum Tarnnamen der „T4-Aktion". Seit 2014 ist diese Villa als zentraler Gedenkort für die „Euthanasie"-Aktion T4 des NS-Regimes in Deutschland hergerichtet.

Der überwiegende Teil der Behinderteneinrichtungen, die in die Tötungsaktionen verwickelt waren, haben sich der Auseinandersetzung mit der jeweils eigenen Anstaltsvergangenheit gestellt. Positiv ist außerdem ein scheinbar neu erwachtes Interesse an diesem Teil unserer Geschichte zu werten. Die in den 1980er Jahren dazu herausgegebenen Dokumentationen *„Auf dieser schiefen Ebene gab es kein Halten mehr* – die Alsterdorfer Anstalten im Nationalsozialismus" von 1987 und „Die Neuerkeröder Anstalten", 1984, dann als Dissertation *„Ausgrenzung aus der NS-Volksgemeinschaft"*, Dr. Joachim Klieme, 1997, veröffentlicht, sind 2016 als Nachdrucke neu herausgegeben.

In vielen der ehemaligen Behinderten-*Anstalten* ist inzwischen eine angemessene Form des Gedenkens an die Opfer entwickelt. So bin ich seit mehr als zwanzig Jahren jeweils am 8. Mai eine der – für eine 1,8-Millionen-Stadt nicht sehr zahlreichen – Teilnehmerinnen, die sich zu der offiziellen, eindrucksvoll gestalteten Gedenkfeier der Evangelischen Stiftung Alsterdorf einfindet. Inzwischen wird zum Gedenktag am 8. Mai unter dem Motto eingeladen: *„ERINNERN für die ZUKUNFT"*. Auch die ehemalige Landespflegeanstalt

HH-Ochsenzoll, heute Asklepios-Klinik Hamburg-Nord, wo 4400 Insassen getötet wurden, ist mit eingebunden, ebenso neu die Evangelische Akademie der Nordkirche. Es ist zu hoffen, dass damit dieser parallel zum Holocaust stattgefundenen und lange verdrängten systematischen Massentötungsaktion des NS-Regimes an 200 000 Menschen unserer eigenen Bevölkerung eine breitere Aufmerksamkeit geschenkt und so Bewusstseinsbildung hierzu in der Hansestadt Hamburg und anderenorts nachholend eingeleitet wird.

Die *Stolperstein*-Aktion in Hamburg verlegt nicht nur *Gedenksteine* für Menschen der Judenvernichtung. Auch an den Orten, an denen Menschen mit Behinderungen vor ihrer Einlieferung in die ehemaligen Alsterdorfer Anstalten, in die Landespflegeanstalt HH-Ochsenzoll oder in die Kinder-Fachabteilung des Kinderkrankenhauses Hamburg-Rothenburgort lebten, wird ihrer nun mit bereits vierhundert verlegten Stolpersteinen gedacht. Auf den Geländen der Orte des grausamen Geschehens selber sind zur Mahnung *Stolperstein-Schwellen* verlegt.

Der 27. Januar ist der nationale Gedenktag für die Opfer des Nationalsozialismus. Um zum Ausdruck zu bringen, dass die Euthanasie-Opfer mit gemeint sind, bedarf es aus meiner Sicht wesentlich deutlicherer gesamtgesellschaftlicher Zeichen als bisher.

„Das Gedächtnis des Leidens von Menschen stellt sich den modernen Propheten der Geschichtslosigkeit immer neu entgegen. Dieses Gedächtnis erlaubt es nicht, Geschichte entweder nur als Kulisse einer gelegentlichen feierlichen Interpretation des Daseins zu verstehen oder nur als distanziertes Material historischer Kritik.[21]

An dieser Stelle bedarf es, einen Blick auf die eigenen Ausgrenzungs- und Tötungsimpulse zu werfen. Es darf nicht dabei bleiben, die Unmenschlichkeit der Täter herauszustellen und sie als schuldige Menschen hinzustellen und sich selber in der Rolle der Besseren zu sonnen. Eigene Negativimpulse in sich zu erkennen, das zuzugeben, einzugestehen, dazu selber Sprache zu finden – das sind hilfreiche Schritte zum Aufbau einer Kultur des Erinnerns.

Herausstellend in diesem Zusammenhang ist das von Pastor Günter Brakelmann 1992 formulierte Eingeständnis: „Wer sich mit Geschichte befasst, kommt an die Schmerzzone. Es gibt die Bereitschaft, die Tötungsschwelle nicht nur zu senken, sondern das Töten zum guten Werk selbst zu machen. (...) Die Geschichtserfahrung zeigt, *wozu wir (!) fähig sind.*"[22] (Pastor Günter Brakelmann hielt zur 125-Jahr-Feier der ehemals von Bodelschwinghschen Anstalten auf dem Symposion *„Was ist der Mensch ...?"* das Einführungsreferat. (Altes Testament, Psalm 8,5: „Was ist der Mensch, dass du seiner gedenkst, und des Menschen Kind, dass du dich seiner annimmst?"). Um die angesprochene *Schmerzzone* für uns Einzelne ging es unter anderem in den anschließenden Arbeitsgruppen auf diesem Symposion, in die bewusst Personen mit einer sogenannten *Bethel-„Karriere"* maßgeblich gestaltend einbezogen waren. Pastor Dr. Werner Ruschke hatte in der Planungsphase acht Frauen mit einer sogenannten *Bethel-„Karriere"*, darunter auch mich, eingeladen und uns gebeten, sich *biografisch* und *situativ* mit den persönlich gemachten Bethel-Erfahrungen in die Gruppenarbeit einzubringen. Die ehemals von Bodelschwinghschen Anstalten haben mit diesem so ausgestalteten 125-jährigen Jubiläum 1992 ihre Bereitschaft gezeigt, sich mit der in den 1950er Jahren praktizierten ,*Bethel-Theologie im diakonischen Handeln*', der Seelsorge-Praxis *an* Bethel-Patienten durch dafür ausgebildete Diakonissen reflektierend auseinanderzusetzen. Mit dieser Gestalt gebenden Form des Erinnerns erlebte ich für mich, stellvertretend für viele, wie Sprache gebende Einsicht einer Entschuldigung gleichkommt. Dies gilt es würdigend herauszustellen. Nachzulesen in der Dokumentation des theologisch- diakonischen Symposions „Was ist der Mensch ...?"[23]

200 000 Euthanasie-Opfer – hinter jedem steckt ein Einzel- und Familienschicksal

Für mich sind die Menschen mit Behinderungen und deren Lebensumstände nicht zu denken, ohne deren Angehörige auch mit in den Blick zu nehmen! Die Situation der Angehörigen der 200 000 Euthanasie-Opfer von 1939–1945 im Nachkriegsdeutschland der 1960er und 1970er Jahre genauer in den Blick zu nehmen, war nur Einzelnen überlassen. Zur vorherrschenden Denkweise gehörte es, Angehörige möglichst außen vor zu lassen und die NS-Untaten zu verdrängen.

Rückblickend auf fünfundvierzig Jahre aktive Arbeit *mit Menschen mit Behinderungen und deren Angehörigen* bin ich mir bewusst und gestehe, mich selber hinterfragend, mir die heute schmerzlich empfundene Lücke ein, keinen direkten Erfahrungshintergrund zum tatsächlichen Leid der Mutter eines in der NS-Zeit getöteten Kindes zu haben. Hierzu habe ich selber nicht aktiv genug *gegen den Strom* des allgemeinen Verdrängens gearbeitet. Mit Geschwistern von Euthanasie-Opfern war ich ab Mitte der 1970er Jahre in Kontakt.

Einzelne Versuche wie in Hamburg, den Kontakt zu diesen schweigenden Frauen, zu den betroffenen Müttern aufzubauen, hat es vielleicht auch anderenorts gegeben? 1977 kursierten in der dafür interessierten Hamburger Bevölkerung Zahlen von um die vierhundert durch Euthanasie getöteten Alsterdorfer Pfleglingen.

Als Leiterin der Evangelischen Familien-Bildungsstätte unternahm ich 1977 zusammen mit zwei Frauen aus der Schwerpunktarbeit einen gezielten Vorstoß, um Kontakt zu betroffenen Frauen zu suchen. Lesen Sie weiter, was daraus wurde: Die Frauen, Mütter schwerbehinderter Kinder, hatten selber die Überlegung, eine Art *Besuchsdienst in Augenhöhe* aufzubauen. Sie wollten einige von wohl insgesamt vierhundert betroffenen

Frauen aufsuchen, um sie aus dem Verschweigen und Verdrängen ihrer Geschichte zu befreien. Wir meldeten uns für ein Gespräch beim damaligen Direktor der ehemals Alsterdorfer Anstalten, Pastor Hans-Georg Schmidt, an. In dieser kurzen Gesprächsbegegnung wurde uns sehr bestimmt mitgeteilt, dass diese Eltern keinerlei Interesse daran hätten und mit niemandem über die Vergangenheit sprechen wollten. Ich fragte hilflos und verwundert: „Haben Sie als Pastor und Direktor von Alsterdorf betroffene Eltern dazu direkt befragt? Mich interessiert, was ihre Gründe waren, dazu weiter absolut unerkannt zu bleiben und schweigen zu wollen." Die Antwort, dass der Wunsch dazu von diesen Eltern ausgehen müsse und die Inhalte der Schweigepflicht unterlägen, erschien mir weder schlüssig noch einleuchtend. Wir wurden mit der Empfehlung verabschiedet, diese *abwegige* Idee nicht weiter zu verfolgen. Sieben Jahre später traf das erste Schreiben von Geschwistern eines Euthanasie-Opfers beim neuen Direktor der ehemals Alsterdorfer Anstalten, Pastor Rudy Mondry, ein. Sie forderten darin Auskunft über den Verbleib ihrer Schwester. So wurde durch eine konkrete Erinnerungsnachfrage der Kontakt zu fragenden Angehörigen angestoßen und die absolute Notwendigkeit der Aufarbeitung der Verstrickungen der ehemals Alsterdorfer Anstalten in die NS-Euthanasie-Vernichtungsaktion am Beginn des Jahres 1984 nochmals dringlicher und eingeleitet.

Für mich selber bleibt bis heute die Frage, ob die Mütter nicht doch darauf gewartet haben, dass dem Verdrängten in ihnen zu ihren den ehemals evangelischen Alsterdorfer Anstalten *anvertrauten* und dann getöteten Kindern Sprache gegeben wird. Ich hätte nach dieser ersten Absage 1977 dennoch weiter, nach anderen Wegen suchen müssen, um diese Frauen zu erreichen. An diesem Punkt spüre ich Versagen meinerseits, gerade angesichts so vieler anderer scheinbar aussichtsloser Vorhaben, für die dennoch eine Wende eingeleitet wurde. 2013

versucht Götz Aly, Journalist, mit seinem Buch „*Die Belasteten*"
Licht in dieses dunkle Kapitel unserer Gesellschaftsgeschichte
zu bringen. Die neuere Forschung hat für die Alsterdorfer
Situation erbracht, dass hier keine Dokumente gefunden sind,
die eine „Abschiebementalität" ihrer behinderten Kinder zu
erkennen gäben, wie sie den betroffenen Eltern von damals
oft zugeschoben wird. Im Gegenteil, es gibt erschütternde
Dokumente, was alles Eltern unternommen hatten, dem plötzlichen Tod ihres Kindes nachzuspüren. Bei den Gedenkfeiern
erinnern heute noch lebende Angehörige, mit welch grausamen Realitäten sie in den aufgesuchten Hungerstationen, den
medizinischen Kliniken, konfrontiert wurden, auf welche Weise
der Sohn, die Tochter oder Schwester, Bruder getötet wurden.

Seit 1984 habe ich für mich persönlich in kleinen Schritten
ein Gedenken an die Mütter von Euthanasie-Opfern, die ihr
Kind zum Beispiel den ehemals Alsterdorfer Anstalten *anvertraut* hatten, aufgebaut. Seit dem 29. April 1984 liegt in der
Eingangshalle der St. Nicolaus Kirche auf dem Gelände der
ehemals Alsterdorfer Anstalten das *Gedenkbuch* aus. Alle Geburts-
und soweit bekannt die Sterbedaten der 508 getöteten Kinder,
Frauen und Männer aus Alsterdorf sind darin festgehalten. Seit
mehr als dreißig Jahren wird inzwischen Tag für Tag jeweils
eine Seite umgeblättert. So rücken neue Namen für diesen
neuen Tag ins Gedächtnis als ein mahnender und heilsamer
Erinnerungsblick. Einer Sitte folgend gratuliert man in Dänemark am Geburtstag des Kindes zuerst der Mutter. Wann
immer ich mich auf dem Alsterdorfer Gelände aufhalte, suche
ich diesen Ort namentlichen Erinnerns auf und gedenke vor
der im Gedenkbuch aufgeschlagenen Seite der Mutter dieser/
dieses gewaltsam Getöteten.

Auch nach mehr als dreißig Jahren ist das *Alsterdorfer Gedenkbuch* ein herauszustellendes Beispiel für gelungene Gestalt
gebende Erinnerungsarbeit zum Thema „Vernichtung lebensunwerten Lebens".

Gedenkbuch

Gedenkbuch für die Euthanasie-Opfer der ehemals Alsterdorfer Anstalten, seit 1984 im Eingangsbereich der St. Nicolaus
Kirche auf dem Gelände der Evangelischen Stiftung Alsterdorf ausgestellt [24]

Wo kommen wir her?

> *„Wir können die Zukunft nur sinnvoll*
> *gestalten und leben,*
> *wenn wir wissen, wo kommen wir her*
> *und wo stehen wir Heute."*
> (Bettina Marquardt)

Deutschland (BRD-West) ging nach dem Zweiten Weltkrieg einen *Sonder-Weg* zum Thema *‚Menschen mit Behinderungen leben unter uns'*, der nicht vergleichbar mit den Wegen unserer Nachbarländer ist. Warum dieser *Sonder-Weg?* Was ist damit gemeint? Dafür ist ein Blick zurück in unsere Geschichte unter der Frage unerlässlich: *Wo kommen wir her?"*

Industrialisierung führte zur Separation Behinderter

Ein Ergebnis der Industrialisierung Ende des 19. Jahrhundert war die Aussonderung der *Nicht-Leistungsfähigen* Den Bürgern in der industrialisierten Gesellschaft stellte sich die *Soziale Frage: „Was machen wir Bürger mit denen, die ‚nicht so sind wie wir', deren Leistungswert sie industriell unbrauchbar macht; wofür sind sie da und wie gehen wir mit ihnen um?"*[25] Dazu gehörten vor allem *Behinderte*, die immer weiter aus ihrem Wohnmilieu separiert und isoliert in großen Verwahranstalten untergebracht wurden. Fast immer am Rande der größeren Städte gelegen, durch

Mauern abgeschirmt, waren isolierte Spezialeinrichtungen für die „… *unnützen Ballastexistenzen, gemessen am industriellen Leistungswert".*[26] entstanden, für die sogenannten *Krüppel*, Irren, *Schwachsinnigen, Epileptiker, Taubstummen* und *Blinden*. Klaus Dörner beschreibt in seinem Buch „Tödliches Mitleid" die Folgen dieses *unguten* Denkens: Wer im Menschenbild einer Gesellschaft nicht mehr vorkommt, ist auch sonst nur schwerlich noch als Mensch zu erkennen und anzuerkennen – mit den entsprechenden Umgangsformen. Dem entgegen zu wirken hieße nicht länger einer Ethik der *Brauchbarkeit* anzuhängen, stattdessen eine Ethik der *Solidarität* aufzubauen, um *Behinderte* wenigstens als *Auch*-Bürger wahrzunehmen und nicht weiter in einer Zwei-Bürgergesellschaft zu leben. Die Städte wurden im Laufe dieses *unguten* Denkens auf den ersten Blick *behindertenfrei*.

Die „Euthanasie"-Vernichtung der als lebensunwert erklärten Menschen

Für die Nazis war es nur ein kleiner Schritt, diese ausgesonderten hilflosen, kranken, behinderten Menschen als **lebensunwert** zu erklären und durch den Euthanasie-Erlass von 1939, die „Euthanasie"-Aktion T4 und weitere Vernichtungsaktionen umzubringen. Insgesamt 200 000 Menschen wurden bis 1945 umgebracht. In Hamburg wurden 4400 Insassen aus der ehemals Landespflegeanstalt Hamburg-Ochsenzoll und 629 *Pflegebefohlene* aus den ehemals Alsterdorfer Anstalten in eine der sechs extra dafür eingerichteten Tötungsanstalten auf deutschem Boden deportiert. In Grafeneck, Hadamar vor den Toren der Stadt Limburg, Brandenburg, Bernburg an der Saale, „Sonnenstein" im sächsischen Pirna und in Hartheim bei Linz wurden sie umgebracht. Das gleiche Schicksal erlitten die in dreißig extra dafür eingerichteten Kinderfachabteilungen an bewusst tödlich endenden Medizinversuchen Umgebrachten. Oder man ließ sie auf Hungerstationen verenden.

Die breite deutsche Öffentlichkeit erfuhr 1983 unter anderem dank Ernst Klees Buch „*EUTHANASIE im NS-Staat – die Vernichtung lebensunwerten Lebens*"[27] das ganze Ausmaß dieses unmenschlichen Vorgehens deutscher Ärzte, Pfleger und Pflegerinnen, Anstaltsleiter städtischer und christlicher Anstalten und zuarbeitender Mitarbeiter/innen staatlicher Gesundheitsbehörden gegenüber unseren eigenen rechtlosen behinderten, kranken, alten Menschen. Bis zu diesem Zeitpunkt war es gelungen, dieses *dunkle Kapitel* deutscher Geschichte unter dem *Deckel* zu halten.

„Nicht wenige von uns hielten sich lange an dem tröstlichen Irrtum, es handele sich um zweierlei Menschen eines Volkes, solche, die Mozart spielen, und solche, die Menschen verbrennen. Zu erfahren, dass sich beide in der gleichen Person befinden können, das war die eigentliche Erschütterung; es erschüttert das Vertrauen gegenüber jedem Einzelnen, auch wenn er Mozart spielt, auch wenn er Mörike liebt wie wir."[28]

Nestbeschmutzer der Kirche wurden wir abfällig genannt, die sich für die Öffnung der Archive beispielsweise in den ehemals Alsterdorfer Anstalten in Hamburg einsetzten. Anzuerkennen ist, dass Pastor Ludwig Schlaich, Leiter der Behinderteneinrichtung Anstalt Stetten das Thema bereits 1947 aufgriff in der Dokumentation mit dem Titel: „*Lebensunwert? Kirche und Innere Mission Württembergs im Kampf gegen die Vernichtung lebensunwerten Lebens*".[29] Ludwig Schlaich forderte auf der ersten Fachkonferenz des Verbandes Deutscher evangelischer Heilerziehungs-, Heil- und Pflegeanstalten nach Kriegsende im November 1947 in Bethel mit großem Nachdruck den Vorrang der Aufarbeitung der Anstalten in die Euthanasie-Verstrickungen vor dem Wiederaufbau von Gebäuden zu geben. Er konnte sich mit dieser Forderung nicht durchsetzen.[30] Im Weiteren war es Pastor Dr. Joachim Klieme, der in Deutschland-West als ein Anstaltsleiter die Geschehnisse während der NS-Zeit für die „*Evangelischen Neuerkeröder Anstalten*" bei Braunschweig aufzuarbeiten begann. 1984 veröffentlichte er die Ergebnisse in „*Die Neuerkeröder Anstalten in der Zeit des Nationalsozialismus*".[31] Vor allem innerhalb kirchlicher Kreise wurde diese Dokumentation zu einem aufsehenerregenden Ereignis, das heftig widerstreitende Diskussionen ob solcher Untaten auslöste. Unter Pastor Rudi Mondry, seit November 1983 Leiter der ehemals Alsterdorfer Anstalten, und dem Druck des 1978 in Alsterdorf gegründeten „Kollegen-Kreis-Alsterdorf" öffneten 1983/84 die ehemals Alsterdorfer Anstalten ihre Archive, um die Wahrheiten über die Untaten auch hier endlich ans Licht zu bringen. Rechtzeitig zur 125-Jahr-Feier der evangelischen Behinderten-Anstalt wurde 1988 mit der Veröffentlichung der Dokumentation „*Auf dieser schiefen Ebene gab es kein Halten mehr – die Alsterdorfer Anstalten im Nationalsozialismus 1933–1945*"[32] endlich der ausdrückliche Wille eines Neuanfanges zum Ausdruck gebracht. Mit der gleichzeitigen Umbenennung von *Anstalt* in *Evangelische Stiftung Alsterdorf* signalisierte die Leitung außerdem die gewollte Wende, der sich bald weitere kirchliche Anstalten anschlossen.

Frauen, Kärrner-Mütter:
„Da kommt <u>mein</u> Kind nicht hin …!"

Einen ersten Paradigmenwechsel nach Ende des Zweiten Weltkrieges haben Mitte der 1950er/1960er Jahre in Deutschland mit der Abkehr von der Separation und Isolation neugeborener Kinder mit Behinderung die Eltern dank ihres aktiven Protestes eingeleitet. Die Mehrzahl der Fachleute und sogenannter Profis war abhängig eingebunden in verkrustete, hierarchisch aufgebaute Anstaltsstrukturen, wohl willens, aber „gefangen" im System des alten *Defizitär*-Denkens und deshalb machtlos.

Diese *Eltern der ersten Stunde* im Nachkriegsdeutschland, Kärrner-*Eltern*, die Gruppe der aktiven Eltern unter den Betroffenen, wie ich sie ehrenvoll nenne, standen auf: „Da kommt <u>mein</u> Kind nicht hin!" Gemeint waren damit die *menschen<u>un</u>würdigen* Zustände in den großen kirchlichen Anstalten und in kommunalen Krüppel-, Blinden- und Irren-Anstalten. Der Aufstand zunächst dieser *Kärrner*-Frauen später -Eltern ist umso bedeutsamer, weil es an Fördermaßnahmen außerhalb von Anstalten im Westen der Bundesrepublik Deutschland noch völlig fehlte. Es galt, Unterstützer zu gewinnen, damit zukünftig ein *neues* Denken und *neues* Handeln zum Leben der Menschen mit Behinderungen auch in Deutschland Schritt für Schritt umgesetzt und gesetzlich verankert werden konnte. (Siehe auch Teil I: „Aufbruch: Da kommt <u>mein</u> Kind nicht hin.")

Das latent weiter vorhandene „Euthanasie"-Gedankengut

Große Teile unserer Bevölkerung sind unberührt geblieben von dem latent vorhandenen Euthanasie-Gedankengut, das im Verborgen nach 1945 weiterexistierte. Doch als nach 1957 durch das Medikament Contergan stark körpergeschädigte Kinder mehr und mehr in der Öffentlichkeit auftraten, wurden erneut Stimmen wie diese laut: *„Würde Hitler noch leben, blieben uns solche Anblicke erspart!"*[33] Unter dem sogenannten „Contergan-Komplex" wurde erneut diskutiert, *ob ein Lebensrecht dieser Kinder gerechtfertigt sei.* Diesmal gab es energischen Widerstand auch aus den früher durch Euthanasie-Vergehen belasteten Anstalten. So mahnte 1969 beispielsweise Pastor Jensen von den Alsterdorfer Anstalten: „Alle Reden und Entschließungen gegen den neu aufflammenden Euthanasie-Gedanken bleiben unglaubwürdig und darum wirkungslos, wenn nicht der Lebensraum für die Behinderten wirklich vorhanden ist. Wie sehr es daran fehlt, kommt hoffentlich den Verantwortlichen – der auch in dieser Hinsicht weit zurückgebliebenen Bundesrepublik – jetzt endlich zum Bewusstsein …"[34]

Schritte des Wandels …

Nach Ende des Zweiten Weltkrieges 1945 begann im deutschsprachigen Raum die Auseinandersetzung, die diskriminierenden Bezeichnungen wie der „Krüppel", die „Schwachsinnige" und die „Epileptiker" durch Umbenennungen von der damit verbundenen Diskriminierung zu befreien. Beispielsweise protestierte die große Zahl der Kriegsversehrten nicht als „Krüppel" abgestempelt zu werden. Wegweisend wurde das 1967 stattfindende Kolloquium der Deutschen Forschungsgemeinschaft zum Thema „Zum Begriff der Behinderung". Die Suche nach einer möglichst umfassenden Definition von Behinderung begann, die die Mehrdimensionalität von Schädigung berücksichtigt mit den einhergehenden Folgen: *Stigmatisierung, Ausgrenzung* und gesellschaftliche *Benachteiligung* dieser Personengruppen. Als nachvollziehbare und auch aus meiner Sicht für Laien verständliche Erklärung hat der amerikanische Soziologe M. Rivers zu Behinderung gefunden: „Bei Behinderung eines Menschen ist wegen der Komplexität von dem Bezeichnungskomplex: Schädigung − Behinderung − Benachteiligung auszugehen." Diese drei Aspekte sieht Rivers in folgenden Beziehungen zueinander:

a) Schädigung (impairment) ist jede Abweichung von der Norm, die sich in einer fehlerhaften Funktion, Struktur, Organisation oder Entwicklung des Ganzen oder einer seiner Anlagen, Systeme, Organe, Glieder oder von Teilen hiervon auswirkt.
b) Behinderung (disability) ist jede Beeinträchtigung, die das geschädigte Individuum erfährt, wenn man es mit einem nicht geschädigten Individuum des gleichen Alters, Geschlechts und gleichen kulturellen Hintergrunds vergleicht.
c) Benachteiligung (handicap) ist die ungünstige Situation, die ein bestimmter Mensch infolge der Schädigung oder Behinderung in den ihm adäquaten psychosozialen, körperlichen, beruflichen und gesellschaftlichen Aktivitäten erfährt."[35]

Wie sehr diese drei nach Rivers benannten Aspekte die Sicht auf das Leben der Menschen mit Behinderungen insgesamt verändern sollten, die Kämpfe um Durchsetzung eingeschlossen, darüber wird mit Einblicken in die *jüngere* Zeitgeschichte berichtet. (Siehe auch in den Teilen II, III, und IV) Was heute ganz selbstverständlich in unserem Gemeinwesen und

Kommunen an integrativen Kitas, Schulen, Sport- und Freizeitangeboten vorgehalten wird, das haben wir dem Kampf *mutiger Vordenkerinnen und Vordenkern*, vor allem der Elterngeneration behinderter Kinder im Nachkriegsdeutschland zu verdanken. Sie gründeten Eltern-Selbsthilfe-Gruppen vor Ort und bundesweit operierende Organisationen wie den 1956 gegründeten „Verein zur Förderung und Betreuung spastisch gelähmter Kinder", heute „Leben mit Behinderung e. V. Hamburg", und die 1958 gegründete „Bundesvereinigung Lebenshilfe für das geistig behinderte Kind e. V.", heute „Bundesvereinigung Lebenshilfe Marburg e. V.". Hierzu gehörten auch die Eltern der poliogeschädigten, gelähmten Kinder, die sich seit 1952 für die 9450 Fälle in Hamburg engagierten, und ab 1957 die Eltern, deren Kinder durch das Medikament Contergan lebenslang geschädigt wurden. Diese Eltern entschieden über die Unterbringung in den bestehenden Heimen und Anstalten: *„Da kommt mein Kind nicht hin!"*

Ab Mitte der 1970er Jahre entstanden langsam Alternativangebote zu den traditionellen Großeinrichtungen, die Eltern behinderter Kinder und Jugendlicher nutzen konnten, wenn es um Förderung, Schulbildung, Wohnen, und Arbeiten ging. In mutigen Schritten, Meilensteinen gleich, ist vielerorts, aber besonders in Hamburg hervorzuheben, dass wir ein Klima der Aufgeschlossenheit und der Unterstützung aufbauen konnten. Die betroffenen Eltern hatten gezeigt, dass die Umkehrung Integration *statt Separation* möglich ist. Über einen Zeitraum von mehreren Jahren mussten hierfür große Summen Geldes beschafft werden. So mussten beispielsweise Drittmittel für verschiedenste Projekte lockergemacht werden, bis daraus eine Regelausgabe der Stadt oder des Staates wurde. Dazu gehörte auch die Organisation privater Fahrtransporte, bis Jahre später Fahrdienste der Stadt eingeführt wurden. Die Wende musste durch positive Beispiele belegt werden, um unumkehrbar gemacht zu werden. Das war der erste große Schritt auf dem weiten, steinigen Weg der *Normalisierung*, der über die *Integration* einmal zur *Inklusion* führen sollte.

Meilenstein ab 1980: Integration auf allen Ebenen, nicht nur in den Schulen

Integration wurde langsam, auf Länderebene unterschiedlich umgesetzt. Die Hansestadt Hamburg war dank starker Elterninitiativen in vielen Bereichen Vorreiter und damit *Aushängeschild* für *neues* Denken in der BRD:

- **Frühkindliche Bildung:** 1983 wurde die erste integrative Kita eröffnet. Ab 1988 wurden alle <u>städtischen</u> Kitas in der Hansestadt Hamburg integrativ geführt.
- **Schule:** 1961 öffnete die erste staatlich anerkannte Heilpädagogische Tagesschule Deutschlands in Hamburg. Ab 1968 galt hier die Schulpflicht für alle. 1983 folgten erste Integrationsklassen an Hamburgs Regelschulen. Im Jahr 2009 gab es 110 Integrations-Klassen an Regelschulen in Hamburg.
- **Arbeit:** 1959 wurden die ersten „Werkstätten für Behinderte" eröffnet. 1992 folgte die Gründung der „Hamburger Arbeitsassistenz" durch „Eltern für Integration e. V"; 1993 eröffnete mit dem „Stadthaus-Hotel" in Hamburg das erste mit „Behinderten" geführte Hotel Deutschlands, ebenfalls eine Elterninitiative.
- **Wohnen:** Ab 1975 wurden unterschiedliche Wohngruppen auf- und ausgebaut, die heute als betreutes *Wohnen* in allen Stadtteilen Hamburgs das Anstaltsleben abgelöst haben.
- **Kultur**: Seit mehr als zwanzig Jahren stehen in Hamburg in der integrativen Theatergruppe „Eisenhans" des Thalia-

Theaters Menschen mit und ohne Behinderung gemeinsam auf der Bühne. Die Künstlergruppe Die *Schlumper* hat seit 1980 europaweit zahlreiche Auszeichnungen erhalten.

- **Sport:** Die *Special Olympics* wurden bereits 1938 in den USA gegründet und weltweit etabliert. 1991, dreiundfünfzig Jahre nach der Gründung in den USA, wurde auch Deutschland Mitglied.
- **Verkehr:** Seit Mitte der Achtzigerjahre fahren in Bremen und Hamburg Niederflurbusse mit besseren Einstiegsmöglichkeiten für Kinderwagen und Rollstühle.

Die 1980er Jahre waren positiv gekennzeichnet durch die zahlreichen *integrativen* Projekte mit Modellcharakter, die auf freiwilliger Basis ohne gesetzliche Vorgaben umgesetzt wurden. *Integration* und weiter unter *Normalisierung* wurde in den 1990er Jahren allgemein eine seitens der Behinderten zu leistende Aufgabe verstanden. *Behinderte müssten sich an die Normalisierungserwartungen der Gesunden anpassen.* Diese einseitige Anpassung ist heute überholt durch gegenseitige Teilhabe des Inklusionsgedankens.

Das Leben der Menschen mit Behinderung hat sich in Deutschland ab 1980 dank des einsetzenden *neuen Denkens* auf vielen Gebieten, vor allem in den Bereichen Medizin, Therapie und Pädagogik, schrittweise sehr zum Positiven gewandelt. So sind beispielsweise Chancen *gebende Formulierungen* an die Stelle der vorher gängigen Defizitär-*Beschreibungen* getreten. Aus den *Anstalten* sind Stiftungs-*Einrichtungen* geworden und aus *Pflegebefohlenen* wurden Bewohner. Im ersten „UN JAHR der Behinderten" 1981 flogen immer dann Eier aufs Podium, wenn der Redner oder die Rednerin von den ‚*Behinderten*' statt von *Menschen mit Behinderungen* sprach. Dank dieser und weiterer drastischer Maßnahmen haben wir *umgelernt* und unsere Sprache dahingehend korrigiert, dass wir heute immer selbstverständlicher von *Menschen mit Behinderungen* sprechen. Unsere Städte und Kommunen sind nicht mehr *behindertenfrei*.

Bildung zahlt sich aus …

Der Weg über die ambulante Frühförderung, den integrativen Kindergarten, die integrative Schulklasse und für einige weiter bis hin zum Abitur und anschließendem Universitätsstudium durfte diesen nun so anders aufgewachsenen Kindern und Jugendlichen mit sehr unterschiedlichen Beeinträchtigungen nicht länger verwehrt werden. Die Saat dessen, was die Kärrner-Eltern in den zurückliegenden Jahrzehnten ab 1960 an Bildungsmöglichkeiten für ihre Söhne und Töchter mit Behinderung erkämpft und erstritten hatten, ist aufgegangen: Heute nehmen in ständig wachsender Zahl Menschen mit Behinderung selber das Zepter in die Hand und sprechen für sich und andere. Eine positive Entwicklung, die hoffentlich unumkehrbar ist.

Mit den von mir beschriebenen *Einblicken* in einen bisher wenig beachteten Bereich unserer jüngeren Zeitgeschichte gilt es würdigend herauszustellen, wie sich insbesondere die Kärrner-Eltern mit ihrem Einsatz und mutigem *Vorausdenken* und *neuem Handeln* für bessere Lebensbedingungen ihrer Kinder einsetzten, um einen notwendigen Wandel einzuleiten. Sie beschritten damit völlig neue Wege und hatten sich auf die Suche nach Unterstützern und Vordenkern auf der Fachebene begeben. Heute hat sich auf ganzer Breite durchgesetzt, was betroffene Eltern vor **fünfundfünfzig Jahren** forderten und unter dem Motto wagten: *„Jeder noch so weite Weg beginnt mit einem ersten Schritt." (Konfuzius)*

BREMER BEITRÄGE ZUR NATURWISSENSCHAFT

Herausgeber: Naturwissenschaftlicher Verein Bremen
Schriftleiter: Prof. Dr. Hans Meyer und Dr. Hans Duncker

Sonderband   1933

„VON DER VERHÜTUNG UNWERTEN LEBENS"

Ein Zyklus von 5 Vorträgen

Anhang:
Das Gesetz zur Verhütung erbkranken Nachwuchses vom 25. Juli 1933

G. A. v. Halem Export- und Verlagsbuchhandlung A.-G.
BREMEN

Titelblatt der rassehygienischen Vortragsreihe in Bremen 1933

Von der Verhütung lebensunwerten Lebens …

„Im Namen des Volkes ..."
1980 – Das Frankfurter Urteil (Az. 2/24S282/79)

Bundesweite Empörung: „Im Urlaub stellt die Anwesenheit behinderter Menschen einen zur Verminderung des Reisepreises berechtigten Mangel dar." Auf einer „gut" gebuchten Reise in einem griechischen Hotel fühlte sich eine 68-jährige Rentnerin sowohl durch schlechten Service, jedoch auch durch den Anblick einer kleinen Reisegruppe schwer geistig behinderter Mitreisender aus Schweden im Speisesaal in ihren Urlaubsfreuden beeinträchtigt. Sie klagt dagegen. Das Landgericht Frankfurt gibt ihr 1980 recht.

„Im Namen des Volkes ..." – doch sicherlich nicht in aller Namen!

Diese Urteile machen unser Reden von Gemeinschaft zum leeren Gefasel, sprechen unseren Bemühungen zur Integration Hohn:

1980 – Frankfurter Urteil! – Landgericht Frankfurt (Az. 2/24, S. 282/79)

1992 – Flensburger Urteil! – Amtsgericht Flensburg (Az. 63 C 265/92)

1996 – Kölner Urteil! – Landgericht Aachen (Az. 7 U 83/96)

Wann wird ein nächster Bürger sich wodurch „beeinträchtigt fühlen" und vor Gericht ziehen?

8. Mai 1980: Behindertendemonstration in Frankfurt

5000 Menschen, geistig Behinderte, Körperbehinderte und Nichtbehinderte demonstrieren gegen das „Frankfurter Urteil", wonach Schwerbehinderte die Urlaubsfreuden mindern können. Es war die zu der Zeit größte Demonstration dieser Art in der BRD und in Europa.[36]

Der Weg bis zum „Recht auf Bildung in der Schule"

„Schule – Tür ins Leben", Kurt Juster.

1938   Die gesetzliche Unterscheidung in „Schulbildungs-
        fähige" und „Schulbildungsunfähige" wird eingeführt.
        Sie wurde nach 1945 in die Schulgesetze der Länder
        übernommen.
1954   Der Verband deutscher Hilfsschullehrer forderte die
        Ausschulung geistig Behinderter. Ein Konzept, das an
        die Stelle zu treten hat, fehlt.
1956   Hausunterricht, eine Doppelstunde pro Woche für
        Körperbehinderte
1958   These von der „lebenspraktischen Bildbarkeit" von
        Kindern und Jugendlichen mit geistiger Behinderung
1960   Zweite Kultusministerkonferenz (KMK)
        „Denkschrift zur gesetzlichen Verankerung der Schul-
        pflicht für alle Kinder" wird vorgelegt. Dennoch keine
        Beschlussänderung. Tages-Bildungsstätten als „Ersatz-
        schulen" für geistig Behinderte werden durch freie
        Träger gegründet: Lebenshilfe, Alsterdorf, Bethel,
        Anthroposophen, private Träger.

1960	Hamburg: erste Klasse einer Hilfsschule durch Ingrid Fischer
1961	BRD: erste staatlich anerkannte Heilpädagogische Tagesschule in Hamburg, Elbchaussee 99 mit drei Klassen für geistig behinderte. Schulleiter: Horst Ziebell
1962	Hamburg: In den nächsten fünf Jahren werden sechs weitere „Sonderschulen für geistig Behinderte" gegründet.
1970	Die Schulpflicht für Kinder mit geistiger Behinderung ist zu 40 % umgesetzt (bundesweit).
1971	Kultusministerkonferenz (KMK): Das „Recht auf Bildung in der Schule" wird für geistig Behinderte verankert.

(Deutscher Bildungsrat, Gutachten, Studien der DBKM, Band 34)[37]

Eine So-Gewordene von vielen …

> *„Dennoch, wir wollen Ihnen eine Chance geben!"*
> *(Erich Kindermann)*

Als Betroffene bin ich Zeitzeugin der Kriegs-, vor allem der Nachkriegsjahre mit einer nicht immer sichtbaren Behinderung. Das Anfallsleiden, Epilepsie, war mal *Haupt-*, mal *Nebenthema* meines Lebens. Bei meinem Weg durch die Kindheit in den Dreißigerjahren war die Hilflosigkeit der Bürgergesellschaft insgesamt gegenüber dem Phänomen Behinderung zu berücksichtigen. Behinderung war allgemein ein *Makel*: „… in *unserer* Familie kommt so etwas nicht vor!"

Ich bin in einer gutbürgerlichen Familie in Königsberg, dem heutigen Kaliningrad, bis zur Flucht vor der Sowjetarmee Ende 1944 aufgewachsen und wurde genauso liebevoll und streng preußisch, wie mein älterer Bruder und die jüngere Schwester, erzogen. Darüber hinaus galt es durch Ermahnungen für meine Person, besonders artig zu sein und den Anstand zu wahren: „Was sollen die Leute von uns denken!" Diesen Satz habe ich in allen Tonarten meiner Mutter bis heute im Ohr. Rückblickend kann ich das kühle zurückhaltende Verhalten meiner Mutter und Teilen der Verwandtschaft als Ausdruck ihrer emotionalen Hilflosigkeit einordnen. Dieses Verhalten war geprägt durch die damals geltenden gesellschaftlichen Strukturen, Normen und Werte mit der Folge, die eigene Betroffenheit durch Schweigen zu verdrängen. In unserer gut situierten Kaufmannsfamilie ist eines von drei Kindern anders. Eine *Behinderte* lebt mitten unter uns! Es gab glücklicherweise eine Ausnahme. Aus den emotionalen Zuwendungen meines Vaters mir gegenüber schließe ich, dass er einen anderen Zugang zu Behindert-Sein bereits erlebt und für sich positiv angenommen hatte. Leider konnte ich ihn später nie dazu befragen; er ist 1945 in einem Sowjet-Gefangenenlager verstorben.

Im Erwachsenenalter war es dann nur noch eine Frage der Zeit, wann das Lügengebäude „Eva hat keine Anfälle!" zusammenbrechen würde. Ich war im dreiundzwanzigsten Lebensjahr, als ich energisch einforderte: „Ab jetzt ist es niemandem mehr erlaubt, ohne meine Einwilligung zu *meinem* Leben und *der* Behinderung sich gegenüber Dritten zu äußern!"

Erinnerlich ist mir eine frühe starke Sehnsucht nach Kontinuität. Das tragende Gefühl durch Kontinuität fehlte mir, denn der Lebensfaden reißt im Bewusstsein Anfallskranker ständig ab! Er wird dauernd unterbrochen. Er muss nach jedem Anfall immer wieder *geflickt* werden. Er muss ganz bewusst wiederaufgenommen werden als Ausdruck des Lebenswillens.

Von Kind an hatte ich verinnerlicht, dass es etwas *Schlimmes ist*, Anfälle zu haben. Es hatte möglichst für andere unbemerkt und schnell wie *ungeschehen* vorüberzugehen. Die Zeit nach einem Anfall verlief für mich stets irritierend, weil das Verhalten der Erwachsenen merkwürdig geheimnisvoll und für mich voller Fragezeichen blieb, weil nie darüber gesprochen wurde, was während des Anfalles passiert war.

Verschiedene Versuche, der Epilepsie ihren „Schrecken" zu nehmen

Der französische Pfarrer John Bost richtete bereits 1865 einen eindrücklichen Appell an die Gesellschaft seines Landes und darüber hinaus auch an die Innere Mission in Deutschland, wegen der „niederschmetternden Auswirkung" die drei mit Epilepsie verwandten Ausdrücke zu meiden: *i d i o t i s c h – e p i l e p t i s c h – i r r e . Sie sind niederschmetternd. Welche Verdammung tragen sie in sich!*

Pastor Friedrich von Bodelschwingh, Leiter der ehemals von Bodelschwinghschen Anstalten, Bethel, wandte sich fünfzig Jahre später entschieden dagegen, anhand der einen Geschichte im Neuen Testament (Markus 9,17–27), „*... aus diesem einzigen Beispiel der Heiligen Schrift in allen Fällen die Epilepsie auf eine direkte Einwirkung des Satans zurückzuführen ... Es ist weder richtig, dass man diese Krankheit als etwas Schmachvolles und Entehrendes geheim hält, noch dass man in besonderer Weise darüber erschrickt.*"[38]

Bis heute sind beispielsweise die Treppenaufgänge oder andere Stellen im Eingangsbereich von Spezialkliniken für Epilepsie, zum Beispiel der ehemals Epilepsie-Klinik Mara in Bethel, dem heutigen Epilepsie-Zentrum Bethel im Mara Krankenhaus, ausgeschmückt mit übergroßen Porträts so bekannter Persönlichkeiten wie: Julius Cäsar, Hildegard von Bingen, Napoleon Bonaparte, Dante, George Gershwin und Albert Einstein, um zu vermitteln: Seht her! Trotz Epilepsie kann man Spitzenleistungen erbringen.

Etwa fünf Prozent unserer heutigen Bevölkerung ist von Epilepsie betroffen. Wenn Nervenzellen schlagartig unkontrolliert reagieren, kommt es zum Anfallsgeschehen. Als „*Gewitter im Gehirn*" beschreibt Götz Aly das erlebte Anfallsgeschehen bei seiner Tochter.[39] Die Erfolge bei der Erforschung der Epilepsie auf internationaler Ebene, vor allem ab den 1950er Jahren, haben dieser Krankheit den seit alters her anhaftenden Schrecken genommen. Heute kann der überwiegende Teil der Betroffenen, bis auf wenige nicht Einstellbare, trotz der Behinderung Epilepsie, ein relativ *normales* Leben führen, verbunden mit Hilfe von Medikamenten und neurochirurgischen Operationen. Ob dieses *normale Leben* auch *stigmatisie-*

rungsfrei verläuft, das ist abhängig von der *Haltung* der Freunde, Nachbarn, Verwandten, Arbeitskollegen und Kolleginnen.

Die Ärzte der Epilepsie-Klink Mara der ehemals von Bodelschwinghschen Anstalten in Bethel bei Bielefeld, heute von Bodelschwinghsche Stiftungen, hatten bereits ab Beginn der 1950er Jahre wieder Anschluss an die internationale Forschung auf diesem Gebiet gefunden, von der wir in Deutschland – während der NS-Zeit – abgeschnitten waren. Bethel konnte für sich in Anspruch nehmen, wenig negativ belastet zu sein durch die Selektionen der „Euthanasie"-Aktion T4 des NS-Regimes, wenngleich die Zwangssterilisation auch in Bethel an pflegebefohlenen Frauen vollständig durchgeführt wurde. Im Ausland hatte man damals genaue Kenntnis über die Vorgänge zur Selektion der eigenen Bevölkerung. Ab den 1950er Jahren konnten in der Spezialklinik für Epilepsie in Bethel Epilepsiepatienten erstmals in Deutschland auf ausländische Medikamente umgestellt werden. Ich habe als Bethelpatientin 1954/55 davon profitiert und war dank dieser Medikamente erstmals in meinem Leben über einen Zeitraum von mehreren Wochen anfallsfrei. Das war ein ganz neues, ungewohntes Lebensgefühl, in das ich mich mit großer Unsicherheit *probeweise normal* einübte. Das Rezept für dieses neue teure ausländische Antiepileptikum, das die Internationale Apotheke am Rathausmarkt Hamburg für mich besorgte, bedurfte jeweils einer besonderen Genehmigung durch die AOK unter der Maßgabe, dass ich, dank dieses Medikamentes, weiterhin in einem sozialversicherungspflichtigen Arbeitsverhältnis stehen würde. Bis auf einige Einbrüche, verbunden mit einer Häufung von wieder auftretenden Anfällen in größeren Zeitabschnitten, konnte ich dennoch bis zum Rentenalter voll im Berufsleben stehen.

Besondere Bewahrungen in der NS-Zeit

Bis heute bin ich voller Fragen wegen so mancher besonderen *Bewahrung* in der NS-Zeit, vor allem während meiner Schulzeit bis zur Evakuierung und Flucht vor der Sowjetarmee im Sommer/Herbst 1944. Trotz der damals halbseitigen kleinen Anfälle (frz. Petit mal, kleines „Übel"), später großen Anfälle (frz. Grand mal, großes „Übel") habe ich als Schülerin in der örtlichen Volksschule in Königsberg die Klassen eins bis vier mit guten Leistungen durchlaufen. Nach der vorgeschriebenen bestandenen Aufnahmeprüfung war ich anschließend Schülerin des Hufen-Lyzeums, der Oberschule für Mädchen der gehobenen Bürgerfamilien der Stadt.

Eine Besonderheit durchzog alle Schuljahre. Damals wurden wir Schülerinnen im Klassenraum nach dem Alphabet gesetzt und ein sogenannter Klassenspiegel lag zur Orientierung für die Lehrer vorn auf dem Klassenpult. Irritierend für neue Lehrerinnen und Lehrer war, dass hier die sonst übliche alphabetische Sitzordnung geändert worden war. Seit meinem ersten Schultag 1938 bis zur Flucht 1944 saß ich immer neben meiner Freundin Inge A. in der ersten Zweierbankreihe. Der alphabetischen Sitzordnung nach hätte ich in die zweite Bankreihe gehört. Mit dieser Jahr um Jahr erneuerten besonderen Sitzordnung ist mir diese Freundin in der Kindheit zur stillen *Helferin* geworden. So benenne ich die Menschen, die damals in der NS-Zeit und in meinem weiteren Leben mir während und nach einem Anfall zur Seite standen. Die Freundin Inge wusste ganz selbstverständlich mit mir in diesen Situationen umzugehen: Sie wartete ruhig den Anfall ab und begleitete mich anschließend zum Ausruhen in den Ruheraum neben dem Lehrerzimmer. Nach Schulschluss holte sie mich dort ab, und wie selbstverständlich informierte sie mich darüber, was ich in den Stunden versäumt hatte, damit ich nicht den Anschluss verlor. Als ich 1941 und 1943 für jeweils sechs Monate 1100 Kilometer entfernt der Heimatstadt Königsberg in einem Kinderheim im Hochgebirge verweilte, hatte diese Freundin 1943/44 alle zwei Wochen einen Übersichtsplan geschickt, der das jeweilige Klassenpensum aller Unterrichtsfächer umfasste. Ich hatte dort wie alle anderen vierundzwanzig Kinder Privatunterricht. Dank der außerordentlichen, kontinuierlichen Unterstützung meiner *stillen Helferin* über einen Zeitraum von sechs Monaten fand ich nach der Rückkehr mühelos den Anschluss an das Klassenpensum der zweiten Oberschulklasse.

Meine Freundinnen Inge A. und Christa H., ebenso der Spielkamerad Manfred L. wuchsen während der NS-Zeit in Elternhäusern auf, in denen der Umgang mit *Behinderten* offen praktiziert wurde. Unsere Tochter, unser Sohn ist eng befreundet mit einer Anfallskranken. Das schien nichts Außergewöhnliches zu sein. Ich erinnere heute noch sehr wohl, wo in den jeweiligen Wohnungen das Sofa oder das Gästebett stand, auf dem ich nach einem Anfall jeweils eine Ausruhphase verbrachte. Ein Gespräch der Mütter über diese über viele Jahre währenden Freundschaften der *etwas anderen Art* ihrer Töchter und ihres Sohnes hat wohl nie stattgefunden. Damals sprach *man* nicht „… über *so etwas!*"

Unerfüllte Wünsche

Sie gehören, denke ich, zu eines jeden Menschen Lebensweg, dazu. Es ist gut, im Nachdenken für sich feststellen zu können: Ich habe für mich einen Weg gesucht und gefunden, mit diesen *unerfüllten* Wünschen umzugehen. Die eigene und oft dank fachlicher Unterstützung geleistete Aufarbeitungsarbeit macht jedem bewusst, welche psychischen Potenziale für uns Menschen an Wünsche gebunden sein können. Das gilt im Positiven für *erfüllte* Wünsche, die einen geradezu *beflügeln,* aber auch genauso für die *unerfüllten Wünsche,* weil sie als *Sehnsucht* mein Denken und Fühlen in eine Richtung blockieren und enorme Kräfte absorbieren.

Zu einem Leben als anfallskranke Person gehörte die Auseinandersetzung mit Wünschen ständig dazu. Verantwortliches Wünschen war in meinem Fall mit verzichten lernen bereits ab der Schulzeit gekoppelt. Wünsche blieben, zu einem schmerzlich großen Teil der Realität angepasst, für mein Leben als *unerfüllt* stehen. In bestimmten Lebensabschnitten blieb es nicht aus, dass die Auseinandersetzung mit altersgemäßen Wunschvorstellungen, zum Beispiel auf Ehe und Kinderwunsch bezogen, besonders hart war. So habe ich keine eigenen Kinder und keine Enkel, aber es sind mir Kinder *auf Zeit* zugewachsen und anvertraut worden.

Als ich lernte, andere Prioritäten für mein Leben zu setzen, änderte sich das. Ich erlebte mehr und mehr, wie sich neue, ungeahnte, bis dahin mir verschlossene Lebensbereiche und -ziele eröffneten.

Unterschiedlich „Betroffene" – eine unter vielen …

Oft habe ich mich im Nachkriegsdeutschland als Betroffene mit anderen *Behinderten* verglichen unter der Fragestellung, was ich als Person mit einer nicht immer sichtbaren Behinderung erlebte, was mir widerfuhr und wie versucht wurde, mich zu diskriminieren durch abschätzende Äußerungen, Ausgrenzung und dadurch, dass mir noch Mitte der 1980er Jahre Wege der Weiterbildung verschlossen werden sollten. Um wie viel mehr werden Menschen mit einer sichtbaren Behinderung durch diese Ausgrenzungsmechanismen in unserer Bürgergesellschaft ständig verletzt! Aus eigener Erfahrung weiß ich, dass Menschen mit Behinderungen durch andere in der Regel mehr an ihren Defiziten als an ihren Fähigkeiten und Gaben gemessen werden. Eine ständig sichtbare Behinderung kommt hierbei erschwerend hinzu. Sichtbare Beeinträchtigungen des Körpers werden allzu leicht generalisiert. Aus einer Missbildung wird schnell eine Missgeburt. Ebenso liegen Stigmatisierung und Dämonisierung nahe beieinander oder auch Faszination und Bedrohung durch dieses so andere Leben.

Dabei denke ich würdigend an meine langjährigen beruflichen Begegnungen und privaten Kontakte mit Ortrun Schott, Diplom-Psychologin im „Diakoniewerk Kaiserswerth Düsseldorf". In ihrer Familie wuchsen zwei der vier Geschwister mit Kleinwuchs auf. Dazu gehörten Ortrun und ihr Zwillingsbruder Erhard, Jahrgang 1929. Er hat sich als Doktorand der Deutschen Studienstiftung während seiner Doktorarbeit das Leben genommen, weil ihm die Situation zwischen den akademisch gebildeten Gleichaltrigen unerträglich wurde. Sie wurde als *Liliputanerin* verspottet, die nie über einen Tresen schauen konnte, um mit Blickkontakt zu kommunizieren. In der Regel sind unsere Möbel genormt für 1,70 Meter groß gewachsene Menschen. Für eine 1,15 Meter große Ortrun Schott waren die Einstiege in Busse und Bahnen viel zu hoch und nur schwer zu überwindende Hürden. Als examinierte Diplom-Psychologin bot ein Arbeitgeber ihr eine volle Stelle bei halbem Gehalt an, da sie ja nur eine *halbe* Portion sei. Pastor Dr. Johannes Degen in Kaiserswerth stellte Ortrun Schott bereits Anfang der 1980er Jahre ein, um so konkret in der Fort- und Weiterbildung von Mitarbeitern in der Behindertenarbeit ein Einübungsfeld für *mit* statt *übereinander* Lernen von Menschen mit Behinderungen und Profis zu schaffen. Außerdem spezialisierte sie sich auf die

Arbeit mit Kindern mit Kleinwuchs. Sie war immer in Augenhöhe mit ihren kleinen Patienten. Auf Ortrun Schott geht die seit Beginn der 1980er Jahre begonnene Arbeit mit betroffenen Eltern zurück und ebenfalls 1988 die Gründung des „Verbandes Kleinwüchsiger Menschen und ihrer Freunde e. V.". Der Journalist Ernst Klee hat 1983 in dem Buch und gleichnamigen Film „Verspottet" die Situation der kleinwüchsigen Menschen insgesamt in unserem Land und insbesondere die Lebensgeschichte der beiden Geschwister Ortrun und Erhard Schott eindrücklich ins Blickfeld gerückt.[40]

Mit „so etwas" einer Berufstätigkeit nachgehen zu wollen?!

Zum Lebensgefühl als Heranwachsende und als junge Frau gehörte für mich die bedrückende Ungewissheit: „Was habe *ich* für eine Zukunft?!"

Wenn irgend möglich, versuchte ich meine Beeinträchtigung, die hirnorganische Schädigung und die damit verbundene Anfallsbereitschaft, vor anderen zu verbergen. Ich arbeitete, lebte aber ansonsten zurückgezogen. Zu träumen überließ ich anderen. So realitätsnah wie möglich meine Situation einzugrenzen und Illusionen auszugrenzen, das war meine Devise. Verantwortung hatte wachsende Priorität in meinem Denken und Handeln. Diese Haltung hat mir sicher eine Reihe von Misserfolgen und Enttäuschungen erspart. Da die meisten Anfälle morgens nach dem Aufstehen auftraten, startete ich oft lediglich *verspätet* in den Tag. Eine gezielte Bewusstseinsarbeit hatte mich seit dem dreißigsten Lebensjahr in die Lage versetzt, allererste Anzeichen von spürbar veränderten nervlichen Ausstrahlungen in der rechten Gesichtshälfte zu bemerken, eine „AURA", bevor Sekunden später ein Anfall ausbrach. Dank dieses Erspürenkönnens einer AURA sind mir Verletzungen, beispielsweise durch Stürze, erspart geblieben. Diese kurze erspürte Voranfallszeit reichte aus, um gerade ausgeübte Hantierungen blitzschnell zu unterlassen und mich auf den Boden zu legen. Über größere Zeitabschnitte blieb ich anfallsfrei dank rechtzeitiger medikamentöser Umstellungen in der Betheler Epilepsie-Klinik Mara, auch um weitere Langzeitfolgeschäden an Organen abzuwenden.

Nach Kriegsende traf für viele von uns zu, nicht den selbst gewählten Berufswunsch verwirklichen zu können. Schnell „auf eigenen Füßen zu stehen", das war angesagt. In meinem Fall kam hinzu, dass mir nach der Flucht über die Ostsee und anschließender dreieinhalbjähriger Internierungszeit in Dänemark als inzwischen 17-Jährige die Schulbehörde in Braunschweig 1949 lediglich eine Bescheinigung „Anerkennung im Sinne einer mittleren Reife" ausstellte. Über den dreijährigen Weg der Frauenfachschule zum Fachabitur und einem anschließenden Studium zur Gewerbelehrerin hoffte ich dennoch, meinen ausgeprägten Berufswunsch umsetzen zu können. Dieser Weg wurde mir als Anfallskranke 1952 verwehrt. (Siehe auch Teil II: „35 Jahre danach: Eine Lehrerin erinnert sich")

Glücklicherweise kam uns, der Kriegsgeneration, die Möglichkeit sehr entgegen, Weiterbildung über den zweiten Bildungsweg auf vielen Wegen zu nutzen. Auf diese Weise mich weiter fortzubilden, habe ich von 1965 bis 1990 nach Kräften genutzt. Über Kolloquien gab es die Gelegenheit, unter anderem mehrjährige berufsbegleitende Ausbildungsmodule mit Zusatzabschlüssen, wie beispielsweise den der Gestalt-Supervisorin, zu absolvieren. Ich stelle mir heute die Frage: Wäre mein etwas anders verlaufender Berufsweg bis hin zur späteren Berufung durch die Kirchenleitung der Nordelbischen Kirche als Referentin des „Nordelbischen Studien-

und Entwicklungsprojekts *'Behinderte Menschen leben in unseren Gemeinden'"* (siehe auch Teil III: „1988: eine Anfrage des World Council of Churches") heute möglich?

Aus S a c k g a s s e n können W e g e werden

Auf meinem Lebensweg haben immer wieder mutige, engagierte Menschen dafür gesorgt, dass für mich aus *Sackgassen Wege* wurden! So hat zum Beispiel der Diakon Erich Kindermann mir den Wiedereinstieg in den Beruf geebnet. Es würde kein Spaziergang, wohl eher ein holpriger W e g mit Stolpersteinen werden. So realistisch sahen es beide, hier der erfahrene Diakon, Leiter des Tagungshauses der Evangelisch-Lutherischen Landeskirche im Hamburgischen Staat, Kuddewörde und da eine einsatzwillige Person, die sich 1956 im Bewerbungsgespräch gegenübersaßen. Mir erschien das Risiko sehr groß, hier zu scheitern, und ich schrieb deshalb schweren Herzens, trotz des verlockenden Angebotes eine Absage. Dabei blieb es nicht: *„Dennoch, wir wollen Ihnen eine Chance geben!"*, lautete 1956 die schriftliche Antwort von Erich Kindermann, verbunden mit einem Termin für ein neues Gespräch! Dieses Gesprächsangebot nahm ich an. Danach konnte ich meine Zusage geben. Ich wurde Mitarbeiterin dieses evangelischen Tagungshauses, wo ich mich geborgen fühlte und einer sinnvollen Arbeit nachging. Diese Erfahrung sollte für mich zu **der** Weichenstellung meines Lebens überhaupt werden, erleben zu dürfen, dass und wie aus einer Sackgasse ein *W e g* werden kann! Trotz so mancher Hürden wie beispielsweise die Festanstellung für mich beim Arbeitgeber Kirche zu erreichen, war ich dennoch binnen zwei Jahren unter der Grundhaltung dieses weisen Vorgesetzten so gewachsen, aufgerichtet und gefestigt als Person, dass sich mir ab der Kuddewörder Zeit weitere aussichtsreiche Berufschancen eröffneten. Die verlockende Gelegenheit, ab 1959 den Aufbau der ersten Evangelischen Mütterschule in Hamburg zu übernehmen, gehörte dazu. Mit dem Aufbau der Evangelischen Mütterschule Hamburg-Eppendorf (1959–1962) und der Leitung der Evangelischen Familien-Bildungsstätte Hamburg-Lokstedt (1965–1989) kamen andere Aufgaben auf mich zu als in meiner ursprünglich angestrebten Berufswahl Gewerbelehrerin. Dennoch habe ich sehr befriedigend arbeiten und weit darüber hinaus sozialpolitisch und gesellschaftskritisch wirken können.

Im Berufsleben stellte ich meine Vorgesetzten und eine Vertrauensperson unter den Mitarbeiterinnen unter Schweigepflicht, immer hoffend, dass die Zahl der *Mitwisser* nicht zu groß würde. Wohl wissend, dass ich mich selber gefährdete, je größer der Kreis der zur Verschwiegenheit Verpflichteten werden würde. Meine Angst, entdeckt und aus dem Berufsleben ausgegrenzt zu werden, war so bis zu meinem achtunddreißigsten Lebensjahr immer gegenwärtig und leider nicht unbegründet. Die auferlegte Schweigepflicht wurde zum ersten Mal 1970 für eine Person im engen Berufsumfeld zur Versuchung, indem sie schlimme Prognosen über meinen weiteren Lebensverlauf unter den Mitarbeiterinnen verbreitete, woraufhin sich Einzelne äußerst mitleidig-besorgt bei mir meldeten, als sei ein baldiger Abschied unausweichlich. Dieser Vertrauensbruch traf mich physisch und psychisch. Erleichtert erfuhr ich, dass sofort konsequent durchgegriffen und die Person fristlos entlassen wurde.

Ich sah mich nach diesem einschneidenden *Vorfall* herausgefordert, sobald wie möglich vor die Mitarbeiterinnen zu treten und sie p e r s ö n l i c h über meine seit dem vierten Lebensjahr auftretende Beeinträchtigungen durch Epilepsie aufzuklären. Meine Bitte an alle war, mich direkt zu der Behinderung zu befragen. An diesem Tag war damit der erste Schritt auf einem langen, schmerzhaften Weg gemacht, *Sprache über mich selbst vor anderen zu gewinnen.* „*Jeder noch so weite Weg beginnt mit einem ersten Schritt*" (Konfuzius) Die heilende Wirkung habe ich stufenweise als sehr befreind erlebt, wenn Verdrängtem langsam *eigene Sprache* gegeben wird! Außerdem spürte ich, wie meine Durchsetzungskraft wuchs, mich dort engagiert einzusetzen, wo ich auf Ungerechtigkeiten zulasten dieser Personengruppe stieß, der ich selber angehörte, aber nun erst wagte, meine nicht immer sichtbare Behinderung weiterhin zu verbergen.

Wer sich einsetzt, setzt sich aus ... Um diese Alltagsweisheit wissend, war ich mir voll bewusst, als ich 1970 begann, die als scheinbar *so gegebenen* ausgrenzenden Strukturen in unserer Bürgergesellschaft im Hinblick auf die Lebenssituation der Menschen mit Behinderungen und ihrer Angehörigen in Hamburg und später darüber hinaus in unserem Land nicht weiter hinnehmen zu wollen.

Als junge Frau im Nachkriegs-Deutschland eine Ausbildung zu absolvieren, zu arbeiten und dazugehören zu wollen, führte zu einem *Leben der etwas anderen Art.* Ich bin eine *So-Gewordene* von vielen Menschen mit Behinderungen, die unter uns leben – damals wie heute.

So-geworden: Ich wünsche mir, viele Menschen könnten im kritischen Reflektieren ihres Lebensweges sagen: In diesem *So-Sein* bin ich eine Gewordene/ein Gewordener.

– Durch besondere Menschen
– Durch eigene Weichenstellungen: Die Hälfte unseres Schicksals sind wir selbst!
– Durch besondere Zeitumstände
– Durch die Geschichte unseres Landes

Ich glaube, dass *Achten,* Respektieren und Annehmen des *So-Seins* anderer wächst, wenn wir mehr um das *Geworden-Sein* von uns selbst und des anderen wissen.

Aus meiner Sicht ist dies außerdem eine gute Grundhaltung, auf der das *inklusive Denken – Verstehen – Handeln* wachsen kann, das heute auf allen Ebenen unseres vielfältigen Zusammenlebens schrittweise umzusetzen ist.

Zu jeder Anstalt gehört
ein *Drinnen* und ein *Draußen*!

Zu jeder ANSTALT gehört ein DRINNEN und ein DRAUSSEN. Sie ist somit ein Spiegelbild des jeweiligen DENKENS und HANDELNS einer Gesellschaft. *(E. Bohne)*

„So lange die Außenwelt auf ihrer Verdrängungsroutine beharrt, so lange sie die Verantwortlichkeit für ihre Schwachen erleichtert delegiert, so lange können sich Anstalts-Kolosse nicht in Luft auflösen."[41]

Viele Anstalten in kirchlicher Trägerschaft wie zum Beispiel die ehemals Alsterdorfer Anstalten in Hamburg oder die ehemals von Bodelschwinghschen Anstalten in Bethel bei Bielefeld sind heute kirchliche Stiftungen. Von ihrem Gründungsgedanken her wurden sie vor hundertfünfzig Jahren zunächst als Schutzräume gebaut für die von der breiten Bevölkerung abgelehnten *Schwachsinnigen* und die *epileptischen Irren,* um diese vor Verfolgung und Diskriminierung zu bewahren. *Blödsinnige* Kinder waren Spielball des Spotts, Bürde der Eltern und Schrecknis der Nachbarn. Ihnen Asyl zu geben wurde als Herausforderung an das zu praktizierende Christentum und als Chance zur Ausübung der Nächstenliebe verstanden. Im Leitsatz brachte Pastor Heinrich Matthias Sengelmann, Gründer der Alsterdorfer Anstalten, insbesondere die Schutzfunktion zum Ausdruck: *„Das ist's, woran dem Vorstand liegt. Er möchte nicht, dass einmal die Stunde schlüge, wo des Staates kalte Hand sich auf ein Werk legte, in dessen Banner jetzt die Losung steht „Die Liebe Christi dringet uns also".*[42]

Was ist daraus geworden? Aus den kleinen Anfängen vor hundertfünfzig Jahren in Hamburg mit vier Knaben auf einem Gelände in Alsterdorf und parallel in einem Haus vor den Toren Bielefelds, den späteren von Bodelschwinghschen Anstalten Bethel mit fünf *epileptischen Irren* wurden in kurzer Zeit um 26 kirchliche Einrichtungen/Anstalten für mehrere Hundert Pflegebefohlene im Deutschen Kaiserreich. Noch war der Begriff Anstalt nicht belastet mit schlimmen Erfahrungen. Schüler besuchten die Höhere Lehr-Anstalt, zum Baden ging man in die Bade-Anstalt.

Im Zuge der immer stärker einsetzenden Industrialisierung und der damit verbundenen Aussonderung der *Leistungsschwachen* schien eine Ausweitung der Anstalten, unter anderem mit dem Bau von Massenquartieren, geboten und unerlässlich. Sie wurden zu Verwahr-Anstalten, in denen Zucht und Ordnung zu herrschen hatten.

Nach dem Ersten Weltkrieg machte sich ein Aufbruch in Richtung mehr Medizinisierung in der Behindertenhilfe breit. Der Mythos von der *Heilbarkeit des Schwachsinnigen* trug im Wesentlichen dazu bei. Vor allem diese Pfleglinge „… *waren nun als behandelbare Kranke Objekte der medizinischen Forschung"* geworden. Die „*Defektzustände"* glaubte man mit aggressiven Behandlungsmethoden wie Röntgentiefenbestrahlungen, Insulin- und Cardiazolschock-Behandlungen wirksam bekämpfen zu können.[43]

Die Innere Mission propagierte eine *differenzierte Fürsorge* für alle ihr angeschlossenen Heil- und Pflegeanstalten, wonach die Pfleglinge zu unterteilen seien in Heilfälle und Verwahrfälle. In den Alsterdorfer Anstalten, wie in vielen vergleichbaren Anstalten, wurde – gewollt oder ungewollt – aus „Heilen und Verwahren" nun „Heilen und Vernichten". Klaus Dörner zieht daraus folgende Konsequenz: „(…) Die Verschärfung durch den Anspruch „Heilbarkeit" konstituiert aus sich selbst heraus die Gruppe der Unheilbaren. Das Existenzrecht der

Unheilbaren wird noch weit gefährdeter als das der Gesamtheit der Minderwertigen."[44]

Rassenhygienische Gesichtspunkte setzen sich durch …

Mit dem Programm zur Umsetzung der Zwangssterilisation, dem Gesetz *„Zur Verhütung erbkranken Nachwuchses", wurde* ab 1934 systematisch der Beginn der Asylierung und Isolierung der *Pflegebefohlenen* eingeleitet. In den ehemals Alsterdorfer Anstalten hatte der leitende Oberarzt Dr. med. Gerhard Kreyenberg mit *moralisch Schwachsinnige* eine zusätzliche *Kategorie* für zu Sterilisierende eingeführt. Damit konnten auch *unliebsame*, sozial *unangepasste, besonders auffällige* Menschen sterilisiert und somit von der Fortpflanzung ausgeschlossen werden. Die Begründung des Alsterdorfer Pastors Friedrich Lensch für diese stringente Durchführung der Sterilisation lässt allerdings aufhorchen: „(…) Nein, dazu sind unsere Anstalten nicht da, um dem Volk das Sehen und das Wissen und die Verantwortlichkeit abzunehmen, sondern um die gemeinsame Verantwortung aller in ihrer ganzen Härte zusammenzuschweißen zu dem leidenschaftlichen Willen, zur Erbgesundheit unseres Volkes."[45]

In der Denkschrift der Alsterdorfer Anstalten ist es 1941 so ausgedrückt: „Es ist für die Volksgesundheit von größter Bedeutung, dass aus dem Volkskörper das Ungesunde ausgemerzt wird. Durch geeignete Anstalten werden sie allmählich aus dem Volk herausgezogen und können nun durch Sterilisation und Asylierung unschädlich gemacht werden."[46]

Nicht nur die ehemals Alsterdorfer Anstalten wandelten sich ab 1934 zu einer „Arena der Rassehygiene". In Hamburg sind „*zur Vermeidung erbkranken Nachwuchses*" schätzungsweise 22 000 Menschen sterilisiert worden. Ein Blick auf die ehemals von Bodelschwinghschen Anstalten in Bethel zeigt, dass auch hier Zwangssterilisationen insbesondere aller weiblichen Pfleglinge konsequent und zügig vorgenommen wurden. Dieses *geringe Opfer* meinte man den Betroffenen zumuten zu können. Das war allgemeiner Konsens in den Leitungsebenen der christlichen Anstalten. So wurden ab 1934 in Bethel mindestens 1176 Menschen zwangssterilisiert. Eine Einstufung menschlichen Lebens als leben*sunwert* war dort aus prinzipiell christlichen Erwägungen heraus stets abgelehnt, Eugenik hingegen gutgeheißen worden: Auf der Evangelischen Fachkonferenz in Treysa begründete Fritz von Bodelschwingh 1931 das Betheler Vorgehen laut Wikipedia damit, dass die Sterilisation zum einen ein tragbares Zugeständnis an den medizinischen Fortschritt sei, zum anderen eine Alternative zur Euthanasie, die er kompromisslos ablehnte.

Als ich 1954 selbst Bethelpatientin in der Epilepsie-Klinik Mara war, konnte ich beobachten, wie damals Frauen den „Bethelweg" über den oberen Teil der Straße mieden und dabei abwehrend auf das graue Haus am Hang, das Haus „NEBO" zeigten. Das in diesem Haus erlittene Trauma der Sterilisation hatten sie offensichtlich nicht überwunden.

Das Haus „NEBO" war eingerichtet als *Spezial*-Krankenhaus einschließlich eines Operationssaales nur für die Bethel-Pflegebefohlenen. In den angesehenen Spezialkliniken GILIAD I und II, die bis heute zu den ehemals von Bodelschwinghschen Anstalten – heute Stiftungen – gehören, als „Pflegling" aufgenommen zu werden, war nicht möglich. Es war den Bürgern der Stadt Bielefeld vorbehalten.

Circa 400 000 Menschen, darunter in großer Zahl anfallskranke wie auch gehörlose Personen, sind in Deutschland zwangssterilisiert worden. Es blieb wie so vieles Unrecht an behinderten Menschen während der NS-Zeit danach über mehrere Jahrzehnte ein Tabu. Nach 1945 wurden lediglich die Erbgesundheitsgerichte aufgelöst. Das Sterilisationsgesetz *„zur Vermeidung erbkranken Nachwuchses"* von 1934 wurde 1974 in der BRD-West aufgehoben. Die Meldung *Erbkranker* durch Ärzte, Heil- und Pflegeanstalten wurde weiterhin verlangt. Die Zwangssterilisation wurde nach 1945 als nicht *typisches* NS-Unrecht eingestuft. Das bedeutete, dass Betroffene als nicht *anerkannte Opfer der NS-Zeit* von einer Entschädigung ausgeschlossen waren/sind. Vor allem Klaus Dörner ist es zu verdanken, dass Mitte der Achtzigerjahre endlich Licht in dieses *dunkle Kapitel* der Medizin während der NS-Zeit gebracht wurde. Auf Dörners Initiative wurde 1987 der Bund *„Euthanasie-Geschädigter und Zwangssterilisierter"* gegründet. Erreicht wurde bisher jedoch lediglich eine Einmalzahlung von 5.000 DM. Eine Anerkennung als NS-Geschädigte blieb diesem großen geschädigten Personenkreis bis heute verwehrt.

In Alsterdorf wurden ab 1933 öffentliche Führungen unter *rassehygienischen Gesichtspunkten* angeboten und durchgeführt. Die steigenden Besucherzahlen in nur vier Jahren von 1400 Besuchern auf 5700 Besucher im Jahr 1936 lassen den Schluss zu, dass die negative Zurschaustellung *Schwachsinnige*r Programm wurde.[47]

Die Alsterdorfer Anstalten rühmten sich 1938, als erste deutsche Anstalt *judenfrei* zu sein. Mit dem Abtransport 26 jüdischer Anstaltsinsassen (von 1500 Pflegebefohlenen insgesamt) nach Brandenburg, wo die meisten von ihnen durch Gas getötet wurden, war damit der erste Schritt auf dem grauenhaften Weg in die „Euthanasie" bereits zwei Jahre vor der von 1939–1945 groß angelegten „Euthanasie"-Aktion T4 eingeleitet. Zugleich waren es die ersten jüdischen Mitbürger Hamburgs, die deportiert wurden.

Wehret den Anfängen! Die systematischen Vorbereitungen für die Selektion behinderter Menschen begannen mit einem Meldebogen am 9. Oktober 1939. Dieser wurde zur Schicksalsfrage für Pflegebefohlene und die Anstalten, in welche Richtung die Weichen gestellt wurden: Das Ausfüllen der Meldebögen und ihr Versand nach Berlin bedeutete für die Pflegebefohlenen fast immer für *lebensunwert* erklärt und in den Tod deportiert zu werden.

Nach der Auffassung des Rassehygienikers Prof. Dr. F. Walter fällt unter die Kategorie *lebensunwert*, wer „… infolge seiner körperlichen Konstitution nicht imstande ist, für sich und seine Familie den Lebensunterhalt zu verdienen und von dessen Nachkommen dasselbe infolge erblicher Erkrankungen zu erwarten ist."[48]

Gab es auch Ausnahmen? Prof. Dr. med. Friedrich Mauz, Leiter der Königsberger Universitäts-Nervenklinik in meiner Heimatstadt (zu dessen Privatpatientinnen ich ab 1940 gehörte), gab bei seiner Vernehmung 1951 an, die Meldebögen stark verzögert oder gar nicht nach Berlin gesandt zu haben, um seine *Insassen* zu schützen. Er wurde aber auf der Liste der T4-Gutachter geführt. Seine Mitarbeit am Entwurf des Euthanasie-Gesetzes „Euthanasie-*Programm zur Vernichtung Behinderter, Alter, Kranker*", ist ebenso belegt.[49] Ein Verfahren gegen ihn wurde 1951 eingestellt. Ihm und weiteren Personen ist 2011 die Ehrenmitgliedschaft der Deutsche Gesellschaft für Psychiatrie und Psychotherapie, Psychosomatik und Nervenheilkunde (DGPPN) aberkannt worden, deren Vorsitzender er über viele Jahre war, mit der Begründung: „… da er aktiv zur Selektion der Opfer des Massenmordes an psychisch Kranken und geistig behinderten Menschen beigetragen hat, durch Mitwisserschaft an oder Beihilfe zu einem Genozid-Verbrechen."[50]

Pastor Fritz von Bodelschwingh weigerte sich in Bethel konsequent die Meldebögen auszufüllen und nach Berlin zurückzuschicken. So blieb die große Gruppe der Pflegebefohlenen aus den von Bodelschwinghschen Anstalten vor der „Euthanasie"-T4-Aktion bewahrt.

Aus den ehemals Alsterdorfer Anstalten wurden insgesamt 629 Pfleglinge „verlegt", wie die Anordnung für den Abtransport euphemistisch lautete. Tatsächlich wurden diese ‚Behinderten' der „Endlösung der sozialen Frage" zugeführt. 508 Kinder, Frauen und Männer starben auf grausame Weise, 42 Überlebende kehrten bis 1949 in die Anstalt zurück.[51] Mit dem Abtransport großer Teile ihrer Pflegebefohlenen in die sechs deutschen Tötungsanstalten, zum Dahinvegetieren auf Hungerstationen und als Verwendungsmasse für Medizinversuche, hatte sich die Leitidee so mancher christlichen Anstalt, *„Behinderten Schutz gewähren zu wollen"*, siebzig bis achtzig Jahre nach ihrer Gründung ins Gegenteil verkehrt.

8. Mai: Kriegsende – Zusammenbruch – Kapitulation – Wendepunkt?

Wurde das Datum 8. Mai 1945 zu einem Wendepunkt für die Überlebenden der „Euthanasie"-Aktion T4? Nein. Nach der Devise „Weiter so!" sollte das Leben in den Anstalten verlaufen, als sei nichts geschehen. Eine Reflexion des ungeheuerlichen Geschehens fand nicht statt, ein Schuldbewusstsein war nicht erkennbar.

Die Nachkriegskarriere von Pastor Friedrich Lensch, Direktor der ehemals Alsterdorfer Anstalten, ist beispielhaft für dieses „Weiter so!", wie der Journalist Ernst Klee in seinem Buch *‚Was sie taten – Was sie wurden'*[52] herausstellend beschreibt. Pastor Lensch wurde 1945 durch die englische Besatzungsbehörde seines Amtes enthoben. Wenig später übernahm er bis zu seiner Pensionierung 1976 in einer Hamburger Gemeinde die Stelle eines Gemeindepastors. 1973 wurde erreicht, dass die Staatsanwaltschaft Ermittlungen aufnahm. Die Anklageschrift umfasste 870 Seiten. (Akten-Nr. vom 24.4.1973 LG Hamburg: 147 JS 58/59). Zur Eröffnung eines Verfahrens gegen Pastor Friedrich Lensch ist es nicht gekommen. Gegen Dr. Kurt Struve, Leiter der damaligen Allgemeinen Abteilung der Hamburger Gesundheitsverwaltung, wurde als Mitverantwortlicher für die Selektion von 4400 *Insassen* der städtischen Heil- und Pflegeanstalt Hamburg-Ochsenzoll und 629 Alsterdorfer Pfleglingen das Verfahren eröffnet. Im Herbst 1974 wurde es vom Hamburger Oberstaatsanwalt eingestellt. Dr. med. Gerhard Kreyenberg, Leitender Oberarzt, der ehemals Alsterdorfer Anstalten. wurde ebenfalls 1945 von der englischen Besatzungsbehörde abgesetzt. Er verlegte seinen Wohnsitz in die nahe Umgebung seiner früheren Wirkungsstätte und ließ sich dort als frei praktizierender Arzt nieder.

Leider waren dies keine hervorzuhebenden Einzelfälle. Bundesweit bestimmte eine Verharmlosungs- und Vertuschungsstrategie das Geschehen in Justiz, Medizin und Verwaltung. Es mangelte an der Einsicht: „... *dass wir Bürger immer auch Täter der Sozialen Frage sind.*"[53] Die *Tat-Bürger* blieben in Ehren und kletterten auf der Karriereleiter weiter, während wir die Opfer und ihre Leiden verdrängten und missachteten. Seit dem 18.2.2016 ist die Hamburger Datenbank „*Die Dabeigewesenen*", eine Topografie der NS-Täter/innen, Mitläufer/innen, Denunziant/innen, Profiteur/innen, Karrierist/innen, unter *www.hamburg.de/ns-dabeigewesen* im Internet freigeschaltet. Sie gibt Aufschluss über 800 Hamburger „*Dabeigewesene*", unter anderem auch aus dem Bereich, der hier in den Blick genommen wird.

Die Nachkriegs- und Besatzungsjahre mit ihren zahlreichen Problemen wie Hunger, Wohnungsnot und Arbeitslosigkeit boten dem *Beschweigen der Geschichte* der Verwahranstalten während der NS-Zeit einen fruchtbaren Boden.

„Die dramatische Entwicklung vom Schutzort zur Verwahranstalt und von der Verwahranstalt über die erste Modernisierungswelle zur Heilanstalt mit ihrer aggressiven Medizinisierung, die letztlich zur Selektion der Unheilbaren und zur Beteiligung am Massenmord geführt hatte, wurde nicht wahrgenommen."[54] Statt Aufarbeiten und Gedenken waren Verdrängen und absolutes Verschweigen angesagt, wie ein Beispiel der ehemals Alsterdorfer Anstalten zeigte. In der (St. Nicolaus Kirche auf dem Anstaltsgelände wurde 1962 feierlich eine Gedenktafel für alle im Zweiten Weltkrieg gefallenen Mitarbeiter und Mitarbeiterinnen angebracht. Die Euthanasie-Opfer fanden keine Erwähnung. 1964 beschloss der Verband „Evangelischer Einrichtungen für geistig und seelisch Behinderte" in allen dazugehörenden Einrichtungen davon abzusehen, „Euthanasie"-Aktions-Gedenktafeln aufzustellen, da „diese eine unnötige Beunruhigung der Pflegebefohlenen bewirken könnten."[55]

Für die Hansestadt Hamburg und weit darüber hinaus kam es 1979 zu einem bösen Erwachen, als am 20. April das Zeit-Dossier mit dem Titel *„Die Gesellschaft der harten Herzen"* erschien. Als *„Schlangengruben der Gesellschaft" wurden* darin seitenweise die menschen**un**würdigen Lebensbedingungen beschrieben und bebildert, unter denen Menschen mit Behinderungen in den ehemals Alsterdorfer Anstalten mehr vegetierten als lebten. *„So lange die Außenwelt auf ihrer Verdrängungsroutine beharrt, so lange sie die Verantwortlichkeit für ihre Schwachen erleichtert delegiert, so lange können sich Anstalts-Kolosse nicht in Luft auflösen."[56]*

1978 hatte sich der „Kollegenkreis Alsterdorf" gebildet, der an der Offenlegung der bestehenden unhaltbaren Missstände arbeitete und die Öffentlichkeit über diese informierte. „Aufgedeckt wurde die Gewalt gegen Behinderte, das Anketten in den Wachsälen, die Vorenthaltung von Förderung, die Verhinderung persönlicher Entwicklungen der Behinderten und die Arbeit von Behinderten zu Taschengeldbedingungen."[57]

Auf die ehemals Alsterdorfer *Verhältnisse* ließ sich zu der Zeit der Begriff „Totale Institution" anwenden, den der US-amerikanische Soziologe Erving Goffman 1972 treffend definiert hatte. Die „Totale Institution" ist gegeben, wenn unter anderem alle Angelegenheiten des Lebens an ein und derselben Stelle stattfinden, wenn der *Insasse* oder die *Insassin* niemals allein ist, wenn alle Tätigkeiten wie Arbeit, Essen und Ausgang nur in Gemeinschaft und unter Aufsicht stattfinden und wenn systematisch von der Außenwelt abgeschirmt für die *Insassen* alles geregelt und kontrolliert wird, um einen möglichst störungsfreien Ablauf zu garantieren.

Nach einer ersten Welle der Empörungen über die Veröffentlichung der skandalösen Zustände in den ehemals Alsterdorfer Anstalten traten sofort Repressalien gegenüber dem Kollegenkreis aus Mitarbeitern in Kraft. Es setzte sich aber auch langsam die Erkenntnis durch, dass ein völliger Neuanfang hermusste. So traditionsreiche, fest gefügte Strukturen aufbrechen und verändern zu wollen gleicht einer Mammut-Aufgabe. Die noch mit einem Tabu belegte Forderung nach der „Auflösung der Anstalt" machte *drinnen* in der Anstalt und *draußen* unter engagierten Bürgern die Runde.

Was die Aufarbeitung der NS-Vergangenheit dieser christlichen Anstalt betraf, mussten wir weiter bis 1983 warten und uns als „*Nestbeschmutzer der Kirche*" beschimpfen lassen, die die Öffnung der Alsterdorfer Archive forderten. Diese „Nestbeschmutzer" waren zum einen *drinnen* der „Alsterdorfer Kollegenkreis" und *außerhalb* der Anstalt engagierte „*Verbündete in der Sache behinderter Menschen*" wie Eltern von Alsterdorfer *Pflegebefohlenen* und engagierte Eltern behinderter Kinder, die in ihren Familien lebten. Auch Bürger dieser Stadt gehörten dazu wie jene, die sich in der Evangelischen Familien-Bildungsstätte Hamburg-Lokstedt zur Schwerpunktarbeit „*Menschen mit Behinderungen leben unter uns*" trafen. Im November 1983 wurde Pastor Rudi Mondry als neuer Direktor der ehemals Alsterdorfer Anstalten eingeführt. Er gilt in meinen Augen als Promotor, der notwendige Veränderungen für diese Anstalt entschlossen und zügig selbst gegen erheblichen Widerstand, auch seiner Anstaltskollegen, durchsetzte: Bereits 1984 wurden unter anderem ein Ort des Gedenkens auf dem Anstaltsgelände eingeweiht und in der St. Nicolaus Kirche das Gedenkbuch mit den Namen der Getöteten ausgelegt; die Archive wurden zwecks Aufarbeitung der Verstrickungen in die NS-Vergangenheit geöffnet.

Der befürchtete „Dammbruch" nach Aufhebung der Geschlechtertrennung blieb aus …

Solange das Bild vom ‚Behinderten' als‘ *Defizitwesen* bestand, ließ sich das Thema der Sexualität, der Liebe, des Gefühls und der menschlichen Anlage, Partner eines anderen Menschen zu sein, völlig ausklammern. Wollte man den Menschen in seiner Ganzheit in den Blick bekommen, dann durfte auf dieses Thema nicht weiter mit ängstlichem, betretenem Schweigen reagiert, es nicht weiter verdrängt werden.

Die absolute Trennung der Geschlechter in den ehemals von Bodelschwinghschen Anstalten war 1954 noch gegeben. Für Frauen und Männer gab es getrennte Häuser. Die Gardinen wurden zugezogen, wenn im Haus gegenüber *Pfleglinge* des anderen Geschlechts lebten. Allenfalls bei Kindern konnte man sich ein gemeinsames Leben unter einem Dach vorstellen. Kamen auf den Gehwegen einer Gruppe von Frauen Männern entgegen, wechselte eine der Gruppe auf die andere Straßenseite. Täglich konnte ich dieses beobachten, als ich selber Patientin der Epilepsie-Klinik Mara war. Es waren unter anderem die Zivildienstleistenden als von außen Kommende, die der Bethelleitung klarmachten, dass sie dieser und ähnlichen Anweisungen nicht

Folge leisten würden. Ganz langsam wurde eine Geschlechter trennende Maßnahme nach der anderen in den Blick genommen und verändert. Seit Frauen und Männer heute in einem Haus zusammenwohnen, sei die Atmosphäre in der Regel entspannter und die Akzeptanz, die gegenseitige Hilfsbereitschaft sei gewachsen und insgesamt sei mehr Lebensqualität entstanden. So wurde die Veränderung in Berichten kommentiert.[58]

Der befürchtete „Dammbruch" nach Aufhebung der Geschlechtertrennung war nicht eingetreten. Die Erkenntnis brach sich langsam in vollstationären Einrichtungen Bahn, dass Menschen mit Behinderungen ebenso das Bedürfnis haben, Zärtlichkeit zu geben und zu empfangen und Sexualität zu erleben wie *nichtbehinderte* Menschen. Was in den Fünfzigerjahren undenkbar schien, bot die Evangelische Stiftung Alsterdorf ab Ende der Achtzigerjahre in besonderen Fällen für Alsterdorfer Bewohner an: Mit dem sogenannten Treuegelöbnis als einer Form für die interne Beziehungsabsicherung konnte der zwischengeschlechtliche Kontakt vor Kritikern legitimiert werden. Eine Zeremonie mit Gottesdienst, Ringtausch und anschließender Feier bildete dafür den Rahmen.

Seit mehr als dreißig Jahren sind bundesweit Schritte des Aufbruchs der Anstaltsstrukturen zu beobachten. Ich kenne jedoch keine *Anstalt* in Deutschland, die sich von ihrer Anstaltsstruktur so konsequent verabschiedet, sich als Anstalt aufgelöst und neu organisiert hat wie die ehemals Alsterdorfer Anstalten in Hamburg. Der dornige und oft aussichtslos erscheinende Weg der ehemals Alsterdorfer Anstalten, heute Evangelische Stiftung Alsterdorf, von der Verwahranstalt für exkludierte *Pflegebefohlene zur* INKLUSION für und *mit* Menschen mit Behinderung zu Bewohnern ist jetzt schonungslos offengelegt durch die Dokumentation „*Mitten in Hamburg, die Alsterdorfer Anstalten 1945–1979*".[59]

Ich stelle anerkennend heraus, dass die Verantwortlichen der Evangelischen Stiftung Alsterdorf es selber „… als der eigenen Identitätsfindung dienlich finden, für die Arbeit im Hier und Heute, sich so mit der jüngsten Geschichte auseinanderzusetzen."[60]

Damit ist der Bogen zu Frau Bettina Marquardts These geschlagen:

„Wir können die Zukunft nur sinnvoll gestalten und leben,
wenn wir wissen, wo kommen wir her
und wo stehen wir Heute."[61]

Aufbruch: „Da kommt mein Kind nicht hin!" …

> „Und was war dann 1945 und danach? Wenige ‚Behinderte'
> haben die NS-Zeit mit der gezielten Euthanasie durch Ver-
> nichten, Verhungern und medizinische Versuche überlebt. Die
> wenigen blieben weiter in diesen Anstalten untergebracht. An-
> sonsten änderte sich nichts! Kinder mit Behinderungen wurden
> nach der Geburt in der Regel gleich in ein Heim, eine Anstalt
> gegeben. Dort sei der beste Platz für sie …!"[61*1]

In den Nachkriegsjahren bestimmten die 1,4 Millionen Kriegs-
versehrte das öffentliche Leben in unseren Städten mit, die sich
vehement dagegen wehrten, als ‚Krüppel' oder ‚Behinderte'
eingestuft zu werden.

*„Da kommt **mein** Kind nicht hin!"* Gemeint waren die men-
schenunwürdigen Zustände in den Anstalten und Heimen für
Behinderte in Hamburg und bundesweit in den 1960/1970er
Jahren.

Eltern, die dem langsam auch in Deutschland an Boden ge-
winnenden Gedanken folgten, dass sich ihr Kind mit Beeinträchtigungen nirgends besser entwickelte als in der familiären
Geborgenheit und in einer engen Beziehung zu seinen Eltern,
trugen die Bürde allein, ihr Kind so anzunehmen, wie es ist
und nach den wenigen bereits vorhandenen Fördermöglichkeiten zu suchen.

An entsprechenden Fördermaßnahmen fehlte es in den
1960/1970er Jahren noch völlig. In der Großstadt Hamburg
gab es *einen* Kindergarten und *eine* „Heilpädagogische Tage-
schule", später „Sonderschule für Kinder mit einer geistigen
Behinderung". Anderenorts war die Situation nicht besser.

Wenn Eltern auf fehlende Fördermaßnahmen hinwiesen, hörten sie als Antwort häufig: „Dann geben Sie doch Ihr Kind ins Heim." Diese Eltern hatten sich aber aufgrund der noch weit verbreiteten, skandalösen Verhältnisse in vielen Heimen und Anstalten bewusst gegen diese Unterbringung entschieden. Zu offenkundig war der Unterschied in der seelischen und körperlichen Entwicklung zwischen den behinderten Kindern, die im Heim lebten, und denen, die in der Familie, zusammen mit Geschwistern und Freunden aufwuchsen. Berichte aus dem Ausland und die direkten Begegnungen mit betroffenen Familien vor allem in den skandinavischen Ländern bestärkten diese Eltern, Gleiches auch in Deutschland zu fordern. Doch wer nahm sich dieser Aufgabe an?

1956 sollte für Deutschland das Jahr eines besonderen Aufbruchs werden …

Kurt Juster, Vater einer Tochter mit zerebralen Beeinträchtigungen, gründete den ersten von betroffenen Eltern geleiteten „Verein zur Förderung und Betreuung spastisch gelähmter Kinder e. V.", heute „Leben mit Behinderung in Hamburg e. V.". Er ist ein mutiger Vordenker im Hinblick auf menschenwürdigere Lebensbedingungen für Menschen mit Behinderungen in Deutschland geworden. Sein Wirken als Vorreiter und Vordenker hat über Hamburg hinaus bis heute Spuren hinterlassen.

Kurt Juster hatte aufgrund seines jüdischen Glaubens 1938 Deutschland binnen drei Tagen verlassen müssen, andernfalls hätte es seinen Verbleib im Konzentrationslager Sachsenhausen bedeutet. Die Familie emigrierte nach Schweden. Dort wurden 1948 die Zwillinge Nina und Clears geboren. Nina war spastisch gelähmt. Für die Eltern ein Schock. Kurt Juster wurde zum Pionier der *offenen* Behindertenarbeit in Schweden, wo er unter anderem mehrere Elternvereine gründete. Nach Kriegsende entschloss sich die Familie 1956 zur Rückkehr nach Hamburg. Kurt Juster war entsetzt über die Lebenssituation „Behinderter", die er hier vorfand und die nun auch für Nina gelten sollte. Als Vater einer behinderten Tochter brachte Kurt Juster reiche Erfahrungen im Aufbau von Selbsthilfegruppen mit und beanspruchte auch im Nachkriegsdeutschland die selbstverständliche Anerkennung behinderter Menschen und deren gleichberechtigte Teilhabe am Leben unserer Stadt, so wie er dieses von Schweden her kannte.

Das war ein lebendiger Gegenentwurf zu der Praxis „*Behinderte gehören in die Anstalt!*", die bis dahin als Hinterlassenschaft der Nazis weiter in Deutschland-West gedacht und praktiziert wurde. Noch im gleichen Jahr seiner Rückkehr nach Deutschland gründete Kurt Juster 1956 in Hamburg den ersten von Eltern aufgebauten und geleiteten „Verein zur Förderung und Betreuung spastisch gelähmter Kinder". Zugleich war es die Geburtsstunde des ersten Elternvereins in Deutschland überhaupt, dem in den Folgejahren unzählige folgten. Eltern-Selbsthilfegruppen und -Vereine prägen bis heute das Bild in Deutschland.

Nur zwei Jahre später war es 1958 der Niederländer Dr. med. Tom Mutters, der als *Vordenker* bis zu seinem Tod 2016 in Marburg das Leben der ehemals *Schwachsinnigen* und deren Angehöriger in Deutschland entscheidend verändert hat. Als UN-Beobachter war er nach Kriegsende zuständig für *Displaced Persons,* so der Ausdruck für Zwangsarbeiter, KZ-Häftlinge und andere Menschen, die von den Nazis verschleppt worden waren. Dieser Auftrag führte ihm 1952 das Elend geistig behinderter Kinder in der hessischen Anstalt Goddelau vor Augen.

„In ihrer Hilflosigkeit und Verlassenheit haben diese Kinder mir ermöglicht, den wirklichen Sinn des Lebens zu erkennen, und zwar in der Hinwendung zum Nächsten", so Tom Mutters im Rückblick 2007.[61*2] Zusammen mit Eltern und Fachleuten gründete Tom Mutters 1958 die Bundesvereinigung *„Lebenshilfe für das geistig behinderte Kind e. V. Marburg"* und erreichte damit zugleich die schrittweise bundesweit eingeführte Umbenennung der *Schwachsinnigen* in „geistig behinderte Kinder". Tom Mutters ermutigte Eltern, sich nicht ob eines behinderten Kindes zu schämen und ihre geistig behinderten Kinder nicht weiter zu verstecken. Er sorgte schnell für eine Ausbreitung seines Selbsthilfe-Gedankens zum bundesweiten Aufbau ambulanter Fördereinrichtungen der Lebenshilfe. Typisch für die Zeit war, dass sich zunächst alles *nur* um behinderte Kinder, um die nach Ende der NS-Zeit Geborenen handelte. Mit ihrem Heranwachsen ging es im Folgenden um die ambulante Förderung und den Aufbau von Kitas, Schulen und später Werkstätten. Heute steht das Thema „Menschen mit Behinderungen im Alter" als eine neue Herausforderung im Vordergrund. Die „Bundesvereinigung Lebenshilfe e. V." ist heute mit 130 000 Mitgliedern in 16 Landesverbänden mit 512 Kreis- und Ortsvereinen vertreten. Tom Mutters nahm jede Gelegenheit wahr, um zu zeigen, dass Menschen mit *sogenannter* geistiger Behinderung ohne Wenn und Aber dazugehören. So hatte er 1946 auch maßgeblichen Anteil an der Gründung der Fernsehlotterie *Aktion Sorgenkind,* die heute *Aktion Mensch* heißt.

Selbsthilfe-Aktivitäten entstehen aus der Kritik an den bestehenden Hilfeformen des Staates und großer Verbände …

Nicht zu unterschätzen waren die Auswirkungen dieser bundesweit entstehenden Selbsthilfe-Aktivitäten auf die damals Verantwortlichen der von Diakonie und der Caritas geführten Heime und Anstalten. Während hier noch die in sich geschlossene Anstaltswelt, die *Sonderwelt* als bewährte Unterbringungsform propagiert wurde, entstanden bundesweit die ersten teilstationären Wohngruppen der Eltern-Vereine, der Lebenshilfe und des Spastiker-Vereins mit angeschlossenen eigenen Schulen und Werkstätten. Das Wochenende konnten die behinderten Schüler und Jugendlichen auf diese Weise in der Familie verbringen. Mit Unterstützung der Hansestadt Hamburg entstanden parallel dazu zwei Modellprojekte für neue Wohnformen in den ehemals Alsterdorfer Anstalten und in der Stiftung Anscharhöhe.

Neue Hilfsangebote entstanden und mischten das bestehende Angebot der etablierten Behindertenverbände kräftig auf. „Durch Selbsthilfe werden neue Standards gesetzt. Dabei steht die Selbsthilfe nicht für die Abschaffung sozialer Arbeit, sondern ist Ausdruck eines inhaltlichen Konfliktes um Formen der Professionalisierung. Selbsthilfe entsteht also aufgrund einer Kritik an den Hilfeformen, wie sie vom Staat und großen Verbänden angeboten werden.

Die neuen Selbsthilfegruppen sind somit Ausdruck eines vorhandenen Mangels, der sich nicht mehr nur in der Alternative öffentlicher und privater Wohlfahrtspflege (wie in den Zwanzigerjahren) äußert, sondern der sich im Zuge einer zunehmenden (falschen, oft auch negativ wirkenden) Professionalisierung der sozialen Arbeit ergeben hat. Selbsthilfegruppen sind Ausdruck von und Anspruch nach Bürgerbeteiligung an Belangen des öffentlichen Lebens."[62]

Die beiden an Mitgliedern und Einfluss immer stärker werdenden deutschen Eltern-Organisationen, die Bundesvereinigung „Lebenshilfe für Menschen mit geistiger Behinderung" e. V., heute „Bundesvereinigung Lebenshilfe", in Marburg und der „Bundesverband für körper- und mehrfach behinderte Menschen" in Düsseldorf sowie zahlreiche kleinere Selbsthilfe-Vereine auf Ortsebene haben einen großen Anteil daran, dass Menschen mit unterschiedlichen Behinderungen ab den 1980er Jahren bis heute unsere Nachbarn im Wohnquartier, Fahrgäste in Bussen und Bahnen und ganz selbstverständlich Nutzer unserer Freizeitangebote sind. Unsere Städte sind nun nicht mehr *behinderten-frei*.

Im Ausland hatte sich bereits die Erkenntnis durchgesetzt, dass auch Menschen mit geistiger Behinderung über die Pflege und Betreuung hinaus förderbar sind. Es ist der Verdienst von Dr. med. Wilfrid Borck aus Hamburg, ab 1974 von den Erkenntnissen beispielsweise aus den USA zu profitieren. Borck hatte Wolf Wolfensberger Ergebnisse einer 1969 von US-Präsident John F. Kennedy in Auftrag gegebenen Untersuchung ins Deutsche übersetzt und herausgegeben. *„Geistig Behinderte – Eingliederung oder Bewahrung?"*[63]

Es war der Versuch, 1974 seine Kollegen, Anstalts-Psychiater und -Neurologen für ein anderes, *neues Denken* im Blick auf die ihnen anvertrauten Pflegebefohlenen zu interessieren. Die Resonanz hielt sich in Grenzen im Unterschied zu den Eltern, die nach anderen Wegen suchten. Sie fanden in den Ansätzen von Wolf Wolfensberger ermutigende Denkweisen.

Erste Netzwerke des neuen Denkens und neuen Handelns entstehen ab 1972 …

Aus meiner Erfahrung waren es im Weiteren aufgeschlossene Ärzte, die das Problem der Anstalt als Sonderwelt, vor allem für Kinder in ihren Entwicklungschancen und ihrer negativen Auswirkungen für das weitere Leben voll erkannten. In Hamburg war es dank der Aufgeschlossenheit des Orthopäden Dr. med. Joachim Siebert und des Pädiaters Dr. med. Helmuth Boehncke möglich, ein Netzwerk zu gründen, um den Überlegungen Taten folgen zu lassen. So wurde bereits 1974 das „Werner-Otto-Institut" zur Behandlung und Förderung cerebral geschädigter Kinder in Hamburg-Alsterdorf gegründet. Dr. med. Helmut Boehncke stellte ab 1972 die Bedeutung der Eltern als unverzichtbare Bezugspersonen des Kindes, vor allem für kranke Kinder und Kinder mit Behinderungen heraus. In der Kinderklinik Hochallee in Hamburg wurden unter seiner Leitung die Besuchszeiten für kranke und behinderte Kinder aufgrund seiner Erkenntnis komplett geändert. Besuche waren nun rund um die Uhr möglich, was viele Eltern, weil es so neu, so außergewöhnlich war, nur zögerlich in Anspruch nahmen.

Der erste Vortrag des Pädiaters Dr. med. Boehncke in der Evangelischen Familien-Bildungsstätte HH-Lokstedt im Februar 1972 trug den Titel *„Sekundärschäden behinderter Kinder durch das Verhalten Erwachsener"*.[64] Damit rückte er erstmalig neben den Eltern die große Gruppe der *Profis* wie Sozialarbeiter, Lehrer, Ärzte, Pfleger und Pastoren in den Mittelpunkt. Ich erinnere mich noch sehr genau an die aufgebrachte Pausendiskussion als Resonanz der Fachleute und Profis auf das Vorgetragene. Das war für sie absolut neu. Sie, die Profis wie auch Eltern, sollten ihr Verhalten gegenüber den Anempfohlenen überprüfen? Wie recht Dr. med. Boehncke mit dieser Feststellung hatte, kann ich, bezogen auf mein Leben, voll unterstreichen. Mehr als die Anfälle selber haben mich die *Sekundärschäden*, verursacht durch Dritte, behindert, im normalen Leben zurechtzukommen. Menschen mit Behinderungen müssen ihr Leben mit einer *Primär-Schädigung* gestalten. Diese hat ganz bestimmte Beeinträchtigungen eines oder mehrerer Glieder oder einzelner Sinne zur Folge. *Sekundär-Behinderungen* werden als zusätzlich und von außen auferlegte Handicaps erlebt.

Dr. med. Boehncke wurde mir so ab 1972 zum ersten „*Verbündeten in der Sache behinderter Menschen*" unter den Medizinern. In ihm hatte ich einen Vertrauten gefunden. Zu später Abendstunde wurden Telefonate geführt, in denen wir uns austauschten über schwierige Erfahrungen, die einzelne Mütter und Väter in Hamburger Kinderarzt-Praxen und in Kliniken machten. Er war es, der bald daraufhin einen Kollegenkreis einberief vor allem zur Bedeutung, Erstübermittler oder Erstübermittlerin der Diagnose einer Behinderung beim Säugling oder Kind zu sein. Die Kommunikation zwischen Arzt und Eltern ist in dieser Situation als besonders verantwortlich zu erlernen. Sie ist eine entscheidende *Ersterfahrung* betroffener Eltern in der völlig neuen Lebenssituation. Das wusste er als betroffener Vater aus eigener Erfahrung. Später, als lehrender Professor, wurde dieses einer von Boehnckes Schwerpunkten für die auszubildenden Pädiater, und er bezog praxisorientiert betroffene Mütter und mich in seine Vorlesungen ein.

Dank langjähriger guter Kontakte seit den 1950er Jahren, als ich selber Bethelpatientin gewesen war, pflegte ich nun als Leiterin der Evangelischen Familien-Bildungsstätte HH-Lokstedt weiter den Gedankenaustausch mit Dr. med. Wolfgang Flotho, Epilepsie-Klinik Mara und Haus „Patmos" in den ehemals von Bodelschwinghschen Anstalten Bethel. (In Bethel haben alle Häuser biblische Namen. „Mara" bedeutet „bitteres Wasser".) Er griff die positiven Erfahrungen auf, die in der Arbeit *mit* und *für* betroffene Eltern in Hamburg gemacht wurden. Er war fest entschlossen, Ähnliches vor Ort in den ehemals von Bodelschwinghschen Anstalten aufzubauen, und kontaktierte Dr. med. Helmut Boehncke in Hamburg. Unter der Leitung von Dr. med. W. Flotho und mir startete 1976 erstmals auf dem Gelände der ehemals von Bodelschwinghschen Anstalten eine einwöchige Schulung für Eltern anfallskranker Kinder, die zu Hause lebten. Es wurde der Beginn einer neuen, anderen Sichtweise auf Eltern anfallsgeschädigter Kinder und Jugendlicher und verlangte die unbedingte Wiederholung über mehrere Jahre.

Dies alles waren zunächst *Leuchtturm-Situationen*, die es unbedingt zu unterstützen galt. Denn diese *neuen Wege*, denen ein *neues, anderes Denken* zum Leben von Menschen mit Behinderungen zugrunde lag, sollten in Deutschland keine Einzelaktionen bleiben. Es galt, die große Zahl der Skeptiker zu überzeugen, die weiterhin für den deutschen *Sonder-Weg*, das System, der *stationären Unterbringung* und den Ausbau von *Sonder*-Einrichtungen, –Kitas, –Schulen und –Werkstätten plädierten und diese als die traditionell bessere Lösung propagierten. Eine Rolle bei der Argumentation gegen diese *neuen Wege* spielte zum einen die große Zahl vorhandener christlicher Anstalten und kommunaler Großeinrichtungen, die gegen Ende des 19. Jahrhunderts gegründet worden waren. Zum anderen stellte die Vielzahl der zu nutzenden Anstalts- und Heimplätze einen nicht zu unterschätzenden Wirtschaftsfaktor dar. Behinderte waren *Objekte* eines menschenverachtenden *Defizitär-Denkens* und wirtschaftlicher Interessen.

Die besten Lobbyisten für die *neuen Wege* wurden die Eltern selber, die trotz aller Unzulänglichkeiten und der wenigen vorhandenen ambulanten Behandlungs- und Fördermöglichkeiten dennoch nachvollziehbar erlebten, dass es eine Alternative zum Heim und zur Anstalt gab. Es galt Unterstützer in den Reihen der Profis zu finden, um gemeinsam mit ihnen die neuen Wege in der Behandlung und Förderung ihrer behinderten Kinder in *ambulanten* Behandlungszentren zu etablieren. Es sollten allerdings noch mehr als fünfzehn Jahre vergehen, bis wir in West-Deutschland von einem flächendeckenden Angebot und dem Anspruch auf ambulante Behandlung und Förderung für alle Behinderungsarten, einschließlich schwerer Mehrfachschädigungen, bei Kindern und Erwachsenen ausgehen konnten.

Anmerkungen

Zum Geleit

1 Evangelisch-Lutherische Kirche: Bohne, Eva: „Nordelbisches Studien- und. Entwicklungsprojekt ‚Behinderte Menschen leben in den Gemeinden', Aufbau und Weg dahin, Weiterarbeit am Thema – in der Vernetzung mit Anderen", Kiel, 2. Aufl., 1997, S. 37LKAK 13.39, N.N. *S. 21, **S. 28

2 Körner, Ingrid: „Erfahrung mit dem Wandel", in: Bohne, Eva/Marquardt, Bettina: „Schritte des Wandels ... in unserer Gesellschaft für Menschen mit Behinderungen und deren Angehörige", 2. Auflage, Hamburg 2011, S. 5 LKAK 13.39 Nr. N.N.

3 Eva Bohne, Eva: Pilotprojekt I, Universität Hamburg, 1983 LKAK 13.39. 72,.2

4 Cremer, Ines/Funke, Dirk: „Diakonisches Handeln. Herausforderungen – Konfliktfelder –Optionen", Lambertus Verlag, 1988, S. 141

Teil I

5 Brakelmann, Günter, in: Bach, Ulrich: „Ohne die Schwächsten ist die Kirche nicht ganz. Bausteine einer Theologie nach Hadamar", Neukirchner Verlag, 2006, S. 240

6 Metz, Johann Baptist: „Glaube in Geschichte und Gesellschaft", Grünewald Verlag, 4. Auflage 1984, S. 96

7 Christa Wolf: Kindheitsmuster, 1976

8 Aus der Rede von Bundespräsident a. D. Richard von Weizsäcker zum 40. Jahrestag des Endes des Zweiten Weltkrieges am 8. Mai 1985 vor dem Bundestag. Bundeszentrale für politische Bildung, Bonn 1985, S. 6

9 Metz, Johann Baptist: „Glaube in Geschichte und Gesellschaft", Grünewald Verlag, 4. Aufl. 1984, S. 96

10 Bach, Ulrich: „Ohne die Schwächsten ist die Kirche nicht ganz. Bausteine einer Theologie nach Hadamar", Neukirchner Verlag, 2006, S. 216

11 Binding, Karl/Hoche, Alfred: „Freigabe der Vernichtung lebensunwerten Lebens. Ihr Maß und ihre Form", Leipzig 1920

12 Herbst, Hans R.: „Behinderte Menschen in Kirche und Gesellschaft", Kohlhammer Verlag 1998, S. 218 f.

13 Bach, Ulrich: „Ohne die Schwächsten ist die Kirche nicht ganz. Bausteine einer Theologie nach Hadamar", Neukirchner Verlag, 2006, *S. 211, **S. 222, ***S. 219

14 Bach, Ulrich: Ohne die Schwächsten ist die Kirche nicht ganz. Bausteine einer Theologie nach Hadamar", Neukirchner Verlag 2006, S. 225

15 Bohne, Eva, in: „Stichwort Euthanasie – eine alt – neue Versuchung", Beitrag in: Dokumentation „,Ohne die Schwächsten ist die Kirche nicht ganz. Bausteine für eine Theologie nach Hadamar", Theologische Denkstube am 21.1.2008; hrsg. von Eva Bohne, Joachim Tegtmeyer 2008, S. 20 LKAK 13.39,N.N.

16 Klee, Ernst: „Euthanasie im NS-Staat – die Vernichtung lebensunwerten Lebens", S. Fischer Verlag, Frankfurt 1983, S. 70

17 Klee, Ernst: „Euthanasie im NS-Staat – die Vernichtung lebensunwerten Lebens", S. Fischer Verlag 1983, S. 269

18 Klee, Ernst: „Euthanasie im NS-Staat – die Vernichtung lebensunwerten Lebens", S. Fischer Verlag, Frankfurt 1983, S. 248

19 Galen, Clemens August von: Akten: Briefe und Predigten: 1943–1946, Matthias Grünewald Verlag, Veröffentlichungen der Kommission für Zeitgeschichte: Reihe A, Quellen, Bd. 42, S. 876–878

20 Babel, Ernst: „Kindermord im Krankenhaus", Edition Falkenberg, 2015

21 Metz, Johann Baptist: „Glaube in Geschichte und Gesellschaft", Grünewald Verlag, 4. Auflage 1984, S. 96

22 Bach, Ulrich: „Ohne die Schwächsten ist die Kirche nicht ganz. Bausteine einer Theologie nach Hadamar", Neukirchner Verlag, 2006, S. 240

23 „Was ist der Mensch …?" Dokumentation des theologisch-diakonischen Symposions in Bethel vom 15–19. März 1992, herausgegeben von Hauke Christiansen in Verbindung mit Karl Dietrich Pfisteren, Verlagswerk der Diakonie im Diakonischen Werk der EKD, 1992, S. 114

24 Gedenkbuch im Eingangsbereich der Alsterdorfer St. Nicolaus Kirche, 04.05.2011; Foto.KZ-Gedenkstätte Neuengamme, Detlef Garbe

25 *Dörner, Klaus:* „Tödliches Mitleid" Verlag Jakob van Hoddis, 1988, S. 26

26 Dörner, Klaus: „Tödliches Mitleid", Verlag Jakob van Hoddis, 1988, S. 22

27 Klee, Ernst, S. Fischer Verlag, 1983

28 Frisch, Max: „Stich-Worte", Suhrkamp Verlag, 1975, S. 220

29 Schlaich, Ludwig, „Lebensunwert? Kirche und Innere Mission Württembergs im Kampf gegen die Vernichtung unwerten Lebens" Stuttgart 1947

30 Klieme, Joachim: „Ausgrenzung aus der NS-Volksgemeinschaft", Selbstverlag des braunschweigischen Geschichtsvereins 2015, Nachdruck der Ausgabe von 1997, S. 14

31 Klieme, Joachim: „Die Neuerkeröder Anstalten in der Zeit des Nationalsozialismus", hrsg. Neuerkeröder Anstalten, 1984

32 Wunder, Michael/Genkel, Ingrid/Jenner, Harald, „Auf dieser schiefen Ebene gab es kein Halten mehr – die Alsterdorfer Anstalten im Nationalsozialismus", herausgegeben vom Vorstand der Alsterdorfer Anstalten, Pastor Rudi Mondry, Kommissionsverlag Agentur des Rauhen Hauses Hamburg, 1. Auflage 1987 und 3. Auflage 2016

33 Bohne, Eva/Marquardt, Bettina: „Schritte … des Wandels in unserer Gesellschaft für Menschen mit Behinderungen und deren Angehörige", Auflage 2011, Hamburg, S. 20 LKAK 13.39, N.N.

34 Engelbracht, Gerda/Hauser, Andrea: „Mitten in Hamburg. Die Alsterdorfer Anstalten 1945–1979", Kohlhammer Verlag, 2013, S. 78

35 Rivers, M.: „Rehabilitation Code", New York, o. J; zitiert nach der deutschen Übersetzung von Helmut A. Paul: „Mehrfach behinderte Kinder und Jugendliche als Aufgabe der medizinischen Rehabilitation", Bonn Bad Godesberg 1971, in: Herbst, Hans R.: „Behinderte Menschen in Kirche und Gesellschaft", Kohlhammer Verlag, 1999, S. 22

36 Bohne, Eva/Marquardt, Bettina: „Schritte … des Wandels in unserer Gesellschaft für Menschen mit Behinderungen und ihre Angehörigen", 2. Auflage 2011, Hamburg, S. 36 LKAK 13.39, N.N.

37 Bohne, Eva/Marquardt, Bettina: „Schritte … des Wandels in unserer Gesellschaft für Menschen mit Behinderungen und ihre Angehörigen", 2. Auflage 2011, Hamburg, S. 22, LKAK 13.39, N.N.

38 „Menschen mit Epilepsie", in: „Leben in Bethel", Dankort Bethel, Heft 1, 1990, S. 3

39 Aly, Monika und Götz: „Kopfkontrolle oder der Zwang, gesund zu sein", Rotbuch Verlag, 1982

40 „Verspottet als Liliputaner, Zwerge, Clowns", hrsg. von Klee, Ernst/ Liebner, Bernd, dtv-Verlag, 1983

41 Zimmer, Katharina: Die Zeit, Dossier v. 20.4.1979; LKAK, 13.39,. **381**

42 Wunder, Michael: „Paradigmenwechsel in Alsterdorf", S. 1, www.beratungszentrum-alsterdorf.de, 15.3.2016

43 Wunder, Michael: „Paradigmenwechsel in Alsterdorf", S. 2, www.beratungszentrumalsterdorf.de, 15.3.2016

44 Dörner, Klaus: „Tödliches Mitleid", Verlag Jacob van Hoddis, 1988, S. 47

45 Wunder, Michael: „Paradigmenwechsel in Alsterdorf", S. 3, www.beratungszentrum-alsterdorf.de, 15.3.2016

46 Klee, Ernst: „Euthanasie im NS-Staat – Die Vernichtung lebensunwerten Lebens." Denkschrift der Alsterdorfer Anstalten vom 21.3.1941, Anklageschrift 147, Js. 58/67, StA-Hamburg, S. 583 f.", S. Fischer Verlag, Frankfurt 1983, S. 391

47 Wunder, Michael: „Paradigmenwechsel in Alsterdorf", S. 3, www.beratungszentrum-alsterdorf.de, 15.3.2016

48 Wunder, Michael/Genkel, Ingrid/Jenner, Harald: „Auf dieser schiefen Ebene gibt es kein Halten mehr. Die Alsterdorfer Anstalten im Nationalsozialismus", herausgegeben vom Vorstand der Alsterdorfer Anstalten, Pastor Rudi Mondry, Kommissionsverlag Agentur des Rauhen Hauses, Hamburg, 1. Auflage 1987, S. 73

49 Klee, Ernst: „Euthanasie" im NS-Staat – Die Vernichtung lebensunwerten Lebens", S. Fischer Verlag, Frankfurt 1983, S. 242

50 DGPPN = Deutsche Gesellschaft für Psychiatrie und Psychotherapie, Psychosomatik und Nervenheilkunde, Kongress 2011, Berlin. Darin: Beschluss zwecks Aberkennung der Ehrenmitgliedschaft im DGPPN, u. a. Prof. F. Mauz, vom 24.11.2011, S. 4

51 Engelbracht, Gerda/Hauser, Andrea: „Mitten in Hamburg – Die Alsterdorfer Anstalten 1945–1979", Kohlhammer Verlag, 2013, S. 26

52 Klee, Ernst: „Was sie taten – Was sie wurden", Fischer Taschenbuch, 1986

53 Dörner, Klaus: „Tödliches Mitleid", Verlag Jacob van Hoddis, 1988, S. 20

54 Wunder, Michael: „Paradigmenwechsel in Alsterdorf", S. 5, www.beratungszentrum-alsterdorf.de, 15.3.2016

55 Engelbracht, Gerda/Hauser Andrea: „Mitten in Hamburg – Die Alsterdorfer Anstalten 1945–1979, Kohlhammer Verlag, 2013, S. 74 f; aus Verband evangelischer Einrichtungen für geistig und seelisch Behinderte, 1997, S. 119

56 Zimmer, Katharina: Die Zeit, Dossier v. 20.4.1979; LKAK 13.39, **381**

57 Wunder, Michael: „Paradigmenwechsel in Alsterdorf", S. 7, www.beratungszentrum-alsterdorf.de, 15.3.2016

58 „Vom Zusammenleben behinderter Menschen", in: „DIES IST BETHEL", herausgegeben von Johannes Busch, Bethel-Verlag, 1992, S. 42 f.

59 Engelbracht, Gerda/Hauser, Andrea: „Mitten in Hamburg – Die Alsterdorfer Anstalten 1945–1979", Kohlhammer Verlag, 2013

60 Engelbracht, Gerda/Hauser, Andrea: „Mitten in Hamburg – die Alsterdorfer Anstalten 1945–1979", Kohlhammer Verlag 2013, „Zum Geleit", S. 1

61 Bohne, Eva/Marquardt, Bettina: „Schritte … des Wandels in unserer Gesellschaft für Menschen mit Behinderungen und deren Angehörige", 2. Auflage 2011, Hamburg, S. 9 LKAK 13.39, N. N. *S. 19

62 Cremer, Ines/Funke, Dirk: „Diakonisches Handeln. Herausforderungen – Konfliktfelder – Optionen", Lambertus Verlag, 1988, S. 141; von Trauernicht, G.: „Ehrenamt und Selbsthilfe von Frauen", 1987, S. 95/96

63 „Geistig Behinderte – Eingliederung oder Bewahrung?" Hrsg. von Robert Kugel und Wolf Wolfensberger, Übersetzung u. Bearbeitung der deutschen Ausgabe von Wilfried Borck, Georg Thieme Verlag, 1974

64 Sonderdruck der Lebenshilfe LV Hamburg, 1972; LKAK 13.39,. **435**

Teil II

„Behinderung – eine g e i s t i g e Herausforderung an uns alle"[65]

Eine Behindertenarbeit
mit einem Bildungs-Ansatz?[66]

„Je mehr darüber nachgedacht und bejaht wurde, dass jeder Mensch, auch der behinderte Mitmensch, das Recht auf freie Entfaltung seiner Persönlichkeit hat, folgten erste Schritte bildungspolitischer Veränderungen in der Bundesrepublik Deutschland. Das war 1970, während in anderen europäischen Ländern, wie Italien, Frankreich, Schweden, England, dieser Prozess (gesellschaftliche Lernprozesse zur sozialen Integration behinderter und nichtbehinderter Menschen) bereits in den 1950er und 1960er Jahren begonnen hatte."[66]*

Zu Beginn der 1980er Jahre kam es zeitverzögert gegenüber den umliegenden Ländern wie zum Beispiel England, Niederlande, Italien, Skandinavien auch hierzulande zu einer grundlegenden Infragestellung der *separaten* Lern- und Lebensorte für Menschen mit Behinderungen in *Sonder*-Kitas, -Schulen, -Werkstätten und -Heimen.

Pioniere des *neuen Denkens* gaben den Skeptikern zu bedenken: *„Wer immer sich für Förderung behinderter Menschen eingesetzt hat, hat zugleich auf den Tag zugearbeitet, ab dem es nicht mehr um erweiterte und verbesserte Therapie etc. für den behinderten Menschen geht, sondern um Einübung und Gestaltung des Zusammenlebens in unserer Gesellschaft."[66]**

Das entsprach 1981 voll und ganz dem Leitgedanken des ersten internationalen UN-Behinderten-Jahres mit dem Motto *„INTEGRATION statt SEPARATION"*. Doch die deutsche Wirklichkeit sah anders aus. Die punktuelle Benennung einiger Stationen auf der S u c h — B e w e g u n g eines Lernweges zeigen, welche Hemmnisse und Blockaden es in der

Lehre zu überwinden galt, um das *Subjekt-Sein* des Menschen mit Behinderungen immer wieder herauszustellen. Auszüge aus **„Schritte aufeinander zu – soziale Integration durch Weiterbildung. Zur Situation in der Bundesrepublik Deutschland 1987"** verdeutlichen die Situation: „Nur noch wenige ahnen etwas von der mühselig langen S u c h – B e w e g u n g eines Lernweges, der nach 1945 erneut einsetzte und zu erbitterten Kontroversen zwischen unterschiedlichen Trägern der Erwachsenen-Bildung/Weiterbildung (EB/WB), Institutionen, Einrichtungen, Werken, Verbänden und Selbsthilfegruppen für Behinderte führte."*

„Wir bejahen alle die Grundsatzaussage: Jeder, auch der Mensch mit Behinderungen, hat ein Recht auf freie Entfaltung seiner Persönlichkeit.

(…) Es besteht eine große Diskrepanz zwischen den normativen Vorgaben und den empirischen Tatbeständen! Deshalb muss aufgezeigt werden, inwieweit ein hoher Konsens auf der Zielebene – zumindest in den amtlichen Bekundungen – besteht und wie dann die fehlende praktische Umsetzung einer Verbesserung von Lebenslagen behinderter Menschen dazu im krassen Widerspruch stehen. (…) Davon hängt nicht nur die Glaubwürdigkeit eines auf soziale Grundnormen sich verpflichtenden demokratischen Staates ab, als vielmehr auch die Situation der Betroffenen selbst!"**[67])

Der nach dem Ende des Zweiten Weltkrieges 1945 eingeschlagene deutsche *Weg* forcierte den Auf- und Ausbau von *Sonder*-Einrichtungen in der Behindertenhilfe. In den Jahren 1960 bis 1970 war kein Bewusstsein vorhanden, eine Bildungsarbeit für Menschen mit Behinderungen im Erwachsenenalter aufzubauen. Dazu passt, dass der Strukturplan **für das Bildungswesen** des Deutschen Bildungsrates aus dem Jahr 1970 die Berücksichtigung von Menschen mit Behinderungen *einfach vergessen* hatte.

Es wurde weiter die Integrationsempfehlung des Deutschen Bildungsrates* von 1973 befürwortet, die da lautet: *„So viel*

Integration wie möglich, so wenig Separation wie nötig.'[68] Damit sah man seinen bisher praktizierten Ansatz mit Sonder-Einrichtungen in der Behindertenhilfe durch diese Empfehlung auch weiterhin legitimiert.

Diese einseitige Einengung des Begriffes Integration, nach dem die sogenannten Nichtbehinderten nicht mit eingeschlossen sind in den Lernprozess, der mit Integration einhergeht, stand allen Pionieren eines *neuen Denkens* diametral entgegen. Denn sie traten ein für eine *Behindertenarbeit mit dem ‚Bildungs'-Ansatz des mit- und voneinander Lernens behinderter und nicht-behinderter Menschen,* um damit *Partizipation* mehr Geltung zu verschaffen, was ganz dem heutigen Inklusionsgedanken entspricht. Vertreter des *neuen Denkens* drückten ihr Verständnis von Integration und was sie bereits ab Beginn der Achtzigerjahre praktizierten, unter anderem wie Professor Dr. Georg Feuser, Universität Bremen 1982, so aus: „INTEGRATION *fängt in den Köpfen an.*"

„Integration kann immer nur eine wechselseitige sein. Nicht: Der Behinderte muss in eine Gesellschaft integriert werden, die normalerweise aus lauter Nichtbehinderten besteht. Nein: Wir alle integrieren uns aufeinander zu, das heißt in eine Gesellschaft, die normalerweise aus Nichtbehinderten und Behinderten besteht."[69]

Weiter gegen den Strom?!

Prof. Dr. Dr. h. c. Ulrich Bleidick aus dem Fachbereich Erziehungswissenschaften der Universität Hamburg kam 1980 zu dieser ernüchternden Einschätzung: „Die soziale Integration Behinderter in das Bildungs- und Gesellschaftssystem muss weltweit als nicht bewältigt angesehen werden. Die Bundesrepublik Deutschland schöpft ihre gesellschaftlichen Möglichkeiten zur Eingliederung behinderter Menschen nicht aus. Weder im Vergleich zu den übrigen wohlhabenden Industrieländern noch in der fiskalischen Mittelbereitstellung und nicht in einer Beeinflussung der Institutionen und der Öffentlichkeit. Eine schrittweise Verbesserung der Bedingungen bedarf einer *geduldigen Fehlerkorrektur* **der** *herrschenden Formen,* der Einstellung der Bevölkerung zu gesellschaftlichen Standards."[70] Siehe auch Studientag „Soziale Integration durch Weiterbildung" in der EFB HH-Lokstedt

Ab den 1980er Jahren hat es nicht gefehlt an deutlich ausgesprochenen Empfehlungen und Mut machenden Projekten, um ein Umdenken zur Lebenssituation der Menschen mit Behinderungen einzuleiten. Zahlreiche Dokumentationen über Modellprojekte und Berichte in Fachzeitschriften wurden verbreitet, in denen die positiven Erfahrungen mit Ansätzen des praktizierten *neuen Denkens und neuen Handelns* dargestellt waren.

Oberkirchenrat Kurt Puls hob 1993 in dem Auswertungsbericht zum Nordelbischen Studien- und Entwicklungsprojekt „Behinderte Menschen leben in den Gemeinden" (1989–1992) dazu hervor: „Dieses Thema erscheint *als eine gesamtgesellschaftliche zentrale Bildungsaufgabe*: Menschen können nicht lernen, wenn und solange sie versuchen, sich selbst in ihrer Begrenztheit aus dem Weg zu gehen."

„… mit diesem Ansatz glauben wir, dass ein wichtiger Ausgangspunkt gefunden ist, die Trennungen im Sinne einer *komplementären Beziehung* zu überwinden, die sich zwischen kirchlichem und gemeindlichem Leben auf der einen Seite und diakonischem Handeln in Einrichtungen und Großorganisationen andererseits ergeben haben."

„… für diese Bildungsarbeit ist *konstitutiv**, dass sie in *Partizipation* von Menschen mit und ohne Behinderungen geschieht."[71] Damit nahm Oberkirchenrat Kurt Puls den von mir 1990 verschrifteten kritisch anmerkenden Gedanken auf. Immer noch blieben kirchlicherseits Menschen mit Behinderungen in Verlautbarungen zur *Bildungsverantwortung der Kirche* als Personengruppe ausgespart: „Um 1990 zum Ausdruck bringen zu wollen, dass der Mensch mit Behinderungen in seiner Lebenswirklichkeit und seinen Glaubenserfahrungen theologisch ernst genommen wird, muss man den Menschen mit Behinderungen in einem Standardwerk mit dreihundertsiebzig Seiten zur kirchlichen Bildungsverantwortung deutlicher und substantiierter vorkommen lassen als nur in Fußnoten und dem einen oder anderen hinweisenden Satz zu dieser Thematik."[72]

Die Umsetzung richtungsweisender Gedanken blieb aus …

Gemessen an den Buchmetern an Fachliteratur in den Regalen öffentlicher und privaten Bibliotheken müssten wir sehr viel weiter sein mit dem integrativen und inklusiven Denken und Handeln in unserer Bürgergesellschaft, ihren Institutionen und deren Organen. Nachdenklich sollte uns machen, dass eine meinerseits vor zwanzig Jahren abgegebene Einschätzung zur Sachlage wenig verändert auch noch auf die heutige Situation zutrifft, dass *„reichlich vorhandenes **kognitiv angeeignetes** Wissen bezogen auf das Thema „Menschen mit Behinderungen leben unter uns" hat uns noch nicht sehr weit gebracht im Hinblick auf ein menschenwürdiges Miteinander."*[73]

Was könnten die Ursachen für die verzögerte Umsetzung guter, richtungsweisender Gedanken sein? Pastor Johannes

Busch, Leiter der ehemals von Bodelschwinghschen Anstalten Bethel und der Psychologe und Journalist Wolfgang Schmidbauer beschreiben mögliche Ursachen und lassen uns daraus eigene Schlüsse ziehen. So heißt es 1977 bei Wolfgang Schmidbauer: „Ich sehe als die wichtigste *sozialpsychologische Ursache* der Unveränderlichkeit von Helfer-Institutionen in der Eigenart des *Helfer-Syndroms*. Die Identifizierung mit dem Über-Ich führt dazu, dass Veränderungen an der Institution, deren Vorschriften und Normen einmal verinnerlicht wurden, als bedrohlich erscheinen. Eine solche Identifizierung engt die Wahrnehmungsfähigkeit für Alternativen und für kreative Weiterentwicklungen des eigenen institutionellen Rahmens ein. Sie unterstellt das Verhalten und das Erleben den Kategorien ‚richtig' oder ‚falsch', wobei ‚richtig' ist, was den Normen entspricht, während die spontanen Gefühläußerungen, Aggressionen gegen unsinnige Vorschriften oder gegen die Ausbeutung in der Heim-Situation, aber auch neuartige Ideen zur Veränderung der Heime als *‚falsch' angesehen werden* …"[74]

Pastor Johannes Busch forderte 1990, sich der Unterschiede der zwei Handlungsweisen von Instrumentalem Handeln und Kommunikativem Handeln bewusst zu werden, und beschreibt diese wie folgt: *„Das Instrumentale Handeln: Dieses Handeln geschieht auf Anordnung, ist kontrollierbar; übt eine gewisse Faszination aus, denn man sieht, was man bewirkt, und kann belegen, was man geleistet hat.*

Kommunikatives Handeln dagegen ist von anderer Art. Es zielt auf Begegnung mit dem anderen ab; und in der Begegnung will es dem anderen ZUTRAUEN zu sich selbst vermitteln, ein Mehr an SELBSTVERTRAUEN, an Erfahrung seiner Möglichkeiten und seiner Grenzen, eine Chance zur ENTFALTUNG seiner Persönlichkeit. Kommunikatives Handeln spielt sich zwischen SUBJEKTEN ab. Es ist darauf angewiesen, dass einer den anderen versteht und seine Gefühlsregungen ‚richtig' und also aus seiner Lebensgeschichte und seiner Situation heraus zu deuten vermag.

Kommunikatives Handeln rechnet mit Wechselseitigkeit, mit Veränderungen ...“ beim anderen wie bei mir. „Es ist nicht per Anweisung oder durch Lehrbuch erlernbar, sondern durch Vollzug und Erfahrung. Man muss es ausprobieren und man muss Fehler und Misserfolge riskieren.“[75]

Wenn das vorherrschende und in der Wertigkeit hoch angesehene Lernen auf der *kognitiven Ebene* uns so zögerlich auf dem Weg der Integration und der Weiterentwicklung hin zur Inklusion vorangebracht hat, dann sind andere, *alternative Lernformen* bewusster als bisher in den Blick zu nehmen, die ab den 1980er Jahren bereits umgesetzt wurden.

Mit- und voneinander LERNEN – eine Chance für alle

Mit-und voneinander Lernen ist eine Lernform, die aufbaut auf dem Ansatz des *sozial-integrativen Lernens* mit dem Ziel der sozialen Integration.

„*Mit- und voneinander Lernen – als Chance für alle“*, so lautete die Präambel 1989, und so war es auf dem Signet des Nordelbischen Studien- und Entwicklungsprojektes „*Behinderte Menschen leben in den Gemeinden“* mit dem WCC/ÖRK 1989–1992 zu lesen.[76] M u t und liebevolle Z u m u t u n g standen am Anfang des Weges. Für die einen war es Bestätigung ihrer bereits positiven Erfahrungen, für andere pure Z u m u t u n g . Für Letztere war es unvorstellbar, von und mit behinderten Menschen auf Augenhöhe zu lernen.

Mit- und voneinander Lernen ist zu verstehen als ein Lernschritt, der aufbaut auf dem Ansatz der *sozialen Integration*. Deshalb wird zunächst umrissen, wie soziale Integration verstanden und umgesetzt wird.

Seit den 1980er Jahren wurde versucht, *Integration* in kleine Münze umzusetzen. Dazu gehörte, sich in Modellprojekte e i n l a d e n zu lassen, um zu b u c h s t a b i e r e n , was *integratives Lernen* entlang des Begriffes *Integration* beinhaltet. Die Angebote waren ausgerichtet für einen breiten Interessentenkreis, dennoch blieben die daran Teilnehmenden sehr unter sich. Wer sich auf *sozial-integratives* LERNEN damals wie heute einlässt, beachtet folgende Grundregeln:

Sozial-integratives Lernen vollzieht sich auf der Basis von Gegenseitigkeit und in Augenhöhe.

– Menschen werden m ü n d i g versus Entmündigung,
– Menschen werden e r m ä c h t i g t versus Ohnmacht,
– Menschen werden angeleitet hin zu S e l b s t b e s t i m - m u n g versus **Fremdbestimmung.**

Sozial-integratives Lernen ist als ein spiralförmiger sich entwickelnder Prozess zu verstehen, mit dem Ziel, ein Mehr an sozialer Kompetenz zu erreichen.

Sozial-integratives Lernen ist ein Interaktionsprozess, um Schritte der Annäherung einzuleiten, Entfremdung zu überwinden.

Auf dem Weg zu einem menschenwürdigen Miteinander der Menschen mit Behinderungen und den sogenannten Nichtbehinderten ist *sozial-integrativem* Lernen eine hohe Bedeutung zuzumessen, die an folgende Voraussetzungen gekoppelt ist:

1. Die Bereitschaft zum L E R N E N , ausgehend von einem Bildungsverständnis, das Bildung in einem umfassenden Sinn versteht. Dieses geht davon aus, dass es sich beim Lernen um einen i n t e g r a t i v e n Wandlungsprozess der daran beteiligten Personen handelt.
2. Die Bereitschaft zum U M – D E N K E N im Sinne von: „Erst wenn Unbehinderte für Behinderte kein Problem sind, sind auch die Probleme der Behinderten lösbar."[77]

3. Die Bereitschaft zum Handeln im Sinne von: „*Integratives D e n k e n* und *H a n d e l n* braucht Einübungsfelder im realen Leben. Es betrifft unser Miteinander der Menschen mit und ohne Behinderungen auf allen Ebenen unseres Zusammenlebens."[78]

Für die Kommunikation zwischen behinderten und *nichtbehinderten* Menschen ist die Einsicht wichtig, dass die Verständigung zwischen Menschen grundsätzlich nicht nur auf der *kognitiven* Ebene, sondern gleichzeitig auf der *emotionalen* und auf *der handlungsorientierten* Ebene erfolgt. „Was ich im Umgang mit behinderten und *nichtbehinderten* Menschen lerne, das lerne ich für das Leben überhaupt."[79]

„*In dem Maße, wie ich mich mit meiner Person mit dem Thema Behinderung und den damit verbundenen veränderten Lebensmöglichkeiten auseinandersetze werde ich zugleich befähigt, angemessener auf behinderte Menschen zuzugehen.*"[80]

Menschen mit Behinderungen können eine leichte, schwere oder mehrfache Behinderung haben, aber sie sind immer *primär* Menschen. Die Begegnung mit Menschen mit Behinderungen gewinnt an Qualität und Intensität, wenn wir sie auf der *personalen* Ebene suchen. Dafür ist ganzheitliches Lernen und Praktizieren *w o l l e n Voraussetzung*: Mit Kopf, Hand und Fuß einem Thema Gestalt geben – *Begreifen* im wahrsten Sinne des Wortes umsetzen: Denken und Handeln, Empathie für sich erleben und gestalten.

Diese Komponenten bewirken *sozial-integratives* Lernen im Alltag: Integratives Lernen gelingt, wenn ich den Zusammenhang von *Wahrnehmen, Denken, Fühlen, Kommunizieren* und *Handeln* bei meinem Gegenüber aus seiner Biografie wie aus seiner aktuellen Lebenssituation begreife.

Begleitende Gespräche sind eine gute Voraussetzung, um als Person zu einer eigenen Einstellung zu i n t e g r a t i v e m / i n k l u s i v e m Denken und Handeln zu finden. Im schrittweisen Umsetzen werde ich selber erfahren, welche Möglichkeiten sich in Begegnungen eröffnen, „*… wenn ich nicht mehr versuchen muss, mir selber in meiner eigenen Begrenztheit aus dem Wege zu gehen*".[81]

Aufmerken lässt, was Richard von Weizsäcker, damals Bundespräsident der Bundesrepublik Deutschland, bereits 1993 formulierte: „*Es ist normal, verschieden zu sein!*"[82] Damit hebt er hervor: Vielfalt gehört zum Leben! Dieses Zitat wählt die Evangelische Kirche in Deutschland (EKD) 2014 als Titel für ihre Schrift „Orientierungshilfe zur INKLUSION", „*Es ist normal verschieden zu sein – Inklusion leben in Kirche und Gesellschaft*".[83]

Was für die Aufbruchs- und Umbruchsjahre von 1970 bis in die 1990er Jahre galt, ist aus meiner Sicht auch heute weiterhin gefordert. Damit das Miteinander von Menschen mit und ohne Behinderungen auf allen Ebenen des Zusammenlebens gelingen kann, ist *integratives D e n k e n , H a n d e l n* und *L e r n e n* Voraussetzung. Dies wiederum braucht Einübungsfelder im realen Leben. Ebenso gilt und ist schrittweise umzusetzen, was seit den Achtzigerjahren einer der obersten *Lehrsätze* von Professor Dr. Feuser, Universität Bremen, im Miteinander von uns allen ist: „*Der Mensch wird zu dem ICH, dessen DU wir ihm sind!*"[84]

Studientag „Soziale Integration durch Weiterbildung"

Der Bundesminister für Bildung und Wissenschaft
Dr. Dorothee Wilms, MdB

lädt hiermit ein zum Kolloquium

„Schritte aufeinander zu –
Soziale Integration Behinderter durch Weiterbildung"
Zur Situation in der Bundesrepublik Deutschland
und in ausgewählten Industriestaaten

Forschungsprojekte des Bundesministeriums für Bildung und Wissenschaft

vom 8. bis 9. Dezember 1986
im Wissenschaftszentrum, Ahrstraße 45, 5300 Bonn 2.
Leitung: Prof. Dr. Erika Schuchardt, Hannover

Schwerpunktarbeit:
„Behinderte Menschen leben unter uns".

STUDIENTAG

Soziale Integration behinderter Menschen durch Weiterbildung

Dienstag, 1. Dezember 1987, 9.00 – 18.00 Uhr
Ev. Familien-Bildungsstätte HH-Lokstedt
Stapelstraße 8 b, 2000 Hamburg 54, Tel.: 58 20 95

Eingeladen sind: Mitarbeiter in Einrichtungen der Weiterbildung,
Mitarbeiter in Einrichtungen für behinderte Menschen,
Pädagogen und Hochschullehrer der Universität,
Studierende und Interessierte.

Zur Situation:.... "Die soziale Integration Behinderter in das
Bildungs- und Gesellschaftssystem muß weltweit als nicht
bewältigt angesehen werden...
Die Bundesrepublik Deutschland schöpft ihre gesellschaftlichen
Möglichkeiten zur Eingliederung Behinderter, zumal im Vergleich
mit den übrigen wohlhabenden Industriestaaten nicht aus:
weder in der fiskalischen Mittelbereitstellung noch in den
gesetzlichen Aktivitäten noch in einer wirksamen Been-
flussung der Institutionen und der Öffentlichkeit.
...gesellschaftliche Standards und politische Normen bedürfen
einer geduldigen Fehlerkorrektur der herrschenden Formen,
um ein humaneres Leben für Behinderte durchzusetzen."

Prof. Dr. Ulrich Bleidick, Universität Hamburg,
aus "Schritte aufeinander zu"./ 1987, Erika Schuchardt
II. Teil "Rahmenbedingungen für die soziale Integration
Behinderter in das Bildungs- und Gesellschaftssystem".

"Schritte aufeinander zu –
Soziale Integration Behinderter durch Weiterbildung"
Zur Situation in der Bundesrepublik Deutschland
und in ausgewählten Industriestaaten
Forschungsprojekte des Bundesministeriums f. Bildung u. Wissenschaft
Kolloquium vom 8. bis 9. Dezember 1986, Bonn
Leitung: Prof. Dr. Erika Schuchardt, Hannover

Bericht – Nacharbeit – Weiterarbeit

Bericht über das Kolloquium 8./9. Dez. 1986, Bonn
Prof. Dr. Ulrich Bleidick, Universität Hamburg,
Eva Bohne, FBS-HH-Lokstedt
Prof. Dr. Erika Schuchardt, Universität Hannover, angefragt

Nacharbeit: gibt es Aspekte, die sich transferieren lassen
auf die Situation in Hamburg?

Weiterarbeit:mögliche Ursachen für die „Defizitbeschreibung"
- das derzeitige Verständnis von Bildung und Weiterbildung?
- Das Favorisieren bestimmter Lernformen und Inhalte?
- Die Gewichtung der Chance und der Grenze
  Gemeinsamen Lernens behinderter und nicht behinderter
  Menschen?
- Perspektiven und Herausforderungen für Mitarbeiter und
  behinderte Menschen in Hamburg.
E 110   Kosten: DM 10.--

(Nordkirchen Archiv Kiel, 13.39. Nr. 90. 6)

Erwachsenen-Bildung und Familien-Bildung

Die Evangelische Familien-Bildungsstätte Hamburg-Lokstedt (EFBS-HH-Lokstedt) ist eine, 1965 gegründete, von über neunzig weiteren evangelischen, ebenso vielen katholischen und mit ansteigender Zahl auch städtischen Elternschulen in der Bundesrepublik Deutschland (West).

Der Auftrag der Evangelischen Familien-Bildungsstätte Hamburg-Lokstedt war durch das Kuratorium und die Leiterin dieser Einrichtung ab 1971 so formuliert und nach außen vertreten: „Diese evangelische Familien-Bildungsstätte versteht Familien-Bildung seit 1970 als Auftrag für *alle* Familien einschließlich der Familien mit behinderten Angehörigen.

Zum Auftrag einer evangelischen Familien-Bildungsstätte gehören:

- der *B i l d u n g s a u f t r a g ,* familienbezogene Bildungsangebote zu konzipieren, durchzuführen, fortzuschreiben und die in Kirche und Gesellschaft sich vollziehenden Prozesse und Entwicklungen in die Arbeit einzubeziehen;
- der *t h e o l o g i s c h e* Auftrag, Glauben und Leben im Alltag der Familien ernst zu nehmen; diesen Glauben zu reflektieren, zu stützen, einzuüben und wenn nötig, ihm einen *neuen, veränderten Ausdruck* zu geben;
- der *g e m e i n d e b e z o g e n e* Auftrag, Kirche ist Ausdruck von Gemeinschaft. Gemeindebezogene Arbeit mit *Randgruppen* muss oft unübliche, *neue Wege* suchen, entwickeln und gehen."[85]

Wir verstanden unseren Auftrag damals bereits *i n t e g r a t i v* — heute würden wir sagen: *i n k l u s i v .*

Im Kirchenkreis-Kurier Niendorf (1987) ist die Arbeit zu unserem Motto *„Lebenskreise erweitern* – **Gemeinschaft erleben"** informativ beschrieben:

 EVANGELISCHE FAMILIEN-BILDUNGSSTÄTTE LOKSTEDT

Lebenskreise erweitern
Gemeinschaft erleben

Evangelische Familien-Bildungsstätten-Arbeit macht Begegnung und gemeinsames Lernen möglich für: Gemeindeglieder, Kirchensteuerzahler, Menschen, die zur Zeit der Kirche fern stehen, die noch nicht - oder nicht mehr - mit der Kirche in Beziehung stehen.

Nach unserem Verständnis wird christlicher Glaube im Vollzug des Lebens im Alltag eines jeden Menschen gelebt und hat sich da zu bewähren. Unser Angebot richtet sich an Menschen verschiedensten Alters, unterschiedlicher sozialer Herkunft.

Angesprochen fühlen sich vor allem vom Angebot der Evangelischen Familien-Bildungsstätten: 25- bis 45jährige - eine Altersgruppe, die für Kirche sonst schwer erreichbar ist. Es kommen Eltern, Eltern mit Kindern, Hausfrauen, Berufstätige, Männer und Frauen, Jugendliche, Kinder, Alleinerziehende, Behinderte, Senioren, ausländische Mitbürger.

Wir versuchen, durch andere ANDERE FORMEN DES LERNENS als sonst üblich, die Menschen in ihrer jeweiligen Lebenssituation anzusprechen und sie ernst zu nehmen.

— So kann LERNEN als Weiterentwicklung meiner Person erfahren werden.

— Miteinander - voneinander LERNEN wird möglich unter Menschen, die sonst durch hierarchische oder gesellschaftliche Strukturen getrennt bleiben.

— LERNEN durch ERFAHRUNG ist die erste Lernerfahrung in unserem Leben hier auf Erden überhaupt und sollte in jede Lebensphase einbezogen werden.

— PROZESSHAFTES LERNEN macht Mut zu kleinen Schritten, wagt, Fragen nach dem Sinn meines Lebens neu anzudenken, schafft Vertrauen, den notwendigen nächsten Schritt zu tun.

— GEMEINSAMES LERNEN in der Gruppe führt zu Begegnung, schafft Verständnis füreinander. Jeder ist hier wichtig und das ist für viele Menschen eine wichtige Erfahrung.

Eva Bohne
Leiterin der Ev. Familien-Bildungstätte Lokstedt

Die Familienbildungsstätte Lokstedt (1970)

Nordelbische Evang.-Lutherische Kirche „ Nordelbisches Studien- und Entwicklungsprojekt Behinderte Menschen leben in den Gemeinden' –Aufbau und Weg dahin, Weiterarbeit am Thema- in der Vernetzung mit Anderen" Kiel 2. Auflage 1997 , Anhang S.18)

Eine Anfrage und was daraus wurde …

Anfrage

„Ein schönes, neues Haus, ein vielseitiges Programm – und was haben Sie anzubieten für Mütter behinderter Kinder?"
(Hildegard Nerger)

An die Situation, mit der alles begann, kann ich mich noch sehr gut erinnern. Die Einweihung des Neubaus für die Evangelische Familien-Bildungsstätte Hamburg-Lokstedt (EFBS) in der Stapelstraße wurde im Herbst 1970 groß gefeiert. Es war bemerkenswert, dass nach nur fünf Aufbaujahren diese familienbezogene Bildungsarbeit bereits ein Haus, ganz auf die Bedürfnisse dieser Aufgabe zugeschnitten, beziehen konnte. Die große Freude über die praxisgerechte Ausstattung der Unterrichtsräume war den Mitarbeitern ins Gesicht geschrieben. An mehreren Tagen der *offenen Tür* luden wir ein zum Kennenlernen der neuen Räume und zur Information über das erweiterte Programm. Und die Bürger und Bürgerinnen aus dem Westen Hamburgs und aus dem Umland kamen in Scharen. Bei der Auswertung am Abend stieg die *Hochstimmung* von Tag zu Tag angesichts der eindrucksvollen Besucherzahlen.

Dann kam es am dritten *Tag der offenen Tür* zu dieser Situation: Eine Mutter aus Hamburg-Lokstedt, an der Hand ihren 10-jährigen Sohn, sprach mich, die Leiterin der EFBS, unvermittelt und sehr direkt an: „Ein schönes neues Haus, ein vielseitiges Programm – und was haben Sie anzubieten für Mütter behinderter Kinder?" Ich sah sie ziemlich ratlos an und antwortete: „Nichts, zurzeit nichts!" Und wie mit leeren Händen dastehend ergänzte ich nach einer Pause: „Bitte hinterlegen Sie im Büro Ihren Namen mit Adresse und Telefonnummer. Ich melde mich bei Ihnen."

Allein die Tatsache, dass ich mich tatsächlich zurückmeldete und eine Einladung aussprach, um vor Ort diese Frage zu besprechen, war eine umwerfend neue, gute Erfahrung für diese und weitere Frauen. Warum? Erstmalig erlebten sie, nicht weitergereicht zu werden und nicht hören zu müssen, dass dies leider wiederum nicht die *richtige* Adresse für ihre Anfragen wäre und sie es in der Kirche bei Diakonie oder Caritas versuchen sollten. Im Vielzweckraum der EFBS- Lokstedt trafen sich bald nach dieser ersten Begegnung vier Monate lang regelmäßig drei bis fünf Frauen. Die Mütter unterschiedlich mehrfach behinderter Kinder, die zu Hause und nicht in einem Heim oder einer Anstalt lebten, besprachen mit der Leiterin der EFBS unter anderem diese inhaltlichen und organisatorischen Fragestellungen:

„Warum kann/soll eine/diese evangelische Familien-Bildungsstätte, eine von fünf weiteren in Hamburg, Angebote ‚zur Situation Eltern behinderter Kinder' ins Programm aufnehmen und damit unausweichlich eine sozial- und gesellschaftspolitische Arbeit zum Thema beginnen?"

„Welche positiven Voraussetzungen dafür wären durch diese EFBS gegeben?"

„Welche Erfordernisse darüber hinaus müssten bedacht und umgesetzt werden wie beispielsweise die Betreuung der behinderten Kinder und Jugendlichen oder Transportfragen?"

Außer diesen wichtigen Fragestellungen musste ich mich persönlich fragen, ob ich mit meinem Hintergrund die ‚*Richtige*' für diese Aufgabe sein würde, in der betroffene Mütter, zumindest in der Anfangszeit, im Vordergrund ständen. Diese Frauen, Mütter zeichneten sich 1970 dadurch aus, ihre teils schwerbehinderten Kinder nicht als Familien-*Makel* anzusehen oder sie zu verstecken. Sie engagierten sich und forderten sogar die Öffentlichkeit heraus, mehr Begegnungen und Schritte des Z u s a m m e n zu wagen. Ich musste mir darüber bewusst werden, dass sich bei mir Erinnerungen – *sozusagen mit Zukunftsgehalt* (Johann Baptist Metz) – störend einstellen könnten, als schmerzende Wunde eines subjektiv erlebten, vermissten Angenommenseins durch die eigene Mutter. Vielleicht, so entschied ich mich, könnte die Zusammenarbeit mit diesen für ihre Kinder so engagiert eintretenden betroffenen Müttern dennoch ein guter Kraft gebender Impuls werden. Meine wachsende Wertschätzung für diese Frauen mit ihren speziellen Einzelschicksalen wurde mir in den folgenden Jahren zum Zeichen einer sich erfüllten Hoffnung.

Nach der mehrmonatigen Klärungsphase stand für die Mitglieder des Kuratoriums dieser *Bildungs*-Einrichtung und für mich als Leiterin fest: Wir sind uns bewusst, damit *Neuland zu betreten.* Dennoch, wir stellen uns der neuen Aufgabe: „(…) Behinderte Kinder leben heute überwiegend in den Familien, in unserer Nachbarschaft – und nicht mehr in Heimen und Anstalten! Zum Auftrag dieser Evangelischen Familien-Bildungsstätte gehören *alle* Familien, eingeschlossen Familien mit behinderten Kindern. Ihre Situation, die familiären und die speziellen Fragen der Ehepaare, die der Geschwister werden ab dem Programm 1972 in Arbeitskreisen, Kursen, Veranstaltungen aufgegriffen und thematisiert werden. Wir verbinden damit die Hoffnung und haben zum Ziel, in Zukunft Eltern behinderter Kindern ebenso wie Eltern gesunder Kinder den Raum und die Möglichkeiten zu schaffen, um sich mit ihren Kompetenzen einzubringen und das *„Miteinander voneinander Lernen"* erfahrbar zu machen, um so eines jeden Aufgabe in Familie und Gesellschaft besser zu erkennen und wahrzunehmen. Ich vertraue darauf, dass wir Mitarbeiterinnen es als Chance begreifen und Schritt für Schritt, jede nach Vermögen, es wagen, diese neuen Wege in der Begegnung mit

betroffenen Eltern und deren behinderten Kindern zu gehen. Wenn wir uns als *Lernende* den Eltern zuwenden, werden sie uns Einblicke in uns bisher verschlossene Familiensituationen gewähren. (…)"[86]
Frauen, Kärrner-Mütter behinderter Kinder, gaben 1970 den *Anstoß*. Und das Team der Mitarbeiterinnen der Evangelischen Familien-<u>Bildung</u>sstätte Hamburg-Lokstedt ließ sich a n s t o ß e n . Ein ungewöhnlicher Beginn, aber typisch für eine Basisarbeit, wie sie in der Theorie als die ideale Ausgangsposition für das Gelingen einer Selbsthilfearbeit beschrieben wird.

Mehr als ein Treffpunkt für Vordenker

Diese evangelische Familien-Bildungsstätte sollte ab 1970 mit ihrem Arbeitszweig *„Behinderte Kinder leben in den Familien"* – später umbenannt in Schwerpunktarbeit *„Menschen mit Behinderungen leben unter uns"* – mehr und mehr zu *dem* Treffpunkt in der Hansestadt Hamburg werden, an dem impulsgebend für zwei Jahrzehnte aktuell *fragwürdige* Situationen im Behindertenbereich nicht weiter als etwas fraglos *Gegebenes* hingenommen wurden. Stattdessen wurden neue Ideen und notwendige Gesetzesänderungen jeweils im Miteinander von Profis <u>und</u> Eltern problematisiert, Änderungen angedacht und auf den Weg gebracht.

Ein solcher Ansatz in der Behindertenarbeit, der den Eltern behinderter Töchter und Söhne eine größere Beachtung zukommen ließ, sodass sie sich ihrer Elternrechte bewusst wurden und diese einforderten, das war Anfang der 1970er Jahre neu und fremd. Eltern Behinderter wollten unter anderem Mitsprache in der Schule erreichen, so, wie es bei ihren gesunden Kindern selbstverständlich war. Und sie wollten nicht länger nur als lästige Bittsteller eingestuft werden. Diese Mütter und Väter strebten eine deutliche Akzentverschiebung zu mehr Partnerschaftlichkeit im Umgang mit Behörden, Schule und Kita an. Im Zusammenwirken *m i t* den Eltern wurden nun anstehende Probleme analysiert und gemeinsam nach Problemlösungen gesucht. Für die Mitarbeiter und Mitarbeiterinnen in den Behörden und der Schule und für die betroffenen Eltern selber begann *personales* und *kontextuelles* Lernen auf Augenhöhe. Dies hat alle Beteiligten nachhaltig verändert. (Siehe auch: Teil II: „Fachliche Kompetenz versus originäre Kompetenz – was zählt?!)

Studierende entdeckten hier für sich ein neues Praxisfeld gegenüber der traditionellen Anstaltssituation im Umgang mit behinderten Kindern und Jugendlichen und deren Eltern. In den Lehrbüchern fand sich reichlich Lektüre *über* betroffene Eltern und ihr angebliches So-Sein. Im Haus für *alle* Familien in der Hamburger Stapelstraße bot sich ihnen die Gelegenheit, sich ein eigenes Bild zu machen und dieses im direkten Umgang mit den Familien und ihren Kinder zu überprüfen und zu korrigieren. Heute so angesehene Vorreiter im *neuen Denken* wie der zu INKLUSION lehrende Professor Dr. Andreas Hinz, Universität Halle, gehörten damals zu der Gruppe Studierender, die für den Ansatz unseres Hauses aufgeschlossen waren. Ab 1976 bildeten diese jungen engagierten Studierenden eine wichtige Säule der ständigen Mitarbeiterinnen und Mitarbeiter in der Schwerpunktarbeit. (Siehe auch Teil II: „Studierende entdecken neue Praxisfelder")

Zu Beginn waren es ausschließlich Frauen, Mütter schwer mehrfachbehinderter Kinder/Jugendlicher, die mit der Arbeit im *Arbeitskreis I* für sich und für andere Zeichen setzten. Schon wenige Jahre später bildete sich der *Arbeitskreis für „Ehepaare neugeborener behinderter Kinder"*. (Siehe auch Teil II: „Damit aus Müttern behinderter Kinder nicht *ausschließlich* behinderte Mütter werden …)

Ein Haus für alle Familien sein zu wollen wird zum Prüfstein

Die Evangelische Familien-Bildungsstätte in der Stapelstraße in Hamburg-Lokstedt mit ihrem Anspruch, ein Haus für a l l e Familien sein zu wollen, wurde ab 1970 selber zum Prüfstein, ob sich integrative Bildungsarbeit im Alltag und über lange Zeit gestalten lässt. Wir hatten keine Vorbilder und betraten mit jedem Schritt Neuland, gaben uns *Versuchsphasen* und Ausprobierzeiten und führten immer wieder kritisch reflektierende Gespräche mit den Mitarbeiterinnen. Bei einer Frequenz von wöchentlich rund siebenhundert Besuchern verfolgten wir die Resonanz bei den Teilnehmern besonders aufmerksam. Ja, es gab in der ersten Zeit Irritationen: „Immer dieser Anblick mittwochs in der Garderobe ...", „Kommen jetzt immer mittwochs diese ‚Mütter von Behinderten' ins Haus?", „Ich habe ja nichts dagegen, dass *Behinderte* hier auch mitmachen dürfen, aber warum gerade in dem Eltern-Kind-Kurs, den ich mit meinem Lukas besuche?!", „Diese Schwerbehinderten gehören doch ins Heim!" Gemeint waren damit die Kinder und Jugendlichen mit Behinderungen, die von Studierenden und pädagogischen Fachkräften im Haus betreut wurden, damit ihre Eltern in den jeweiligen Arbeitskreisen für zwei Stunden ungestört arbeiten konnten.

Von Beginn an gab es aber auch andere, sehr positive Erfahrungen. In den Anfangsjahren war die Transportfrage für betroffene Familien ein großes Problem, und für so manche Mutter, vor allem Alleinerziehende, wäre die Teilnahme am Schwerpunktprogramm der EFBS Hamburg-Lokstedt hilfreich und wünschenswert gewesen, aber sie war nicht umsetzbar. Marc war beispielsweise ständig auf seinen Spezialrollstuhl angewiesen, der transportiert werden musste. Mit einem Plakat und direkter Ansprache fragte ich in den Kursen, ob so etwas wie ein Mittwochs- und später dann zusätzlich ein Montags-*Taxi-* Dienst mit Privat-Pkws aufgebaut werden könne. Gleich im ersten Anlauf wurde diese Aufgabe von aufgeschlossenen Teilnehmerinnen in Absprache mit betroffenen Müttern über mehrere Jahre übernommen und nach Bedarf ständig umgesetzt. Über den *Umweg* Transporthilfe für den schwerbehinderten Marc oder Arne ist in der Folge *integratives* Miteinander bis hin zu Familientreffen und -ausflügen gewachsen. „Mein Axel soll mal nicht die Schwierigkeiten haben, die ich am Anfang hatte, als ich zu Kursen ins Haus kam. Allein durch den Anblick und meine damit verbundene Unsicherheit und Angst, mich falsch zu verhalten! Inzwischen komme ich gern ins Haus und bin dankbar, dass ich, dass wir lernen dürfen, wie das ist mit Familien mit behinderten Kindern." Diese und ähnliche Post und Rückmeldungen in direkten Gesprächen erreichten uns Jahr um Jahr mehr. Jede und jeder, die unser Halbjahresprogramm aufschlug, entschied für sich, die immer zahlreicher werdenden Seiten mit Angeboten der Schwerpunktarbeit „Behinderte Menschen leben unter uns" zu überschlagen oder wie uns berichtet wurde, gerade diese Seiten genau zu studieren, um Einblick in eine ihnen sonst verschlossene Welt zu erhalten. Nicht nur einmal bin ich in Besprechungen in kirchlichen Gremien gefragt worden, ob wir wirklich keine Einbußen bei den Teilnehmerzahlen hätten. Warum diese Frage? Wir hatten in der Realität viel mehr damit umzugehen, wie wir ob der wachsenden Nachfrage dennoch ein ausgewogenes Programm für alle Familien im voll ausgelasteten Haus anbieten und durchführen können. Wir fühlten uns auf gutem Wege und wussten, dass es an uns liegt, Begegnungsmöglichkeiten anzubieten und uns als ein *Lernort zum Einüben integrativen Denkens und Handelns* aufzustellen.

Die Entwicklung in der Arbeit für und *mit* Menschen mit Behinderungen ab den 1970er Jahren zeigte, dass das Spektrum der drängenden zu bearbeitenden Fragestellungen sich in dem

Maße erweiterte, wie in Deutschland ab Kriegsende 1945 Menschen mit Behinderungen nun das Lebensrecht hatten, sich zu entwickeln, gefördert zu werden und heranzuwachsen. Die damit verbundenen Herausforderungen in den Blick zu nehmen wurde im Wesentlichen Ende der 1950er Jahre durch die zahlreich gegründeten und inzwischen bundesweit stark wachsenden Eltern-Selbsthilfe-Organisationen angestoßen. Ging es zunächst um den Auf- und Ausbau ambulanter Kleinkindförderung und -betreuung, so kam später die bis dahin ungeklärte Schulbildung auf den Plan und anschließend die Frage, wie es nach der Schule mit beruflichen Perspektiven und Wohnformen weiterging.

Auch Freizeit- und Erwachsenenbildungs-Angebote für erwachsen gewordene Menschen mit Behinderungen fehlten völlig. (Siehe auch Teil Il: „Eine Behindertenarbeit 1970 mit einem *Bildungs*-Ansatz?") Hier galt es ganz neue Wege zu gehen und immer wieder unter Beweis zu stellen, dass es sinnvoll und gerechtfertigt ist, die Angebote der Volkshochschule auch für Menschen mit Behinderungen zu öffnen. Sie brauchen einen Ort, an dem sie – wie alle Bürger – ihre Neigungen pflegen, ihre Fähigkeiten ausbauen können. Als Familien-Bildungsstätte war unser Haus prädestiniert dafür, Kurse und Veranstaltungen in diesem Bereich zu konzipieren, zumal 1984 die Universität Hamburg, Erziehungswissenschaften angefragt hatte, ob wir in dieser Sache Kooperationspartner werden wollten. Als ‚geschulte' kompetente Lehrkräfte im Umgang mit Jugendlichen mit Behinderungen boten sich betroffene Mütter an, die in ihrem ‚Erst-Beruf' Pädagoginnen im Lehramt waren. Die Resonanz auf diese neuen Angebote für Menschen mit Behinderung war groß, und es wurden parallel dazu auch von den Eltern-Organisationen und speziell der Evangelischen Stiftung Alsterdorf vermehrt Angebote entwickelt. Ab 1989 gründete sich in der Hansestadt Hamburg die *Koordinationsrunde Erwachsenenbildung für Menschen mit geistiger und mehrfacher*

Behinderung der fünf Anbieter Evangelische Stiftung Alsterdorf, ,Schwerpunktarbeit der EFBS Hamburg-Lokstedt', „Leben mit Behinderung Hamburg" e.v., „Lebenshilfe Landesverband Hamburg e.v." und Volkshochschule (VHS), heute „Bildungs-netz Hamburg für Menschen mit Behinderungen". Diese „Erwachsenenbildung für Menschen mit geistiger und mehrfacher Behinderung" wurde ab 1989 durch die Hansestadt Hamburg anerkannt und mit geringen Summen bezuschusst. Weitere Anbieter kamen dazu. Eine Gleichstellung dieser Arbeit mit der großzügig bezuschussten Volkshochschularbeit konnte trotz Unterstützung nicht erreicht werden. Heute, nach mehr als fünfundzwanzig Jahren, sind mit der Umsetzung von IN-KLUSION erneut Schritte hierzu auf dem Weg.

Der Wandel in der Bezeichnung dieses Aufgabenbereiches innerhalb der EFBS Hamburg-Lokstedt wurde zugleich Ausdruck des sich erweiterten Aufgabenverständnisses aufgrund des allgemein einsetzenden Bewusstseinswandels gegenüber Menschen mit Behinderungen:

– 1971 – Arbeitszweig *Behinderte Kinder leben in den Familien*
– 1974 – Arbeitszweig *Eltern behinderter Kinder*
– 1976 – Schwerpunktarbeit *Behinderte leben unter uns*
– 1982 – Schwerpunktarbeit *Menschen mit Behinderungen leben unter uns*
– 1989–1992 – Nordelbisches Studien- und Entwicklungs-projekt *Behinderte Menschen leben in unseren Gemeinden*[87]

„Bei allen Bemühungen von Institutionen, Medien und Menschen – ich glaube, dass die Einbeziehung der Behinderten in alle Lebensbereiche noch in ferner Zukunft steht. Aber jetzt schon ein Haus zu wissen, in dem das Leben Behinderter und Nichtbehinderter *miteinander* praktiziert wird – das macht viel Hoffnung."[88]

Soziale Integration und partizipatorisches
Mit-einander – eine Frage des Geldes?

„Durch Bildung werden Schritte zu *sozialer Integration* und zu mehr Partizipation der Menschen mit Behinderungen am Leben unserer Kirche führen." So lautete ab 1981 der Leitgedanke dieser kirchlichen Familien-Bildungsstätte.[89]

Die Schwerpunktarbeit *Menschen mit Behinderungen leben unter uns* der EFBS-Hamburg-Lokstedt, die als Arbeitszweig „*Behinderte Kinder leben in den Familien*" begann, ist im Verlauf von zwanzig Jahren trotz erheblicher *Gegenwinde* ständig ausgebaut worden. Sie lässt sich rückblickend als eine Pionier-Bildungsarbeit mutiger und engagierter Frauen, *KÄRRNER-Mütter*, Eltern und *Vordenkerinnen und Vordenker* einordnen, die gegen den Strom zu den *Noch*-Zuständen der Lebenssituationen ihrer Kinder und Jugendlichen arbeiteten. Dabei wurden die aktuellen Probleme unter der Erkenntnis wahrgenommen, dass zunächst immer nur die *Spitze eines Eisberges* sichtbar ist. So wurden die unguten Facetten des Hilfesystems nicht nur individuell, sondern in einem größeren Kontext analysiert und kritisch diskutiert.

So sehr uns manche bundesweit ausgesprochene Anerkennung unserer *modellhaften* Arbeit freute, so war und blieb dies gleichbedeutend mit *einmalig*. Wo blieben die Nachahmer, speziell im Raum der Kirche? Im Teil III kann das Kapitel „Neues Denken *kollidiert* mit den Strukturen der Diakonie" darüber beispielsweise Aufschluss geben. Wie sehr dieses Thema und finanzielle Aspekte sich in der Bildungsarbeit bedingen, wissen alle Pädagogen und Anthropologen. Wie zahlreich die Stolpersteine wurden, die der Umsetzung unseres Leitgedankens entgegenstanden, musste die Evangelische Familien-Bildungsstätte Hamburg-Lokstedt mit ihrer Schwerpunktarbeit „*Menschen mit Behinderungen leben unter uns*" schmerzlich erfahren.

Fast zehn Jahre lang prägten diese *Wechselbäder* unser Alltagsgeschäft: Einerseits wurden wir teilweise bundesweit als *Modell-Projekt der Kirche* anerkannt.[90] Andererseits bekamen wir zu hören: „Solche Angebote rechnen sich nicht" oder „Solche Angebote belasten durch den erhöhten Finanzbedarf einen vor allem auf kirchliche Zuschüsse basierenden Haushalt."

Der Synodenbeschluss vom 4. Dezember 1982 bedeutete das *Aus* dieser Arbeit. Für den Haushalt 1984 und für sechs weitere Jahre sollte die Festschreibung für alle Ausgabepositionen inklusive Tariferhöhungen bei Personalkosten gelten (Letzteres wurde zwei Jahre später zurückgenommen). Ein nicht geringer Teil der Kirchenkreis-Synodalen argumentierte Ende 1982, dass diese Art von Behindertenarbeit von der Synode niemals so in Auftrag gegeben worden sei! In der Kirche sei die Diakonie *alleinzuständig* für Behinderte. Die Leitung der EFBS Hamburg-Lokstedt sah sich durch diesen Beschluss vor die Alternative gestellt, nach zwölf Jahren erfolgreicher Arbeit die personal- und deshalb kostenintensive Schwerpunktarbeit *„Menschen mit Behinderungen leben unter uns"* einzustellen oder die Finanzsituation durch Beschaffung von Fremdmitteln zu verbessern und abzusichern.[91]

Wie eine Zeitansage für *„Neues Denken setzt sich durch"* lässt sich interpretieren, wie auf diesen Synodenbeschluss und die damit verbundenen Folgen in Hamburgs reformerischer Behinderten-*Szene* reagiert wurde. Es wurde eine Konferenz einberufen von Professorin Dr. Ursula Hagemeister, Fachbereich Erziehungswissenschaft, Fachausschuss Sonderpädagogik der Universität Hamburg, und den Vertretern der drei großen Behinderteneinrichtungen Hamburgs. Dazu gehörten der Jurist Dr. Hans Lührs, Vorsitzender des ehemaligen Eltern-Vereins *Hamburger Spastikerverein e. V.* (heute: *Leben mit Behinderung Hamburg* e. V.), Wilfrid Favre, Vorsitzender des ehemals „Lebenshilfe für Menschen mit geistiger Behinderung", Landesverband Hamburg e. V., und Pastor Rudi Mondry, ehemals Propst des Kirchenkreises Niendorf und seit November 1983 neuer Direktor der ehemals Alsterdorfer Anstalten. Der Stadt, die sich in so vieler Hinsicht auszeichnete, *Vordenkerin* in „Neuem Denken und Handeln" für Menschen mit Behinderung zu sein, sollte ein bewährtes Einübungsfeld genommen werden? Nach eingehender Beratung beschlossen die Anwesenden, der Situation zu begegnen, indem sie sich für insgesamt sechs Jahre im Voraus zu einer außergewöhnlichen Maßnahme verpflichteten. In einer Zeit ohne direkte finanzielle Engpässe der Kirche wurde die Schwerpunktarbeit so dennoch durch Dritte mit insgesamt 46.240 –, DM zeichensetzend von außen mitfinanziert. Zur Entlastung der EFBS-Leiterin wurde das Gehalt ihrer Stellvertreterin um fünf Stunden der Wochenarbeitszeit aufgestockt und dem Kirchenkreis überwiesen. Voraussetzung hierfür war die Zusicherung, dass so insgesamt zehn Wochenstunden der EFBS-Leiterin für die Schwerpunktarbeit *Behinderte Menschen leben unter uns* genutzt wurden. Für jeweils drei Jahre haben Dr. Hans Lührs für den Vorstand des damaligen Hamburger *Spastikervereins* (von 1985 bis 1987) und Pastor Rudi Mondry für den Vorstand der Evangelischen Stiftung Alsterdorf (von 1988 bis 1990) die monatlichen Zahlungen an den Kirchenkreis Niendorf gewährleistet.[92]

Außerdem brachten sie zum Ausdruck, dass die von der EFBS Hamburg-Lokstedt geleistete institutsunabhängige Elternarbeit auf der Basis *prozesshaften* Lernens von den Vereinen und der Evangelischen Stiftung Alsterdorf so nicht geleistet werden könne und schon deshalb zu fördern sei. Pastor Rudi Mondry begründete dies folgendermaßen: „Eine solche Begleitung von betroffenen Eltern ist notwendig. Erzieher haben einen Auftrag, sie sind kein Elternersatz. Fluktuation der Mitarbeiter wird diesem Anspruch nicht gerecht, gewachsene Beziehungen zu den Eltern müssen gepflegt werden. Was heißt es zum Beispiel Eltern zu sein für Töchter/Söhne, die im

Heim leben? Das muss in Alsterdorf mehr als bisher in den Blick genommen werden und zukünftig in Zusammenarbeit mit der EFBS Hamburg-Lokstedt umgesetzt werden."[93] In der Evangelischen Stiftung Alsterdorf wurde nachfolgend die Projektgruppe ‚Elternarbeit' zur Aktivierung und Verbesserung der Elternarbeit in Alsterdorf gegründet.[94]

Mit den Zahlungen war für den Kirchenkreis, als Träger der EFBS-Hamburg-Lokstedt, die Auflage verbunden, die auf das *Neue Denken* ausgerichtete Arbeit im Blick auf behinderte Menschen und deren Angehörige in dem kirchlichen Haus für *alle* Familien in Hamburg-Lokstedt weiterzuführen und auszubauen.

So war mit einem Schlag die Arbeit in Sachen „*Menschen mit Behinderungen leben unter uns*" für sechs Jahre bis 1990 vor *altem Denken* abgesichert. Unsere Arbeit hatten wir bereits zunehmend auf eine projektbezogene Finanzierung umgestellt. Diese Umstellung wurde weiter ausgebaut. So wurden innerhalb von zehn Jahren 96 unterschiedliche Projekte mit Fremdmitteln und dank großzügiger zweckgebundener Spenden vor allem aus der Hamburger Bevölkerung im Wert von insgesamt 474.670 –, DM durchgeführt.[95] Die Anerkennung der in dieser Form geleisteten Arbeit zog Kreise weit über Hamburg hinaus und wurde für Forschungsprojekte und Auswertungen auf Bundesebene herangezogen.[96]

(Siehe Teil III: „Eine Universität geht 1982 neue Wege …")

Seit 1983 finanzierte die *Aktion Sorgenkind* des ZDF, heute *Aktion Mensch*, teilweise Projekte wie den Einbau eines Fahrstuhls und den barrierefreien Umbau des Sanitärbereiches. Der Bezirk Hamburg-Eimsbüttel ermöglichte den Einbau einer für Rollstühle unterfahrbaren Arbeitskoje in der Lehrküche.

Die Verbündeten in der Sache behinderter Menschen steuerten ab diesem neuen Aufbruch 1984 bewusst das ihrige dazu bei, um dem „*neuen Denken*" in der Kirche mehr Raum zu verschaffen. So konnte nun eine wirksame Öffentlichkeitsarbeit zu den *theologischen* Facetten dieser Arbeit dank der Zuschüsse aus dem Behindertenfonds der Nordelbischen Kirche beginnen. Spiritus Rector dafür war Matthias Jessen, Oberkirchenrat, Jurist und *Verbündeter in der Sache behinderter Menschen.* Auch mit Pastor D. Ulrich Bach in der Evangelischen Kirche im Rheinland wurde eine enge Zusammenarbeit begründet. Dank ihm konnte der Kontakt mit dem Ökumenischen Weltrat der Kirchen in Genf (WCC/ÖRK) vertieft werden. Angemessene Rahmenbedingungen für die theologische wie die pädagogische Arbeit, nun ausgelegt für die gesamte Nordelbische Evangelisch-Lutherische Kirche (NEK) heute Nordkirche (), wurden 1988/89 mit dem „Nordelbischen Studien- und Entwicklungsprojekt ‚*Behinderte Menschen leben in den Gemeinden*'" (1989–1992) in Zusammenarbeit der NEK mit dem WCC/ÖRK geschaffen. Die Leiterin der Evangelischen Familien-Bildungsstätte HH-Lokstedt wurde als Referentin der Kirchenleitung für das NEK-Projekt berufen. (Siehe auch Teil III: Eine Anfrage von 1988 vom WORLD COUNCIL OF CHURCHES")

Am Beginn stand 1970 *anstoßgebend* für eine Behindertenarbeit mit einem *Bildungs*-Ansatz die Anfrage einer Mutter eines an Epilepsie erkrankten Jungen an die Leiterin einer Evangelischen Familien-**Bildung**sstätte. Über viele Stationen führte dies für mich zu der Erkenntnis, die ich von meinem Vorgesetzten und *Verbündeten in der Sache behinderter Menschen*, Propst Rudi Mondry, 1973 übernommen hatte: „*Nur bekannt gemachte Not wird beseitigt!*"

Beispiele aus der Schwerpunktarbeit der Familien-Bildungsstätte HH-Lokstedt

Schwerpunktarbeit:
„Behinderte Menschen leben unter uns"

Auszug aus dem Kursprogramm

Gesprächsgruppe für Eltern mit kleinen behinderten Kindern

- Austausch mit anderen Betroffenen
- Gemeinsamkeit kann verbinden
- Sorgen, Nöte und Ängste aussprechen kann hilfreich sein

Eine Gruppe eröffnet neue Wege.

Kursgeb.: DM 4,– pro Einh.

Mo., 20.00 – 22.00 Uhr

E 51	1.u.15.u.29.9./13.u.27.10./10.u.17.11./ 1.12.1986	8 Einh.
E 51a	12.u.26.1./9.u.23.2.1987	4 Einh.

Vorgeburtliche Diagnostik-

4 Gesprächsabende
Mo., 20.00-22.00 Uhr

B/FG 6 · 29. Jan. - 19. Feb. 1990
Kursgeb.: DM 20,-
Team: Eva Bohne, Bettina Marquardt
Dr. med. Herbert Scheying

Die Erforschung der menschlichen Erbanlagen hat die Möglichkeiten der pränatalen Diagnostik in unabsehbarer Weise gesteigert. Damit wird ungeborenes Leben verfügbar und es wächst auch der Zwang zur Entscheidung. Ärzte und Eltern werden vor unlösbare Gewissenskonflikte gestellt.
Eine rechtliche Regelung ist in Vorbereitung. Sie hat sich ebenso wie die Entscheidung von Ärzten und Eltern nicht nur an medizinisch-biologischen, sondern auch an ethischen Gesichtspunkten bis hin zur religiösen Frage nach unserem Menschenbild zu orientieren.
Eltern, die bereits ein behindertes Kind haben, sind von der Problematik besonders betroffen. Sie sind der Auslöser zu diesen Gesprächsabenden.

Danke!

An dieser Stelle möchte ich einen ausdrücklichen Dank aussprechen Ihnen allen, die Projekte, Seminare, Begegnungsmöglichkeiten zum *miteinander – voneinander lernen* behinderter und nichtbehinderter Menschen in unserem Hause ermöglichen.
Durch Ihre Spenden, durch Ihre zweckgebundenen Zuschußbeträge, durch Ihre Übernahme von „Patenschafts-Zahlungen" wird diese wichtige Arbeit getragen.
Wir wollen auch 1988/89 unseren Beitrag zu leisten versuchen zu häufigerem, besserem Miteinander behinderter und nichtbehinderter Menschen in
Familie - Kirchengemeinde - Gesellschaft.
Wir hoffen weiterhin auf Ihre Unterstützung und gute Zusammenarbeit.

Und Gott sah an, alles was er gemacht hatte, und siehe – es war alles gut."
Ein Arbeits- und Gesprächskreis für behinderte Menschen, ihre Angehörigen, Theologen und für alle, denen die Thematik wichtig ist.

Leitung: Eva Bohne
Die., 19.30 – 21.00 Uhr
E 43 16.u.30.9./28.10./11.u.25.11./9.12.1986

IN FAMILIEN MIT BEHINDERTEN LEBEN
AUCH GESCHWISTER

Einführung ins Thema:
Dr.med.G. Gritzke, Rolf Hendricks, Frau Kirchoff
Gruppenarbeit, Aussprache im Plenum.

E 24 Mo. 12. Febr. 1979, 19.3o Uhr
Unkostenbeitrag: DM 2.-
Um telef.Anmeldung wird gebeten.

Behinderte werden volljährig...

Ein neuer Lebensabschnitt beginnt für unsere/n behinderte/n Tochter/Sohn.
Mit der Volljährigkeit des Jugendlichen verlieren Eltern das Recht, seine Interessen zu vertreten - bis hin zur Vermögensregelung.
In den folgenden Seminar werden sich Eltern intensiv mit den Fragen auseinandersetzen:
was spricht für, was spricht gegen:
Vormundschaft - Entmündigung - Gebrechlichkeitspflege.
Leitung: Eva Bohne
Fachleute aus dem Vormundschaftswesen
Kursgeb.: DM 2o.-
Mo., 2o.oo - 22.00 Uhr
E 38 2o.Jan. - 17.Febr. 1986 5 Einh.

Stellenwert und Gestaltung von Mitverantwortung und Mitsprache Betroffener

E 97 Montag, 9. Februar 1987, 19.30 Uhr
in der FBS-Lokstedt
Nacharbeit der Bundestagung Trier 1986
Leitung: Eva Bohne, Rolf Brendler

Verband Evangelischer
Einrichtungen für die
Rehabilitation Behinderter e.V.
Verband Katholischer
Einrichtungen
für Körperbehinderte
in Deutschland e.V.

Die gute Nachricht für Rollstuhlfahrer

Unsere Haus verfügt jetzt über einen behindertengerechten Eingang mit Fahrstuhl, spezielle Sanitäreinrichtungen und eine rollstuhlgerechte Arbeitskoje in der Lehrküche.
Nutzen Sie unser vielfältiges Angebot.

Schwerpunktarbeit:
„Behinderte Menschen leben unter uns"

Auszug aus dem Kursprogramm

**Ich gebe meine Kraft und meine Fürsorge
den Behinderten und erlebe mit den Eltern
Hoffnungsvolles und Enttäuschendes**

Zielgruppe: Menschen, die im Behindertenbereich tätig sind:
Mitarbeiter von Behörden, Betreuer, Erzieher,
Zivildienstleistende, Pädagogische Fachkräfte
aus Schule, Heim, Kindergarten, Werkstatt.
In diesem Seminar möchten wir an 5 Abenden versuchen, in
offenem Erfahrungsaustausch die gegensätzlichen Erwartung=
gen und den damit verbundenen Zwiespalt zu erkennen. Wir
wollen nach Wegen suchen, um das Miteinander aller Betei =
ligten erleichternder zu gestalten.
Leitung: Hilde Künkel, Renate Brudermüller
Kursgeb.: DM 25.-
Mo., 2o.oo - 22.oo Uhr
E 37 13.Jan. - 1o.Febr. 1986   5 Einh.

---

*Stellenwert und Gestaltung von Mitsprache und Mitverantwortung
behinderter Menschen*

- *Wie ernst nehmen wir Mitsprache und Mitverantwortung
  Betroffener?*

- *Wo gelingt uns die Umsetzung?*

- *Was erschwert die Umsetzung?*

*Das Thema wird am 1. Abend in der Vielschichtigkeit aufgeblättert
und an den weiteren Abenden unter dem jeweiligen Aspekt bearbeitet:*

- *Aus der Sicht des behinderten Menschen,*

- *aus der Sicht der Einrichtungen für behinderte Menschen,*

- *aus der Sicht der rechtlichen Vertreters des behinderten
  Menschen, der Eltern und Angehörigen.*

Leitung: Eva Bohne u. N. N.
Kursgeb.: DM 16.--
Mo., 19.3o - 21.3o Uhr
E 1o7   26. Okt. - 16. Nov. 1987   4 Einh.

Arbeitsgemeinschaft
SPINA BIFIDA UND HYDROCEPHALUS

Bereich Hamburg e.V.

Kontaktadresse: Antje Blume-Werry
Wiesenstr. 31, 2000 Hamburg 20, Tel.: 49 23 76
Mi., 20.00 — 22.00 Uhr
E 53   20.8. / 10.9. / 15.10. / 12.11. / 10.12.1986
E53a   14.1. / 11.2. / 11.3. / 8.4. / 13.5. / 10.6.1987

Treffen für Eltern von Hydrocephalus-Kindern

Mi., 15.30 — 18.00 Uhr
E 54   3.9. / 1.10. / 5.11. /.3.12.1986
E 54a   7.1. / 4.2. / 4.3. / 1.4. / 6.5. / 3.6.1987
(Kinder werden betreut)

Elternarbeit
Fortbildung für Mitarbeiter/innen aus dem Behinder-
tenbereich

(Krankengymnasten/innen, Beschäftigungstherapeuten/innen,
Erzieher/innen)

Der Schwerpunkt der Gruppenarbeit liegt in der Verbesserung
des Kontaktes zwischen Therapeuten und Eltern im Gespräch
und Verhalten.

— ansetzen am eigenen Erleben

— Bedürfnisse der Eltern wahrnehmen lernen

— eigene Bedürfnisse damit in Einklang bringen

— Erfahrungslernen durch klientenzentrierte Gesprächsfüh-
  rung, Rollenspiel etc.

Der Teilnehmerkreis ist begrenzt auf 15 Personen.

Leitung: Marianne Diederichsen, Angela Köhler
                 Sa., 10.00 — 18.00 Uhr
E 49   13. u. 27.9. / 25.10. / 8. u. 22.11.1986
Kursgeb.:   DM 225,—

Entwicklungsförderung
von behinderten Kindern und Jugendlichen

Projekt III 1985/1986
Lehr- und Lernsituationen in Theorie und Praxis.

Eine Weiterbildung (4-stufiges Projekt) für Mitarbeiter
mit unterschiedlicher Grundausbildung aus dem Behinderten=
bereich:
Erzieher, Kinderpflegerinnen, Psychologen, Sonderpädagogen,
Sozialpädagogen.
Das Konzept beinhaltet:
- Basiswissen über normale motorische und sensorische Ent=
  wicklung des Kindes;
  dazu die abweichende Entwicklung in diesen Bereichen.

- Beobachtungskriterien für normale und abweichende Entwick=
  lung differenziert zu betrachten;

- Behandlungskonzepte und -kompetenzen werden so bearbeitet,
  daß Mitarbeiter mit unterschiedlichen Grundausbildungen in
  die Lage versetzt werden, auf der Kenntnis-, der Verständ=
  nis-, der Anwendungsebene miteinander und mit dem behinder=
  ten Menschen, sowie seinen Angehörigen handlungsorientier =
  ter zu arbeiten.
Leitung und Durchführung: Ursula Reuter, Krankengymnastin
Informationsmaterial in der FBS-Lokstedt anfordern

Einführung und Vorbereitung zu Mitarbeit in der
Schwerpunktarbeit „Behinderte Menschen leben unter uns"

für Schüler der Oberstufe, Studenten und Interessierte
Möglichkeiten der Mitarbeit:
- in der Familienbetreuung
- als Betreuer einer Behindertengruppe in der FBS
- als Mitarbeiter in Ferien-Projekten der FBS-Lokstedt
- als Mitarbeiter/Betreuer in eimwöchigen Elterntrainings
  für Familien mit behinderten Kindern und Jugendlichen.
Leitung: Martina Dethleff
Kursgeb.: DM 1o.- u. Verpflegungsumlage
Sa., 1o.oo - 17.oo Uhr
E 44   9. u. 23.Nov. 1985

Schwerpunktarbeit:
„Behinderte Menschen leben unter uns"

LEBEN UND ARBEITEN
MIT
BEHINDERTEN MENSCHEN
IN DER GEMEINDE UND
UNSEREM STADTTEIL

AM MONTAG, 24. NOVEMBER 1986

19.00 UHR

IN DER EVANGELISCHEN
FAMILIENBILDUNGSSTÄTTE LOKSTEDT
STAPELSTRASSE 8 b, 2 HAMBURG 54

Leben und Arbeiten mit behinderten Menschen in der Gemeinde, in unserem Stadtteil

Auftaktveranstaltung
für interessierte Bürger in Niendorf, Schnelsen, Lokstedt u.a.

E 46   **Montag, 24. November 1986,**
                19.00 – 22.00 Uhr

                in der Ev. Familien-Bildungsstätte Lokstedt
                Stapelstraße 8b, 2000 Hamburg 54,
                Tel.: 58 20 95

– die Gemeinde und ihre behinderten Menschen
– die Kommunalpolitik und die behinderten Menschen
– die Erziehungs- und Bildungseinrichtungen und die
   behinderten Menschen

Im Hinblick auf die Fertigstellung des Wohnhauses für behinderte Menschen in Schnelsen ist dieses ein gemeinsames Projekt der **Alsterdorfer Anstalten** und der
          Ev. Familien-Bildungsstätte HH-Lokstedt

sowie eine Kooperation mit Vertretern
– der Kirchen,
– der Kommune,
– der Fachbehörden.

Leitung: Eva Bohne, FBS-Lokstedt,
                Helga Treeß, Alsterdorfer Anstalten

Seminare zur Weiterarbeit am Thema:

für Vertreter/Mitarbeiter aus Kommune und aus dem
Bereich Erziehung und Bildung

E 46a   3 Abende werden am 24.11 vereinbart

für Vertreter der Kirchengemeinden u. der Kirchenkreis-
einrichtungen

E 46b   Mo., 19. Jan. – 2. Febr. 1987 (3 Abende)
              20.00 – 22.00 Uhr

Kursgeb.:   DM 15.–

die alsterdorfer
fördern · pflegen · heilen

FBS
Evangelische
Familien-Bildungsstätte

(Nordkirchen Archiv Kiel, 13.39 Nr. 20 . 1. – 6, 1-11)

Bundesarbeitsgemeinschaft
Evangelischer
Familien-Bildungsstätten

baɡ-informationen

NOVEMBER 1981 / NR. 2

„ Mal keine Sonderstellung haben, nicht zur Randgruppe gehören-einfach ganz normal einer unter vielen sein. "

.In der Stapelstraße steht ein gepflegter, gutdurchdachter Zweckbau mit Räumen, die für die angebotenen Kurse praktisch und sinnvoll sind.

Vor 10 Jahren kam ich in dieses Haus, in eine neu entstandene Frauengruppe, alles Mütter schwerbehinderter Kinder. Aus zufälligen Schicksalsgefährten wurden Menschen, die ich brauche, die mir zeigen, dass ich gebraucht werde. Ihr Dasein ist für mich Lebenshilfe geworden- ein Leben ohne diese gruppe unvorstellbar.

Die Stapelstraße ist für mich ein Zuhause geworden. Wenn die schwere Klapptür hinter mir zufällt, bin ich in „meinen vier Wänden". Mir gehört in diesem Haus nichts und alles. Ich werde nicht als „armeschicksalsgeprüfte Frau " bedauert und genieße keine Vorteile, weil ich eine behinderte Tochter habe.

Im turbulenten Durcheinander bei Kursbeginn krebsen behinderte Kinder zwischen nicht Kleinen herum, bis alle ihre Arbeitsräume aufgesucht haben. Da gibt es kein Gaffen und keine entsetzten Blicke, auffällige Verhaltensweisen und andersartiges Aussehen zählen in diesem Haus nicht zu Besonderheiten. Unter den Menschen in der Familien-Bildungsstätte fühle ich mich gleichartig, selbstverständlich, nicht oben nicht unten – ich stehe mitten drin. So geht das schon jahrelang und doch ist es für mich jedes mal wieder ungewöhnlich und überwältigend.

Mal keine Sonderstellung haben, nicht zur Randgruppe gehören- einfach ganz normal einer unter vielen sein.-

Bei allen Bemühungen von Institutionen, Medien und Menschen- ich glaube, dass die Einbeziehung der Behinderten in alle Lebensbereiche noch in ferner Zukunft steht. Aber jetzt schon ein Haus zu wissen, in dem das Leben Behinderter und Nichtbehinderter miteinander praktiziert wird- das macht viel Hoffnung.

„Wir müssen verhindern, dass Mütter behinderter Kinder *ausschließlich* behinderte Mütter werden."[97]

„*In dem Bemühen um Rehabilitation und Integration Behinderter kann nur in Zusammenarbeit mit den Eltern etwas erwirkt werden. Eine Situation beurteilen und im Weiteren verändern zu wollen, verfehlt schon im Ansatz das Ziel, wenn es über die Köpfe von Eltern und Kindern hinweg geschieht. Mehr als jedes nichtbehinderte Kind sind Behinderte darauf angewiesen, dass sich andere für sie stark machen. In erster Linie sind es die Eltern, die diese Aufgabe wahrnehmen. Sie machen unterschiedliche Erfahrungen, wie es gesehen wird, wenn sie sich engagieren, wie ihr Bemühen beurteilt wird, wie viel Kraft ihnen durch Ermutigung zuwächst, was von außen dazu beiträgt, die Situation zu erschweren. Die Annahme eines behinderten Kindes geht über die eigenen Kräfte, wenn die Eltern sich nicht ihrerseits angenommen, anerkannt fühlen.*"[98]

Es waren Frauen, *Kärrner-Mütter*, die 1970 den Anstoß für eine Behindertenarbeit mit einem *Bildungs*-Ansatz und mir so die Gelegenheit gaben, langsam in die Zusammenarbeit mit Frauen- und dann Eltern-Selbsthilfegruppen für mehrfach schwerbehinderte Kinder hineinzuwachsen.

Das Erste, was *ich* auf diesem Weg zu lernen hatte, war, Raum und *Zeit* vorzugeben, damit diese Frauen es langsam wagten und sich trauten, zögernd zu berichten, was sie schon jahrelang mit sich herumtrugen. Nun lernten sie langsam, es in Worte zu fassen. Schlimmste Verletzungen, Kränkungen und Demütigungen erfuhren sie unter anderem durch die Verwandtschaft, weil sie ein behindertes Kind geboren hatten. Auch Ärzte, Pastoren, Pädagogen und Behördenmitarbeiter standen ganz oben in der Rangfolge derer, die – meist unbewusst – zu dieser Bürde beitrugen.

„Sprache ist Ausdruck unseres Fühlens und Denkens." (Bettina Marquardt) Um Verletzungen den Weg einer Heilung zu bahnen, ist *Sprache geben* die Antwort. Wir alle haben so viel an Sprache zur Verfügung, wie unser Gefühl es zulässt. Wer als Person verstummt, hat großes, nicht verarbeitetes Leid in sich. Hier setzen die Psychotherapeuten an und versuchen über unterschiedliche Ausdrucksmittel dem Sprache zu geben, was einem Menschen die Sprache verschlug. Seit Beginn der 1980er Jahre gab man auch Menschen mit Behinderungen erstmals die Möglichkeit, über die Ausdrucksmittel Malen und Gestalten traumatische Erlebnisse aus sich herauszustellen und sichtbar werden zu lassen.

Wer nahm sich der betroffenen Mütter und Väter an?

Mit der Geburt eines behinderten Kindes durchleben Eltern zunächst einen schmerzhaften Prozess, der von Schock und tiefer Traurigkeit bestimmt ist:

- Der Weg führt sie weiter zum Protest gegen die scheinbare Ausweglosigkeit.
- Sie sind verzweifelt über die Verstörung von Freunden und Verwandten, die sich aus eigener Hilflosigkeit heraus abwenden.
- Sie erfahren die leidvolle Sprachlosigkeit des Getroffenseins, die zu gegenseitigen Verständigungsschwierigkeiten führt.
- Für Paare endet diese Sprachlosigkeit nicht selten in einer Ehekrise.

Die Auseinandersetzung mit den eigenen Möglichkeiten und Grenzen muss als psychische Schwerstarbeit zusätzlich zu den grundlegend veränderten Alltagsanforderungen geleistet werden. Die schweizerisch-US-amerikanische Psychiaterin Dr. med. Elisabeth Kübler-Ross (1926–2004) hat diesen für betroffene Eltern schweren Weg verglichen mit der zu leistenden Trauerarbeit nach dem Verlust eines nahestehenden Angehörigen. Aus ihrer eigenen ärztlichen Erfahrung in der direkten Arbeit mit Eltern schwerbehinderter Kinder in der Zürcher Klinik hat sie diesen Vergleich zur Grundlage ihres *situativen* Umganges mit den Eltern gemacht.

Daran konnte auch ich mich in der Erstbegleitung betroffener Ehepaare ausrichten, wenn sie mich in eine der Geburtskliniken Hamburgs riefen. Sie hatten sich wie so viele werdende Eltern in einem Kurs der Evangelischen Familien-Bildungsstätte HH-Lokstedt freudig auf die Geburt ihres ersten Kindes vorbereitet. In der völlig neuen Situation wurde ich als erste Person gerufen, der sie sich in ihrem Schmerz anvertrauen wollten:

- Dem Abschiednehmen von ihrem gewohnten Leben und dem Einlassen auf einen Neubeginn voller Fragezeichen.
- Der Erkenntnis Raum geben: Mein/unser Leben wird sich grundlegend ändern. Dies zu b e g r e i f e n und a n - z u n e h m e n wird zu einer Lebensaufgabe.
- Die Erkenntnis muss reifen: *Wir* müssen es anpacken.

Später begegnen wir diesen Frauen und Männern als *So-Gewordene* in sehr unterschiedlichen Lebensbezügen. Es sind für mich Persönlichkeiten, die den W e g der Reifung durch Leiderfahrung gegangen sind.

Mein schrittweiser Weg in den 1970er Jahren in diese Arbeit mit betroffenen Angehörigen, darunter vorrangig Frauen, führte zu der Erkenntnis: Mutter eines behinderten Kindes zu sein, heißt, die veränderte Situation sehr viel unausweichlicher, elementarer und umfassender zu erleben als andere Personen im Umfeld. Die folgenden authentischen Aussagen aus Gruppenarbeiten zeigen auf, wie sie von scheinbar *unsichtbarer Hand* enorme Ansprüche auf sich konzentriert spürten:

– Eine enorme Erwartungshaltung „lastet" auf mir im Hinblick auf mein behindertes Kind und auf mich selbst.
– Der Riesenanspruch an mich selbst, die Situation meistern zu wollen, wird von außen zusätzlich verstärkt und kann so nur schwer aufgegeben werden.
– Schuldgefühle, den Ansprüchen nicht gerecht werden zu können, engen mich als Person ein und stören langfristig die Beziehung zu anderen Menschen.
– Die Übertragung meiner Anspruchshaltung auf andere, beispielsweise auf Lehrer und Therapeuten, kann ich nur schwer verhindern.
– Um im Ringen um Balance zwischen Opferhaltung und Selbstaufgabe nicht zu unterliegen, brauche ich Unterstützung von außen.
– Meine Geduld ist am Ende! Kein Ende des Windelns und seit Jahren keine Nacht ohne Störung.
– Ich gebe alle Zeit für dieses eine Kind, und es gibt keinen Augenblick, in dem ich aus der Verantwortung entlassen werde.

Der Mutter von Angela, einem Mädchen mit einer schweren hirnorganischen Störung, verbunden mit Epilepsie, SPRACHE zu geben hieß beispielsweise konkret, ihr die Möglichkeit zu eröffnen, ihre ganz eigene Ausdrucksform in Wort und Gestalt zu dem zu finden, was sie ertragen hatte an Verletzungen und Kränkungen. Nachdem ihre Tochter Angela geboren wurde, zerbrach ihre Ehe und die Verwandtschaft wandte sich ab.

So konnte auch die Mutter von Matthias, einem Jungen mit Down-Syndrom, ihre Wut und Traurigkeit immer wieder aussprechen. Ihre Schwiegermutter hatte ihren Enkel bis zu seinem Tod im vierten Lebensjahr niemals auf den Arm genommen oder geherzt, ganz im Gegensatz zu der kleinen *nichtbehinderten* Enkelin. Die Äußerung, die ich ab 1970 am häufigsten wahrnahm, lautete: *„Ich* ganz allein muss alles für meinen Sohn fordern und alles ausfechten!"* Seltener hörte ich: *„Wir* tragen das gemeinsam, daher fordern *wir* für unsere Tochter!"* Eine der Mütter sprach aus, was viele in der Gruppe dachten: „Langes *Leid ist langweiliges Leid!"* Damit umschrieb sie ihre Traurigkeit darüber, dass sich viele Ehemänner aus dieser neuen, so anderen Familiensituation verabschiedeten.

Zu Beginn der 1970er Jahre machte ich die Erfahrung, dass die Gruppe der Frauen groß war, die den Familienalltag so zu gestalten hatten, als wären nur sie allein für das behinderte Kind verantwortlich. Deshalb suchte ich bewusst gleich nach der Geburt eines behinderten Kindes zunehmend das Gespräch mit beiden Elternteilen. In einem neu gegründeten *Elternkreis von neugeborenen Kindern mit Behinderungen* waren nun auch die betroffenen Väter von Anfang an mit einbezogen. So lernte ich die Situation der betroffenen Väter näher kennen. Sie zeigten sich in der Regel nach außen „cool", da sie traditionsgemäß in den Beruf ausweichen konnten. Ich erspürte, wie unterschiedlich die Wege in den Ehen verliefen, um zu einer Realitätsfindung zu gelangen. Frauen erlebten die Verharmlosung und Realitätsverleugnung des Ehepartners als zusätzliche kräftezehrende Alltagsbelastung.

Aufzeichnungen von Äußerungen betroffener Väter zeigen, dass die leidvolle Auseinandersetzung mit der Realität noch nicht stattfand:

- „Wir leben unser Leben weiter, als wär's ein gesundes Kind."
- „Alles nicht so schlimm. Wir machen gleich noch ein zweites Kind hinterher. Ich habe genau wie andere ein Recht auf ein gesundes Kind."
- „Keine Tränen! Nach außen geht das relativ gut, aber zu Hause ist das anders ..."

Traditionsgemäß war der Vater der Rolle des *starken* Mannes verpflichtet. Die Begegnungen mit diesen Vätern zeigten mir allerdings, dass auch sie diese Rollenzuweisung hinter sich lassen wollten und langsam ihre Vaterrolle neu entdeckten. Im Ringen um eine realistische Einschätzung der neuen Lebenssituation bauten auch sie eine herzliche Beziehung zu ihrem Baby oder Kleinkind mit Behinderungen auf.

In der weiteren Begleitung dieser Ehepaare konnte ich erleben, wie förderlich und unterstützend das Korrektiv einer Gruppe sein kann, wenn neue Wege gewagt und beschritten werden müssen. Die Eltern erkannten:

- „Der Kontakt mit Gleichbetroffenen ist wichtig, weil alles Neuland ist, was wir betreten."
- „Der gegenseitige Austausch ist notwendig, da wir auf keine Erfahrungen zurückgreifen können."

Den Kontakt zu Freunden wieder aufzunehmen war ein zaghafter Versuch, nach außen zu zeigen, was sich im Innern dieser Ehepaare vollzogen hatte: „Wir stehen zu diesem Kind!" Für mich wurden diese Väter zu *Kärrner*-Vätern in einer Zeit, in der andere Männer bis hoch in leitende Positionen noch verschwiegen, dass zu Hause ein behindertes Kind aufwächst.

Ein wichtiger Arbeitsansatz deutete sich mir an

Ich musste auch lernen auszuhalten, wie viel Belastendes zur Lebenswirklichkeit dieser Frauen und Mütter und dann auch der Elternpaare gehörte. Für mich bedeutete das eine große Herausforderung. Der Unterschied zwischen *Bildungs*arbeit als Auftrag einer *evangelischen* Familien-Bildungsstätte und einer *therapeutischen* Gesprächsgruppe musste gewahrt bleiben. Es bestand Konsens darüber, dass ich mir Gesprächspartner und Berater suchen durfte, um diese Nöte nicht nur anhören und als *fraglos Gegebenes* hinnehmen zu müssen, sondern nach Wegen der Aufarbeitung zu suchen.

Dabei galt es, eine allgemein weitverbreitete Einstellung im Behindertenbereich zu hinterfragen und ihr entgegenzuwirken. Danach wurden die Eltern Behinderter von Fachleuten im Umgang generell als schwierig eingestuft. Je schwerer die Behinderung, desto mehr nehmen in der Regel auch die psychische und physische Dauerbelastung dieser Eltern, vor allem die der Mutter als Primärbezugsperson zu. Abgeleitet daraus verfestigte sich das Vorurteil, dass die Eltern und speziell die Mütter problematischer wurden, je schwerer die Behinderung ihres Kindes war. Ich erkannte in dieser Vorverurteilung der betroffenen Eltern einen möglichen verdeckt *ausgetragenen Konkurrenzkampf* zwischen fachlicher und *originärer* Kompetenz. (Siehe auch Teil II: „Fachliche Kompetenz versus *originäre* Kompetenz – was zählt?!"

Ich wollte mich dieser belastenden und facettenreichen Realität stellen, und das hieß, die betroffenen Angehörigen *gemeinsam* mit den jeweiligen Berufsgruppen in eine zu beginnende Aufarbeitungsarbeit einzubeziehen, um aufzudecken, was hier an kräftezehrenden Nöten im Verborgenen schlummerte.

„(…) Wie wichtig die Gruppenarbeit mit den Müttern und Vätern behinderter Kinder ist, wird den Therapeuten und – zögernd – auch der Öffentlichkeit erst jetzt bewusst. Eva Bohne, die die Arbeit vor zwei Jahren mit acht Müttern begann und sie in diesem Jahr mit achtundzwanzig Eltern fortsetzt: ‚Arbeit mit den Eltern ist Hilfe für die Kinder!‘ Und Renate Brudermüller, selber Betroffene, ergänzt: ‚Wir müssen verhindern, dass Mütter behinderter Kinder *ausschließlich* behinderte Mütter sind.‘"[99]

„Nur bekannt gemachte Not wird beseitigt"[100]

Rudi Mondry, der von 1976 bis 1982 Propst des Kirchenkreises Niendorf und damit mein direkter Vorgesetzter war, wurde zu meinem Vertrauten, engen Berater und zum ersten *Verbündeten in der Sache behinderter Menschen* unter den Theologen bis zu seinem Tod 2008. Ich meldete bei ihm Gesprächsbedarf an, um ihn zu informieren, welche durch die Kirche verursachten, zugefügten Verletzungen diese Familien und zugleich Gemeindemitglieder unbemerkt mit sich herumtrugen. Familien mit einem *nichtbehinderten* Kind und einem behinderten Geschwisterkind erlebten die Diskrepanz von Evangelium und der Realität vor Ort in der Gemeinde besonders hart. Sie fragten: „Gibt es eine *theologische* Begründung dafür, behinderte Kinder zu separieren?" Ich berichtete Mondry davon, und einer seiner ersten beeindruckenden Sätze dazu wurde mir zugleich Leitlinie für mein weiteres Vorgehen bis heute: ***„Nur bekannt gemachte Not wird beseitigt!"*** (Rudi Mondry, 1973) Dann nahm er seinen Terminkalender und unterbreitete mir seinen Vorschlag für das weitere Vorgehen: „Ein Pastorenkonvent zum Thema ‚Familien mit behinderten Angehörigen leben in unseren Gemeinden im Kirchenkreis' wird bald stattfinden! Diese Frauen, Mütter behinderter

Kinder werden, wenn sie einverstanden sind, gemeinsam mit und vor den Pastoren des Kirchenkreises ihre durch Kirche erlittenen Verletzungen und Ausgrenzungen offenlegen!" Aus diesem Gespräch ging ich sehr gestärkt heraus.

Nach der Einwilligung der Frauen konnte mit den Vorbereitungen für die Begegnung mit den Pastoren begonnen werden. Der nun folgende Prozess galt vor allem der eigenen Klärung: Wie viel an Sprache habe ich bereits zu meiner Situation, um *vor* anderen darüber sprechen zu können? Über diesen ersten Pastorenkonvent des Kirchenkreises Niendorf der Nordelbischen Kirche im Oktober 1975 mit seinen Inputs einzelner Frauen und anschließender kontextueller Kleingruppenarbeit aus je zwei Müttern und drei Theologen ist auf beiden Seiten weiter nachhaltig reflektiert worden.[100*] Es war zugleich der erste *öffentliche* Auftritt von diesen Frauen, Kärrner-Müttern behinderter Kinder. Sie erhielten die Gelegenheit, einmal ihre Situation in den Mittelpunkt zu stellen und das Gegenüber, die anwesenden Theologen, *emotional* auf der *personalen* Ebene anzurühren und ihnen die bis dahin kaum bemerkten Sonder-Familienkonstellationen vor Ort in den Gemeinden des Kirchenkreises bewusst zu machen.

Ein ausdrücklicher Dank dieser Frauen ging an den damals noch stellvertretenden Propst Rudi Mondry persönlich. Er hatte ihnen mit der Herausforderung, den Pastorenkonvent selber mit auszugestalten, zugleich die Möglichkeit eröffnet, ihre *originäre* Kompetenz zu entdecken.

Diese Mut machende Erfahrung zahlte sich vielfach aus. Als eine Konsequenz lud ich zukünftig nur noch zu gemeinsamen Aufarbeitungsgesprächen und -veranstaltungen ein:

Eltern *und* Lehrer
Eltern *und* Pastoren
Eltern *und* Ärzte
Eltern *und* Behördenmitarbeiter.

Dabei wurde gegenseitiges und heilendes Aushalten unguter Situationen durch *Um-, Neu- und Dazu- Lernen* eingeübt und mehr und mehr praktiziert. Beispielsweise stecken in der Forderung „Nicht weiter *ohne* uns Eltern *über* uns Eltern behinderter Kinder" die positiven Verarbeitungsmöglichkeiten für beide Seiten, die der Fachleute sowie die der betroffenen Eltern. Ab jetzt sollte es keine Konfliktaufarbeitung in der Schule mehr ohne die Eltern des behinderten Fritz geben. Die Einbeziehung der betroffenen Eltern, insbesondere der Mütter in die Entscheidungen über ihr Kind in Heim, Schule und Behörde war in den 1970er Jahren leider keineswegs eine Selbstverständlichkeit. Das änderte sich durch öffentlichkeitswirksame Veranstaltungen in der Hansestadt Hamburg. (Siehe auch Teil II: „*Fachliche* Kompetenz versus *originäre* Kompetenz – was zählt?!")

Aus Kindern werden Erwachsene

„Eure Kinder sind nicht eure Kinder. Sie sind die Söhne und Töchter der Sehnsucht des Lebens nach sich selber. Sie kommen durch euch, aber nicht von euch."[101]

Gilt auch für Menschen mit Behinderungen, dass aus Kindern Erwachsene mit der Sehnsucht nach einer eigenen Lebensgestaltung werden? Betroffene Eltern erleben aufmerksam begleitend, wie sich auch ihre Kinder mit unterschiedlichen Beeinträchtigungen – meist mit einem gewissen Zeitverzug – zu einer ganz eigenen Persönlichkeit entwickeln können.

Der junge Erwachsene strebt normalerweise von allein aus dem Haus, sucht von sich aus die Ablösung vom Elternhaus und geht seiner eigenen Wege. Betroffene Eltern stehen jedoch vor einer inneren Auseinandersetzung zu der Frage: *Wie geht es einmal weiter mit Angela und Malte, die noch zu Hause leben?* Sie ahnen, dass sie es sein werden, die den Ablösungsprozess aus der Geborgenheit im Elternhaus für ihre Tochter oder ihren Sohn mit Behinderungen einleiten müssen. Sonst bleiben sie ein *Nesthäkchen*, nicht selten mit symbiotischen Negativfolgen für beide Seiten, die sich meistens in einer *harten plötzlichen situationsbedingten Ablösung erzwungenermaßen* vollziehen muss.

Die Schwerpunktarbeit der EFBS Hamburg-Lokstedt beschritt wiederum Neuland, indem sie betroffene Eltern und ihre Heranwachsenden mit Behinderungen in dieser wichtigen Entwicklungsphase begleitete und unterstützte. Aus der damaligen Erkenntnis, dass der Ablösungsprozess vorrangig die Frauen und Mütter betraf, die jahrelang fast allein zuständig für die Pflege, Förderung und Betreuung des behinderten Kindes waren, wurde ein *„Ablösungs-Konzept"* entwickelt. Dieses Konzept sollte beides berücksichtigen: die jeweils situative Möglichkeit des Dazulernens der heranwachsenden teilnehmenden Menschen mit Behinderungen und die der schrittweisen Zurücknahme der jahrelang geforderten emotionalen Zuwendung als Bezugsperson.

Allein der Prozess des Erarbeitens der Inhalte und der Durchführungsmodalitäten für ein solches Seminar war heilsam und ernüchternd für die daran Beteiligten. In den Konzeptentwurf waren die Erkenntnisse eingeflossen, dass mehrtägige aufeinander aufbauende Seminare an einem barrierefreien Veranstaltungsort den emotional schmerzhaften Ablösungsprozess für beide Seiten positiv unterstützen könnten. Teilnehmende würden zunächst Frauen gemeinsam mit ihren heranwachsenden Töchtern und Söhnen sein, vorrangig die große Zahl der Alleinerziehenden unter ihnen.

Aber wie konnte ein solch kostenintensives Ablösungsseminar finanziert werden? Bei mir hatte sich auf dem Weg, ständig Neues zu wagen und Neuland zu betreten, die Erkenntnis verfestigt: Wenn die Inhalte stimmen, werden sich Geldquellen öffnen! (Siehe auch Teil II: „Eine Anfrage 1970 und was daraus wurde")

Der Realisierung des ersten Ablösungsseminars kam folgender Anlass zuvor: In der Hansestadt Hamburg hatten sich zahlreiche Frauengruppen zusammengeschlossen, spezialisiert nach Interessen und Ausrichtung. Insbesondere eine dieser Frauengruppen, der „Deutsch-Amerikanische Frauen-Club" hatte ab 1975 den Kontakt zu den Frauen der Schwerpunktarbeit „Behinderte Kinder leben in den Familien" gesucht. Daraus wurde eine sich gegenseitig befruchtende Begegnung, die ein ganzes Jahrzehnt dauerte. Mit dieser Gruppe hatten wir auch eine Geldquelle gefunden, mit der wir rechnen durften. Individuell auf die besondere Situation von Frauen und Müttern mehrfach behinderter Kinder ausgerichtete Geldzuwendungen konnten zum Beispiel in ein Ausschlaf-Wochenende in einem Hotel in Travemünde an der Ostsee fließen. Dies wurde möglich, da inzwischen gut eingearbeitete Studierende der Sonderpädagogik im stundenweisen Einsatz die Pflege und Betreuung der Jugendlichen zu Hause übernahmen. Nach Beendigung eines solchen Wochenendes war es meine Aufgabe, lediglich die verschiedenen Einzelkosten zu addieren und die entstandene Gesamtsumme zur Begleichung weiterzuleiten.

Je mehr Einblick diese Frauengruppe in diese so anderen Lebenssituationen und den Mangel an offizieller Unterstützung nahm, umso mehr wuchs die Bereitschaft, sich finanziell zu engagieren. Diesem Engagement ist es zu verdanken, dass eine Gruppe von sechzehn schwerbehinderten Jugendlichen gemeinsam mit ihren Müttern und Betreuern von 1978 an Jahr für Jahr für eine Woche zu einem Ablösungsseminar mit jeweils einem thematischen Schwerpunkt in das Familienerholungsheim nach Blomberg in Hessen reisen konnte. Die 18-jährige Iris H. malte ihren Möglichkeiten entsprechend 1986 als Dank ein Bild mit sechs Herzen für sechs Blomberg-

Reisen und einem großen Herzen in der Mitte. Darin stand:
„BITTE – DANKE – BLOMBERG!" – vielleicht für eine
achte Fahrt nach Blomberg?

Das Alter macht vor niemandem Halt!

Symposion:
Auch Menschen mit Behinderungen werden alt
Viele offene Fragen in Hamburg

Mit diesem Symposion versuchten im Jahre 2002 betroffene
Eltern der Lebenshilfe für Menschen mit geistiger Behinderung, Landesverband Hamburg, die neue Situation zu kenn-
zeichnen, vor der wir in Hamburg und darüber hinaus allerorts in Deutschland standen.

Auch Menschen mit Behinderung werden alt, das ist einerseits
eine naturgegebene Tatsache, andererseits aber gar nicht selbstverständlich angesichts unserer Geschichte. Denn es gab nur
wenige alt werdende Menschen, die die Vernichtungsaktion
lebensunwerten Lebens des NS-Regimes überlebt hatten. Wir
stehen deshalb unerfahren vor den auf uns zukommenden
Problemen. Neu erarbeitet werden muss, was damit verbunden
ist: die Unterstützung und Begleitung alt werdender Menschen
mit Behinderung, insbesondere der Menschen mit geistiger Behinderung. So ist es denn auch nicht verwunderlich, dass der
Anstoß 2000 zu einem Symposion zu dieser Thematik aus *der
Sorge geboren* wurde. Selber alt gewordene ‚Lebenshilfe'-Eltern
behinderter Töchter und Söhne blickten in die Zukunft und
erkannten: Unsere Tochter, unser Sohn wird uns überleben!
Der Blick auf ihr eigenes Altwerden und Sterben bekam des-

halb einen zweiten, zusätzlich belastenden Aspekt. Je schwerer die Behinderung war, desto größer waren die Sorgen und desto drängender die Fragen:

Wer wird nach unserem Tod das Wohl der schwerbehinderten Marie und des Fritz im Auge haben?

Wer wird bereit sein, mit Engagement auch gegen den *Strich zu bürsten, um Entwicklungen voranzubringen und nachteilige Entwicklungen aufzuhalten?*

In einem zweijährigen Arbeitsprozess hatte sich eine Projektgruppe alt gewordener Eltern der Lebenshilfe LV Hamburg unter meiner Leitung dieser Thematik gestellt. Die Überzeugung wuchs, und die Notwendigkeit wurde erkannt, das Thema einer breiten Öffentlichkeit mit einem Symposion vorzustellen.

In unserem Land und insbesondere in unserer Hansestadt Hamburg haben wir viel erreicht. Die Lebensqualität für Menschen mit Behinderungen ist ein WERT, den es unter allen Umständen auch im Alter zu erhalten gilt. Wir stehen noch ganz am Anfang. Das ist zugleich die Chance, uns nicht auf ausgetretenen Wegen den damit verbundenen Aufgaben und Problemfeldern zu nähern.

Das Resümeé dieses viel beachteten Symposions 2002 ließ sich bündeln in der Feststellung: Es wird an bedürfnisorientierten Konzepten gearbeitet, die Umsetzung für ein lebenswertes Alter der Menschen mit Behinderungen, für deren Förderung sich die nun alt gewordenen Eltern der ersten Stunde nach 1945 vehement eingesetzt hatten, steht jedoch noch aus.[102]

Das Thema „Familien mit behinderten Angehörigen" erreicht 1974 die breite Öffentlichkeit

Das Thema „Familien mit behinderten Angehörigen" erreicht die breite Öffentlichkeit über die Medien
ZDF:„Unser Walter-keine heile Familie"
(7teilige Fernseh-Serie*)

„Mein Kind ist mongoloid"

„Ab Juli beginnt die sieben teilige Fernsehserie unter dem Titel: „Unser Walter - keine heile Familie". Die meisten Eltern von mongoloiden Kindern halten ihren Säugling für einen „Spätentwickler". Erst seit 1959 weiß man Näheres über diese seltsame Krankheit, die durch eine Chromosomen-Abweichung entsteht. Dass man solchen Kindern helfen kann, und wie das geschieht, das wird in diesem Film gezeigt. Aber auch die Konflikte und Probleme, denen diese Kinder und ihre Angehörigen ausgesetzt sind." Hör Zu . Juni 1974

Kampf für ein geistig behindertes Kind
Zum Beispiel: Mongolismus

Material zur ZDF-Fernsehene
Laetare

Auch „Sorgenkinder" bringen Freude

„Ein Problemkind namens Walter stand gestern Abend im Mittelpunkt einer ebenso ernsten wie ergiebigen Diskussionsrunde in der FBS-Lokstedt. Eltern geistig behinderter Kinder sowie Ehepaaren gesunder Kinder trafen sich mit den Initiatoren und Gestaltern der Fernsehserie „Unser Walter", die nach halbjähriger Laufzeit zu Ende ging. Walter war mongoloid, geistig behindert. Sein Schicksal und das seiner Eltern, das Unverständnis, die Unsicherheit der Zukunft waren Themen der verdienstvollen Sendung. In einem Punkt waren sich alle einig: Man sollte weitermachen mit der Aufklärung, sowohl im Fernsehen als auch in Eigeninitiative."

(Hamburger Abendblatt, 15. Februar 1975 , Nordkirchen Archiv Kiel 13.39, Nr. 107, 1-15)

Fachliche Kompetenz versus *originäre* Kompetenz – was zählt?

Damals wie heute gilt,

> *„Auf der einen Seite stehen die Fachleute, die das SAGEN haben – die Fachautoritäten, auf der anderen Seite der Kreis der Betroffenen, die leicht die Rolle des Zuhörenden und Befolgenden zugewiesen bekommen."*[103]

Das Thema ‚Schwierigkeiten und Missverständnisse zwischen betroffenen Eltern und Fachleuten im Behindertenbereich' dürfte die Elterngeneration vor fünfzig Jahren mit der heutigen Elterngeneration behinderter Kinder verbinden. Hierzu ein Rückblick aus der Dokumentation „Schritte des Wandels … in unserer Gesellschaft für Menschen mit Behinderungen und ihre Angehörigen":

„Anfang der 1970er Jahre standen Eltern oft vor der Tatsache, dass Fachleute im Behindertenbereich vor der Schwere der Behinderung ihres Kindes und den damit verbundenen Schwierigkeiten k a p i t u l i e r t e n : ‚Ausschulung' – ‚Ablehnung einer Weiterbehandlung' – ‚Verlegung in eine andere Einrichtung' – ‚Ausschluss von Gemeinschaftsunternehmungen wie einer Klassenreise' etc. So lauteten die mitgeteilten Folgen solcher angeordneten Kapitulationen der Profis. Dem gegenüber stand das *Nicht-Aufgeben* des eigenen Kindes von Müttern solcher sogenannter *hoffnungsloser Fälle*. Trotz aller Negativprognosen, abgegeben in den 1970er Jahren, hat es dennoch die o r i g i n ä r e Kompetenz vieler Mütter vermocht, ihre Tochter, ihren Sohn aus der Sackgasse der D e f i z i t ä r -Beschreibung herauszuholen! Ich kenne sie seit vierzig Jahren, den *Fritz* und die *Marie*. Sie haben dennoch im Laufe ihres Lebens dank der von Eltern unermüdlich geforderten und später durch Fachleute erfahrene Förderung heute zu einer erstaunlichen Lebensform für sich selbst gefunden![104]

Eltern entdecken ihre *originäre* Kompetenz

Es war einen Versuch wert: Eltern ergriffen in den 1970er Jahren die Initiative. Und sie suchten das Gespräch zum besseren gegenseitigen Umgang und gemeinsamen Handeln mit Fachleuten im Behindertenbereich. Diese Eltern stellten sich die Frage, ob die Ursachen für die erlebten Schwierigkeiten im Kindergarten, in der Schule oder im Heim immer in ihrem eigenen Verhalten zu suchen seien. Weiter fragten sie, ob ihnen das Gegenüber in den genannten Institutionen zum Partner werden könne, wenn sie offenlegten, als wie wenig partnerschaftlich sie den Umgang erleben.

Lange Zeit waren wir uns der Chance nicht bewusst, welche die Evangelische Familien-Bildungsstätte Hamburg-Lokstedt als *neutraler* Raum und als impulsgebender Aufarbeitungsort sowohl für Eltern als auch für Vertreter von Institutionen, Verbänden und Behörden bot. Wir waren selber *nicht* Träger einer Einrichtung für Menschen mit Behinderungen, sondern wir boten den *Rahmen*, um eine s i t u a t i o n s b e z o g e n e Aufarbeitung anstehender Fragen und Probleme gemeinsam *mit* Eltern *und* Fachleuten zu ermöglichen:

- Das Einbringen von Kritik und das Aussprechen von Verletzungen werden an einem Ort erleichtert, an dem kein Abhängigkeitsverhältnis gegeben ist.
- Die Angst und die Sorge vor negativen Auswirkungen auf das Kind und die eigene Person entfallen in diesem neutralen Raum.
- Die Angst vor der verbalen Überlegenheit der Fachleute entfällt, weil die originären Kompetenzen der betroffenen Eltern hier ebenso zählen.

Darüber hinaus entfiel bei den Veranstaltungen in der EFBS Hamburg-Lokstedt für Eltern die sonst als bedrohlich empfundene Ungleichsituation bei Gesprächen in der Behörde, im Heim und in der Schule, in denen eine Mutter drei bis vier Fachleuten gegenübersaß.

Die Seminare und Schulungen im Rahmen der Schwerpunktarbeit der EFBS Hamburg-Lokstedt für Verbände, Behörden und die Hochschule hatten zum Ziel, einen Zuwachs an Kompetenz gleichermaßen für Eltern und Fachleute zu ermöglichen. Es zeigte sich, dass die jeweils von einer Elterngruppe aufgerollten Problemfelder die vielen in Hamburg lebenden Eltern und die im Behindertenbereich arbeitenden Fachleute genauso betrafen.

Mit den folgenden Worten eröffnete die Leiterin der EFBS-Lokstedt am 25. Februar 1980 die Veranstaltung **„Behinderte Kinder in Heimen – welche Rechte und Pflichten haben die Eltern?"**. Vertreter aus Behörden, Ämtern, Heimen, Verbänden und Heimbeiräten stellten sich diesen Fragen der Gruppe kritisch anfragender Eltern:

„Es wird in Zukunft nicht mehr möglich sein, *über* Eltern *ohne* Eltern zu sprechen. Die jetzt zumeist aufgeklärten und emanzipierten Eltern haben den Wunsch, ihre behinderten Kinder in die neue Lebensgemeinschaft des Heimes einzuführen, ohne dass damit gleichzeitig die Verbindung zum Elternhaus und zu den Geschwistern abreißt. Bisher sei leider das Verhältnis zwischen Heimen und Eltern noch nicht optimal." [105] Eltern lernten mehr und mehr von ihren Rechten Gebrauch zu machen. Dazu gehörte auch das „Recht zur Akteneinsicht" nach §79 Verwaltungsrecht[105*] bei den einschlägigen Behörden. Unser Erstaunen darüber, was betroffene Mütter in den 1970er Jahren in den Schülerakten ihrer Töchter und Söhne lasen, war groß. Im Bericht stand oft mehr über das Verhalten der Mutter als über die Entwicklung der Schülerin oder des Schülers. (…) Es ließ sich positiv verfolgen, wie zügig Behörden-Mitarbeiterinnen und -Mitarbeiter der Hansestadt Hamburg geschult wurden, die regelmäßigen Berichte in veränderter, fachgerechter Form abzufassen. Eltern hatten dazu den Anstoß gegeben.

Weitere öffentlichkeitswirksame Veranstaltungen unter der Vorgabe des *personalen Lernens durch mit-und voneinander Lernen von Profis und Eltern* wurden für bestimmte Fachgruppen des Behindertenbereiches vorbereitet und durchgeführt. Die zu bearbeitenden Themen lieferte in den 1970er Jahren das reale Leben mit folgenden Problemfeldern:

– Eltern im Beziehungsgeflecht der Fachleute,
– das Verhältnis von Arzt und Eltern,
– Eltern-Mitsprache in Schule und Heim,
– die Erarbeitung von zeitgemäßen Heimverträgen für Minderjährige in vollstationären Einrichtungen sowie
– Fragen zur Heimaufsicht: eine Aufgabe der Behörde und deren Umsetzung.
– Die Infragestellung geltender Gesetze zu Vormundschaft und Entmündigung.

Die Frauengruppe erlebte in einem konkreten Fall hautnah, wie ein Heim mit einem *schwierigen Behinderten* umging und versuchte, sich seiner durch die *Verlegung* in eine andere Einrichtung zu entledigen. (Heimplatzkündigung gemäß §621

Ziff. 1 BGB; hilfsweise § 675 BGB)[106] Die rechtlichen Beziehungen eines erwachsenen behinderten Heimbewohners mit dem Heim waren 1979 durch einen Heimvertrag auf der Grundlage des Heimgesetzes von 1974 geregelt. Vergleichbare Vereinbarungen wurden mit der oder dem Sorgeberechtigten bei einer Heimunterbringung Minderjähriger dagegen selten getroffen. Heimverträge für Minderjährige, sofern solche überhaupt bestanden, bedurften also dringend der juristischen Überarbeitung! (…) Dank der Initiative der betroffenen Eltern in Zusammenarbeit mit den dafür zuständigen Behörde wurden im Stadtstaat Hamburg 1981 die neu erarbeiteten Muster-Heimverträge allen Trägerorganisationen von stationären Einrichtungen für Menschen mit Behinderungen übersandt und empfohlen, diese in der Erprobungsphase anzuwenden.[107]

Als diese Frauen, Kärrner-Mütter 1983 erlebten, wie scheinbar „lautlos" ein unter vormundschaftlicher Aufsicht der Hansestadt Hamburg stehender junger Mensch mit Behinderungen aus seinen vertrauten Lebensbezügen, wie Wohnen, Arbeiten, Sport und Freizeit auf Wunsch von Verwandten herausgerissen und wohnsitzverändernd in eine Einrichtung „verlegt" werden konnte, aus der er dank Zivilcourage Dritter nach dreizehn Monaten wieder herausgeholt wurde, wurden sie erneut aktiv. Mit öffentlichkeitswirksamen Veranstaltungen wurde die behördliche Heimaufsicht mit deren Aufgaben, Befugnissen und Verantwortlichkeiten in den Fokus genommen, um sicherzustellen, dass ungute Heimsituationen frühzeitig aufgedeckt und abgestellt werden. (Siehe auch Teil II: Der Bescheid von 1983: „Der Beschwerde wird nicht abgeholfen.")

Betroffene Eltern wie auch Fachleute im Behindertenbereich müssen sich gleichermaßen ständig um verbesserte Interaktion bemühen, um in eine p r o b l e m – o r i e n t i e r t e Auseinandersetzung eintreten zu können. Nur so kann vermieden werden, dass den bestehenden Behinderungen weitere hinzugefügt werden, die zulasten der Eltern und ihrer Kinder gehen.

Damals wie heute gilt: ‚Auf der einen Seite stehen die Fachleute, die das S A G E N haben – die Fachautoritäten, auf der anderen Seite der Kreis der Betroffenen, die leicht die Rolle des *Zuhörenden und Befolgenden* zugewiesen bekommen.“(103) Das gilt insbesondere für den Umgang zwischen Arzt, Therapeut und Eltern während des notwendigen langjährigen Behandlungsprozesses des behinderten Kindes. Wer die *originäre* Kompetenz der betroffenen Eltern einbezieht, wird ihre Wünsche als sinnvolle Anregungen aufnehmen (…)

Positive Ergebnisse sind messbar, wenn fachliche und originäre Kompetenz sich ergänzen

Der Fortgang dieser engagierten Elternarbeit gibt zugleich Aufschluss darüber, wie aufseiten der aufgeschlossenen Fachleute die Achtung vor dem Stand des Problembewusstseins dieser betroffenen Eltern wuchs. Es ist ein hervorzuhebendes Zeugnis dafür, welche originäre *Kompetenz* betroffene Eltern erlangen können, wenn ihnen die Möglichkeit des Lernens gegeben wird. Leider hatten Eltern behinderter Kinder und Jugendlicher in den Siebziger- und Achtzigerjahren nur in wenigen Ausnahmefällen die Möglichkeit des *sozial integrativen Lernens*. Die EFBS Hamburg-Lokstedt setzte ein Zeichen dafür, wie eine Verbreitung der Möglichkeiten zu *sozial integrativem Lernen mit* und *für* Angehörige von Menschen mit Behinderungen entwickelt und umgesetzt werden können. Wie aktuell das Thema weiterhin ist, zeigte sich 1994 auf der von Frau Bettina Marquardt und mir ausgerichteten und vielfach beachteten Tagung zum Thema „*Fachliche* Kompetenz versus *originäre* Kompetenz – was zählt?!“

Genauso ist hervorzuheben, wie kooperativ sich in den Achtzigerjahren einzelne Fachabteilungen innerhalb des großen Hamburger Behördenapparates zeigten, um einen veränderten Umgang mit betroffenen Eltern einzuüben. Dazu trafen sich zu jeweils drei Gesprächseinheiten am Abend betroffene Eltern mit Behördenmitarbeiterinnen, um *kommunikatives Handeln* einzuüben, das sich zwischen zwei SUBJEKTEN in Augenhöhe abspielt. Diese Gesprächsart leitet an, dass einer den anderen versteht und versucht, die Aussagen aus der Lebensgeschichte des Gegenübers und seiner Situation heraus zu deuten. Rückblickend kann ich sagen, dass in der Hansestadt Hamburg dank dieses neuen, bis dahin noch unüblichen kooperativen Umgangs von Fachleuten und betroffenen Eltern zahlreiche eklatante *Vorfälle* zum jeweils *„letzten Fall dieser Art für Hamburg!"* geworden sind.

Der Gewinn dieser Behindertenarbeit mit einem *Bildungs*-Ansatz für Fachleute und Eltern war unübersehbar. Vom Zusammenwirken der *fachlichen* Kompetenz ergänzt um die *originäre* Kompetenz der Eltern konnten viele strittige Fragen in Form neuer Richtlinien und Anordnungen auf den Weg gebracht werden. Vor allem profitierten hiervon die behinderten Töchter und Söhne, um die es ja ging.

Bericht des Elternbeirates der ehemals Alsterdorfer Anstalten

Elternbeirat
DER ALSTERDORFER ANSTALTEN

» Behinderte Kinder in Heimen « –
welche Rechte und Pflichten haben die Eltern?

Bericht über einen Vortrag in der Familien-Bildungsstätte Lokstedt

Diese Frage stellten sich die Vertreter von Heimen, Behörden, Verbänden und Eltern- bzw. Heimbeiräten, die auf Einladung der Evangelischen Familien-Bildungsstätte Lokstedt und des Hamburger Spastikervereins am 25. 2. 1980 in den Räumen der Familienbildungsstätte zu einem „Arbeitsgespräch" zusammengekommen waren.

Die hervorragend vorbereitete Veranstaltung wurde von der „Hausherrin" Frau Bohne mit den Worten eingeleitet, es würde in Zukunft nicht mehr möglich sein, über Eltern ohne Eltern zu sprechen. Die jetzt zumeist aufgeklärten und emanzipierten Eltern hätten den Wunsch, ihre behinderten Kinder in die neue Lebensgemeinschaft des Heims einzuführen, ohne daß damit gleichzeitig die Verbindung zum Elternhaus und zu den Geschwistern abreiße. Bisher sei leider das Verhältnis zwischen Heimen und Eltern noch nicht optimal.

Das Referat zum Thema hielt Herr Rechtsanwalt Dr. Lührs vom Spastikerverein. Er zitierte einleitend Artikel 6 Absatz 2 des Grundgesetzes, wo es heißt: „Pflege und Erziehung der Kinder sind das natürliche Recht der Eltern und die zuvörderst ihnen obliegende Pflicht. Über ihre Betätigung wacht die staatliche Gemeinschaft." .., liege, so führte der Referent ., die Anerkennung eines elementaren Elternrechts auf Pflege und Erziehung, das — abgesehen von dem Fall der Adoption — nicht unwiderruflich auf einen anderen übertragen werden könne. Nur die Ausübung des Pflege- und Erziehungsrechts sei übertragbar, und dann auch nur auf Widerruf. So sei z. B. rechtswidrig, wenn ein Heim die Aufnahme eines behinderten Kindes von der Vereinbarung einer Mindestverweildauer abhängig mache. Wenn Eltern die Ausübung ihres Pflege- und Erziehungsrechts einem Heim übertrügen, hätten sie die Pflicht, darüber zu wachen, daß hiervon zum Wohle des Kindes Gebrauch gemacht werde. Der Staat habe darin

die Eltern durch seine Heimaufsicht, die auch auf private Einrichtungen ausgedehnt werden müsse, zu unterstützen.

Den Eltern verbleiben nach der Heimaufnahme ihres Kindes unabdingbar die folgenden Rechte:
1) ein umfassendes Informationsrecht, nämlich zu erfahren, was mit dem Kind geschieht und was seinen Alltag ausmacht
2) ein Mitsprache- bzw. Mitwirkungsrecht, etwa bei der Betreuung des Kindes im medizinischen Bereich
3) das Besuchsrecht, dessen Ausübung das Heim durch Schaffung der zeitlichen und räumlichen Voraussetzungen zu fördern habe
4) das Kündigungsrecht, nämlich das Recht, das Kind jederzeit aus dem Heim nehmen zu können (nicht: zu müssen!)

Den Elternrechten gebühre nach Auffassung des Referenten der Vorrang auch vor den Belangen des Heimebetriebes und der Heimorganisation. Sie träten nur dort zurück, wo es organisatorisch unmöglich sei, ihnen Raum zu geben. Schwierigkeiten dadurch zu lösen, daß etwa den Eltern nahegelegt werde, das Kind aus dem Heim zu nehmen, gehe nicht an.

Individuelle Elternrechte könnten aber auch untereinander in Widerspruch stehen. Hier liege eine Aufgabe der Elternvertretung, der Ausgleich der unterschiedlichen Elterninteressen hinzuwirken habe.

Die Aufgaben eines Elternbeirats umschrieb der Referent wie folgt: Eine Elternvertretung müsse zunächst einmal die Rechte haben, die im schulischen Bereich Eltern- oder Klassenbeirat eingeräumt würden. Ihre eigentliche Aufgabe bestehe darin, im Verhältnis von Heimpersonal zu Eltern Anregungen und Gespräche zu vermitteln und die Eltern bei der Durchsetzung ihrer berechtigten individuellen Rechte zu unterstützen.

Nach den Ausführungen von Herrn Dr. Lührs hatten die Teilnehmer Gelegenheit zu diskutieren. Anschließend fand noch einmal eine allgemeine Aussprache statt. Hierbei zeigte sich, daß es nach Auffassung einiger Gesprächsteilnehmer erforderlich ist, nun in gleicher Weise die Rechte erwachsener Behinderter in Heimen und die von den Elternrechten unabhängigen eigenen Rechte der behinderten Kinder rechtlich herauszustellen.

Die Teilnehmer trennten sich mit dem Wunsch, das Gespräch möglichst bald fortzusetzen.   Kö.

(Nordkirchen Archiv Kiel 13.39 Nr. 26.3.a)1-21)

164

Keine Einschulung?! – Eltern wehren sich …

Das Treffen des Arbeitskreises I „Mütter behinderter Kinder" in der Familien-Bildungsstätte HH-Lokstedt begann an diesem Mittwoch im Mai 1976 mit Protest:

„Unerhört! – Das lasse ich mir nicht gefallen!"
„Wieder diese Diskriminierung!"
„Wie soll ich das Andrea klarmachen?!"

Was war der Grund für diese Empörung? Es stand lange fest, dass nach den Sommerferien auch für Andrea, Marc und Tobias endlich die Schule beginnen sollte. Die gleichzeitige Einschulung von drei Kindern innerhalb dieser Gruppe war ein häufiges Thema, und es wurden Pläne geschmiedet, wie dieser große Tag für Andrea mit einem Down-Syndrom, für den spastisch behinderten Tobias und für Marc, ein Kind mit Hydrocephalus, gefeiert werden sollte. Auch die Schultüten für alle drei sollten gemeinsam gefüllt werden.

Die Schulbehörde der Hansestadt Hamburg verschickte in den Mai-Tagen 1976 per Post tausendfach an alle Hamburger Eltern der einzuschulenden Erstklässler das Schreiben mit den Einschulungsmodalitäten. Auch siebzehn Hamburger Eltern erhielten Behördenpost, jedoch mit ganz anderslautendem Inhalt: „Die Einschulung Ihrer Tochter ANDREA B. ist weiterhin vorgesehen. Ein genauer Termin für die Einschulung wird rechtzeitig mitgeteilt."

Hamburg hatte als erstes Bundesland in der Bundesrepublik Deutschland (BRD-West) bereits 1961 die erste „Staatlich anerkannte Heilpädagogische Tagesschule" in der Elbchaussee 99 mit drei Klassen für geistig Behinderte unter dem *Vor-*

denker-Pädagogen Horst Ziebell eröffnet. Die Schulpflicht für alle Kinder mit Behinderungen wurde vorbildlich für die BRD-West in Hamburg mit dem Aufbau von fünf weiteren „Sonderschulen für geistig Behinderte" bis Mitte der 1970er Jahre umgesetzt. Ab 1975 wurden auch auf Druck der großen in Hamburg tätigen Eltern-Organisationen sogenannte „MF-Klassen", Förderklassen für mehrfach schwerbehinderte Kinder und Jugendliche an Schulen für Geistig- und Körperbehinderte eingerichtet. In der Hansestadt Hamburg galt die allgemeine neunjährige Schulpflicht für alle Menschen mit Behinderungen ab dem Einschulungsalter. Nun galt sie nachholend auch für die Mehrfachbehinderten unter ihnen, die bisher lediglich eine teilweise Betreuung in Tagesförderstätten beziehungsweise keinerlei Förderung erhielten. Alle sollten eine Chance bekommen und schulisch gefördert werden.

Kinder in stationären Einrichtungen wie zum Beispiel in den ehemals Alsterdorfer Anstalten profitierten aber von der für alle geltenden neunjährigen Schulpflicht erst fünf Jahre später und auf Druck der Schulbehörde. Die in Aussicht gestellten Zuschüsse für einen Schul-Neubau wurden gekoppelt mit dem Beginn der Beschulung aller in Alsterdorf lebenden Bewohner ungeachtet ihres jetzigen Alters.

Umso empörender empfanden die Eltern und auch ich als Leiterin der EFBS das Verhalten der Schulbehörde, ihnen die Verschiebung der Einschulung ihrer behinderten Kinder ohne Nennung von Gründen mitzuteilen. Es stellte sich außerdem die Frage, ob dies rechtlich überhaupt haltbar sei. Umgekehrt machten sich Eltern strafbar, wenn sie die Schulpflicht umgingen? Informationen mussten her! „Dagegen wird Widerspruch bei der Schulbehörde eingelegt!", „Das lassen wir uns nicht gefallen!", so die kämpferischen Reaktionen. Nach eineinhalbstündiger Debatte war bereits eine mögliche Strategie für das Vorgehen entworfen und einer kleinen Gruppe betroffener Mütter zur weiteren Planung übergeben worden.

Im ersten Schritt ließ sich die Leiterin der Evangelischen Familien-Bildungsstätte mit der Vorzimmerdame des amtierenden Hamburger Schulsenators Günter Apel verbinden, um einen Gesprächstermin mit den betroffenen Eltern zu verabreden. Wie fast immer in solchen Situationen wurde das Anliegen aus zeitlichen Gründen als nicht umsetzbar abgelehnt. „Ein Schulsenator hat Sprechstunden, und irgendwann muss ein Termin möglich werden. Es wird ja kein Termin noch in dieser Woche gefordert. Nur sehr lange können wir in dieser Angelegenheit nicht warten, sonst übergeben wir den Sachverhalt der Presse!" Diese energische Wortwahl zündete. Nach Rücksprache mit dem Senator wurde ein Termin in zehn Tagen möglich. Im zweiten Schritt wurde ein Sit-in der betroffenen Eltern vor dem Amtszimmer des Schulsenators mit drei ausgewählten Sprechern geplant, die zusammen mit der Leiterin der EFBS drinnen das Gespräch führen sollten. So der Plan und die spätere Durchführung.

Dreizehn Eltern konnten den Termin wahrnehmen, auch – und das war neu – Väter beteiligten sich an dieser Aktion. Nach der Begrüßung übergab ich Schulsenator Günter Apel, selbst Vater von Kindern im schulpflichtigen Alter, das zur Empörung führende Schriftstück mit den Worten: „Wie hätten Sie als Vater auf den Wortlaut dieses Schreibens der Schulbehörde reagiert?" Er las, schwieg und antwortete schließlich ausweichend. Das Ganze sei für ihn so auf die Schnelle schwer erklärbar. Doch die Eltern ließen nicht locker. Sie wollten vor allem erfahren, aus welchem Grund ihre behinderten Kinder nicht eingeschult werden konnten und wann mit einer Einschulung zu rechnen sei. Die Besprechung wurde schließlich unterbrochen, um dem Senator die Gelegenheit zu geben, Informationen einzuholen. Einer der Väter, ein Jurist, hatte nämlich angekündigt, dass die Eltern wegen der unbegründeten Verhinderung der Schulpflicht ihrer Kinder den Rechtsweg beschreiten würden. Dann endlich wurde der Grund für die verhinderte Einschulung an der *Sonderschule für geistig Behinderte am Lokstedter Damm* offengelegt: Es fehlte an Klassenräumen! Wir alle waren sprachlos ob dieser Nachricht. Alle Eltern lebten seit vielen Jahren im Einzugsgebiet dieser Schule. Auf die Nachfrage, wie denn die Schulbehörde diese Situation lösen wolle, blieb der Senator eine Antwort schuldig. Sechs bis neun Monaten würden wohl mindestens vergehen, bis ein adäquater Unterricht für diese behinderten Kinder beginnen könne. Der Jurist unter den ausgewählten Sprechern nahm nun den weiteren Gesprächsverlauf in die Hand. Die Eltern räumten der Schulbehörde sechs Monate Zeit ein, um die Einschulungspflicht ihrer Kinder umzusetzen. Andernfalls würde der Rechtsweg beschritten.

Nach diesem Gespräch war den Eltern klar, dass ihre Kinder nur Aussicht auf eine Einschulung vor Jahresende hätten, wenn sie in der Lösung des Raumproblems selber aktiv würden.

Außer mehreren, durchaus Erfolg versprechenden Überlegungen zur Lösung kam den betroffenen Eltern ein Zufall zu Hilfe. Eine der vielen Haspa-Filialen (Hamburger Sparkasse) baute ihre Zweigstelle um und hatte für die Umbauphase eine Baracke als Schalterraum hergerichtet. Eine Nachfrage, was mit der Baracke nach Beendigung des Umbaus geplant sei, erbrachte die Antwort, dass für die Zeit danach über eine Verwendung noch keine Entscheidung getroffen sei. Das war die Stunde dieser *Kärrner-Eltern*. *Geld lockermachen, die Baracke kaufen, auf dem Schulhof am Lokstedter Damm aufstellen und zu Unterrichtsräumen umgestalten,* lautete die Devise. Dann könnten Andrea, Tobias und Marc endlich zur Schule gehen! Fast wäre das Vorhaben gescheitert an den vielen Auflagen, die seitens des Bauamtes und der Schulaufsichtsbehörde gemacht wurden. Vielleicht sollte der *Eltern*-Plan scheitern? Es waren die engagierten Väter, die die Verhandlung dennoch zum Erfolg führten. Eltern und Kinder standen mit Fähnchen winkend am Straßenrand, als dann ein Tieflader mit den Barackenteilen am Schulgelände vorfuhr, die zuvor als ein Provisorium der Haspa-Filiale gedient hatten und nun seitens des Vorstandes der Hamburger Sparkasse für diesen guten Zweck gespendet wurden. Jetzt bestand endlich Aussicht auf den wirklich ersten Schultag! In der Vorfreude wurden der Spazier- und der Einkaufsweg so oft wie möglich vorbei am zukünftigen Schulgelände gelegt. Die Kinder konnten sehen, wie aus vielen Teilen für sie eine „Schule der etwas anderen Art" entstand. Allen, die sich in der Schwerpunktarbeit der EFBS Lokstedt *„Behinderte Kinder leben unter uns",* später umbenannt in *„Menschen mit Behinderungen leben unter uns"* engagierten, ist der 6. Dezember 1976 fest in Erinnerung. Es ist der lang ersehnte, verspätete Einschulungstag für siebzehn behinderte Schüler und Schülerinnen für zwei erste Klassen in der ehemaligen Baracke. Über viele weitere Jahre hatte das zu Unterrichtsräumen umfunktionierte Gebäude seinen unentbehrlichen Platz auf dem Gelände der *Sonderschule für geistig Behinderte* am Lokstedter Damm. Erst durch einen Anbau am Haupthaus wurde sie mehr als ein Jahrzehnt später überflüssig. Die damalige Schulleiterin Frau Ingrid Fischer wagte es, am 6. Dezember 1976 dankbar auszusprechen, dass die Eltern es vollbracht hätten, ein eigentlich *schulisches* Problem sinnvoll zu lösen.

Schulfunk aktuell: „*Ich bin wie Ihr.*"
Behinderte unter uns

Eine Flut von Anrufen und Berge von Post mit Anfragen erreichten die Evangelische Familien-Bildungsstätte Hamburg-Lokstedt nach einer Radiosendung, die am 19. Januar 1977 ausgestrahlt wurde. Das Schulfunkprogramm des Norddeutschen Rundfunks (NDR) gehörte 1977 zu den beliebten Sendungen für alle Altersgruppen. Der NDR konnte stolz sein auf kontinuierlich hohe Einschaltquoten. Die Schulfunksendung vom 19. Januar 1977 mit einem Bericht über integrative Freizeitangebote für Jugendliche endete mit der Ansage: „Wenn Sie Rat und Hilfe suchen, Auskunft geben Ortsämter, Kirchen oder Einrichtungen wie die Familien-Bildungsstätte in Hamburg-Lokstedt, Telefon 040 560 11 95."

Trotz vieler, nicht vorhersehbarer zusätzlicher Arbeit aufgrund der Nennung unserer Telefonnummer freuten wir uns über die enorme Öffentlichkeitswirkung dieser Sendung. Vom Norddeutschen Rundfunk erwartete ich nun über die bereits bestehenden guten Kontakte hinaus eine wirksame Unterstützung zum weiteren Vorgehen für unsere Familien-Bildungsstätte, die vor der Ausstrahlung nicht kontaktiert wurde und nun plötzlich im Rampenlicht stand.

Bereits knapp drei Wochen später wurde zu der gemeinsam vorbereiteten Veranstaltung eingeladen.

BEGEGNUNGSABEND
„Ich bin wie Ihr." Am 9. Februar 1977 um 19 Uhr
in der Evangelischen Familien-Bildungsstätte,
Stapelstraße 8b, am Siemersplatz

Der NDR sorgte für eine medienwirksame, kurzfristige Bekanntmachung unter anderem durch das Senden von Interviews mit der Leiterin der EFBS-Lokstedt. Die Presse griff den Inhalt dieser Interviews auf und die Behindertenorganisationen wiesen in ihren Rundschreiben auf den Begegnungsabend hin.

Wir waren erstaunt, welch bunt gemischtes Publikum und welch große Zahl interessierter Bürger sich von der Einladung angesprochen fühlten. Schüler, Lehrer, Erwachsene mit Behinderung, Vertreter großer Behindertenorganisationen und Eltern behinderter Kinder sowie Mitarbeiter von „Schulfunk aktuell", dem NDR und der Presse ließen sich bereitwillig auf die von uns vorbereitete *kontextuelle* Begegnungsstruktur ein, die vorrangig Raum zu Austausch und Begegnung in Kleingruppen ermöglichen sollte. Anwesende Presse- und Rundfunkreporter bündelten und spiegelten anschließend den Anwesenden die aus ihrer Sicht eingefangenen Eindrücke zum bisherigen Verlauf des Abends.

Durch eine mutige Äußerung waren wir dann auf einmal in der Wirklichkeit zum Stand des Miteinanders der Menschen mit und ohne Behinderungen in Hamburg und vor Ort im Stadtteil Hamburg-Niendorf angekommen! Ein junger Mann fasste Mut und schilderte seine Not, einen ihm zugesagten Ausbildungsplatz als KFZ-Mechaniker zu verlieren, da er anfallskrank sei: „Ich bin wie Ihr, das klappte prima in der Schule, aber jetzt als Erwachsener *falle* ich überall heraus!" Zunächst herrschte betretenes Schweigen. Dann folgte behutsames Nachfragen, um die Situation genauer einzukreisen.

Eine Adressenansage am Ende einer Schulfunksendung hatte den Anlass für diesen Begegnungsabend gegeben, und geworden war daraus eine Begegnung mit Einblicken in konkrete Lebenssituationen der *etwas anderen Art* und *tätige Nacharbeit*, wie es ein Teilnehmer formulierte.

Im ersten Schritt verabredete und besprach sich ein kleiner Kreis fachlich versierter Teilnehmer mit dem Betroffenen

Holger K. Im zweiten Schritt bot ich als Leiterin der EFBS-Lokstedt ein Vermittlungsgespräch mit dem Chef der Kfz-Werkstatt zusammen mit dem anfallskranken Holger K. an. Aufklärung und zugesagte Beratung meinerseits vor Ort in der Werkstatt erbrachten ein *Umdenken* der Mitarbeiter und des Chefs. Meine Zusage bei aufkommenden Schwierigkeiten, zum Beispiel durch eine Anfallssituation, zuallererst mich anzurufen, hatten den Chef bewogen, Holger K. als Auszubildenden doch zu übernehmen. Ich habe mich in regelmäßigen Abständen in dieser Kfz-Werkstatt nach dem Auszubildenden Holger K. erkundigt. Gerufen wurde ich kein einziges Mal. Eines Tages wurde uns ein Fleurop-Blumenstrauß überbracht mit folgendem Begleitschreiben: „Danke! Jetzt bin ich wie ihr! Ich habe den Berufsabschluss des KFZ-Mechanikers bestanden und weiter einen festen Arbeitsplatz!" H. K.

Die Situation von Holger K. war kein Einzelfall in den Siebzigerjahren. Die „Werkstätten-Verordnung von 1974", §41, Art. 2 des SGB IX (Sozialgesetzbuch) lautete: „Behinderte Menschen haben ein Recht auf Arbeit und berufliche Eingliederung." Flächendeckend wurden „Beschützende Werkstätten für behinderte Menschen" auf- und ausgebaut. Bis 2008 wurden in Deutschland Werkstattplätze für bis zu 275 000 Beschäftigte, Menschen mit unterschiedlich schweren Behinderungen, ausgebaut. Hier einer Beschäftigung nachzugehen, war der Regelfall. Gleichzeitig warb der Staat in der freien Wirtschaft dafür, behindertengerecht ausgestattete Arbeitsplätze zu schaffen und diese finanziell zu unterstützen. Betriebe, die den Beschäftigungsschlüssel 1:20 nicht einhielten, mussten und müssen bis heute die „Ausgleichsabgabe" zahlen. Über diese Regelung ist jedoch nicht die erhoffte Zahl an Arbeits- und Ausbildungsplätzen für Menschen mit Behinderungen entstanden. Die Zahl der Betriebe und Organisationen, die die Ausgleichsabgabe zahlen, statt Arbeitsplätze für Menschen mit Behinderungen einzurichten, ist 2016 in

Deutschland weiterhin beschämend hoch. Drei der deutschen im Dax geführten Firmen erfüllen zurzeit lediglich die Vorgaben, keine Ausgleichsabgabe zu zahlen.

In Hamburg wurden bereits seit den 1990er Jahren wiederum die Eltern zum Thema *Arbeit* aktiv. Die *Landesarbeitsgemeinschaft Eltern für INTEGRATION e. V.* suchte für ihre erwachsenen Söhne und Töchter mit Behinderungen nach Arbeitsmöglichkeiten auf dem allgemeinen Arbeitsmarkt als Alternative zur „Beschützenden Werkstatt für behinderte Menschen". Bereits seit dem Kindergarten und in der anschließenden neunjährigen Schulzeit waren ihre Kinder *integrativ* aufgewachsen und beschult worden. Nach so vielen Jahren gelungener Integration war die *Werkstatt für Menschen mit Behinderungen* als berufliche Aussicht ausgeschlossen. Die Landesarbeitsgemeinschaft Eltern für INTEGRATION e. V. Hamburg gründete 1992 die „HAMBURGER ARBEITSASSISTENZ". Dieses Hamburger Modell-Projekt hat inzwischen bundesweit *Schule* gemacht als Alternative zur Werkstatt für behinderte Menschen. Es wurde von der Europäischen Union und anderen Organisationen gefördert und mit vielen Preisen ausgezeichnet. Zwanzig Jahre nach der Gründung dieser Hamburger Eltern-Initiative sind über achthundert Arbeitsplätze in der freien Wirtschaft in Hamburg und im Umland mit Menschen mit Behinderungen besetzt. Etwa sechzig eigene Mitarbeiter der „Hamburger Arbeits-Assistenz" betreuen diese Betriebe und die dort arbeitenden Menschen mit Behinderungen. Noch ist die Beschäftigung in einer *Werkstatt für Menschen mit Behinderungen* die Regel. Das Ziel soll die Vorbereitung auf eine Beschäftigung auf dem allgemeinen Arbeitsplatz sein. Dieses effektiver als bisher anzustreben ist nun mit der Umsetzung der *Inklusion* gefordert.

Studierende entdecken neue Praxisfelder …

Elternarbeit fehlt als wichtiges Fach in der Sonderpädagogik

Seit Beginn der 1970er Jahre zeichneten sich die Universitäten Berlin und Hamburg in der Bundesrepublik Deutschland dadurch aus, dass hier Lehrstühle im Fachbereich Erziehungswissenschaften für den Fachausschuss Sonderpädagogik unter anderem für *Geistigbehindertenpädagogik* geschaffen wurden. Prof. Dr. Ursula Hagemeister hatte in Hamburg diesen Lehrstuhl inne und setzte für den aufzubauenden Studiengang Geistigbehindertenpädagogik ganz neue Impulse. Zu ihrem Konzept gehörte es, dass die Studierenden möglichst frühzeitig Einblick erhalten sollten in aktuell sich entwickelnde *alternative Lebensräume*. Dies stand im Gegensatz zu der immer noch weitverbreiteten Auffassung, dass der angemessene Lebensraum für geistig *Behinderte* die vollstationäre Heimunterbringung sei.

Für Prof. Dr. Ursula Hagemeister lag es 1974 nahe, auch Kontakt zu mir als Leiterin der EFBS Hamburg-Lokstedt aufzunehmen. Denn die Eltern als die Erziehungsberechtigten der Kinder, die von den Sonderpädagogen zukünftig unterrichtet werden sollten, nahmen in diesem Konzept eine wichtige Rolle ein. Die Professorin war sehr interessiert daran, die Institution Evangelische *Familien*-Bildungsstätte und insbesondere deren Schwerpunktarbeit „*Behinderte Kinder leben in den Familien*" kennenzulernen. Ihre und meine Beobachtungen trafen sich in der Feststellung: Die Universität bildet Sonderpädagogen aus, jedoch fehlt die Elternarbeit als ein wichtiges Fach in der

Ausbildung. Diese ist nicht zuletzt deshalb wesentlich, weil die zukünftigen Lehrer und Lehrerinnen in der Praxis vorwiegend Kinder unterrichten werden, die aufgrund ihrer Beeinträchtigungen über mangelnde bis gänzlich fehlende sprachliche Ausdrucksmöglichkeiten verfügen. Missverständnisse würden so im Schulalltag unausweichlich auftreten. Eine gute kommunikative Zusammenarbeit mit den Eltern dieser Schüler ist deshalb unerlässlich. Eine Ungleichsituation zwischen Fachleuten und Eltern ist schon dadurch bedingt, dass sich Eltern Fachleuten gegenüber in einem Abhängigkeitsverhältnis befinden. Um einer solchen Ausgangsposition besser gerecht zu werden, bedarf es der systematischen Schulung beider. Betroffene Eltern erfuhren Schulung, Reflexion und Einüben eines kooperativen Umganges mit Fachleuten in Seminaren der EFBS Hamburg-Lokstedt. Aber wo sollten angehende Sonderpädagogen die Fähigkeiten zum kooperativen Umgang mit Eltern lernen?

Der Unterrichtsplan im ersten Semester des Studiums der Geistigbehindertenpädagogik sah vor, spätere mögliche Berufseinsatzfelder als Sonderpädagoge mit diesem Schwerpunkt kennenzulernen. Dazu gehörte, das sich vielseitig alternativ entwickelnde Umfeld der Schüler und Schülerinnen und dessen Bezug auf das Arbeitsfeld Schule einzubeziehen. In Vereinbarung mit der Universität Hamburg erhielten Studierende jedes Semester in der Schwerpunktarbeit der EFBS Hamburg-Lokstedt die Gelegenheit zur direkten Begegnung mit betroffenen Eltern, um mit ihnen zusammen Probleme *der Kooperation von Eltern behinderter Kinder und Fachleuten* zu thematisieren. Dabei lernten sie zugleich *alternative* Lern- und Lehrschritte kennen. Wichtige Kooperationsfelder mit Eltern und mögliche problematische Situationen als zukünftige Sonderpädagogen wurden beispielsweise im Rollenspiel bearbeitet und ausgewertet.

Die jeweils vierstündige Arbeitseinheit in der Schwerpunktarbeit der EFBS wurde für fünfzehn weitere Jahre fester Bestandteil des Unterrichtskonzeptes im ersten Semester dieses

Studienganges. Damit war allerdings noch nicht erreicht, dass die Hochschule *Elternarbeit* als elementares Instrumentarium der Pädagogen und damit als ein reguläres Lehrfach anerkannte. Die Studierenden trieben die Forderung danach eigeninitiativ voran, als sie das Thema in verschiedenen Abhandlungen als Prüfungsfach forderten und wählten.

Kontextuelles und *situationsbezogenes* Lernen stand im Vordergrund

Situationsbezogenes Lernen stand bei der jeweiligen Unterrichtseinheit für die Studierenden im Vordergrund und ergab sich manchmal spontan aus deren Nachfragen – wie an einem Montagvormittag 1978: Ich führte die Gruppe angehender Sonderpädagogen durch die verschiedenen Unterrichtsräume der Familien-Bildungsstätte und wurde von einem Studierenden gefragt, welche Bedeutung die Stadtpläne an den Wänden einiger Unterrichtsräume hätten. Situativ waren wir damit gleich im Thema. Am Wochenende hatten verschiedene Eltern-Selbsthilfegruppen getagt und heute würde erst manches wieder zurückgeräumt werden in die Abstellkammer. Ich nahm die Gelegenheit wahr und versammelte die Studierenden um den Hamburger Stadtplan, der im Vielzweckraum auf einer großen Spanplatte befestigt war und fragte: „Was könnten wohl die farbig gesteckten Fähnchen auf dem Plan bedeuten?" Das Erstaunen war groß, als die Studenten erfuhren, dass die über die Stadt verteilten orangefarbenen Fähnchen jeweils anzeigten, wo eine Familie mit einem Kleinkind mit dem Down-Syndrom lebt, und die roten Fähnchen die Wohnorte von Schulkindern und Jugendlichen mit Down-Syndrom markierten. Ich erläuterte, dass die Fähnchen die Anzahl von mehr als einhundertdreißig der ‚Lebenshilfe‘ bekannten Familien mit einem Angehörigen mit einem Down-Syndrom anzeigten. Der Kontakt untereinander zur gegenseitigen Unterstützung sei ein Hauptanliegen der Selbsthilfebewegungen, die 1958 durch die Bundesvereinigung ‚Lebenshilfe für das geistig behinderte Kind‘ in Marburg angestoßen wurden. Zu Beginn eines jeden Treffens würden anhand dieses Planes die Veränderungen durch neu hinzugekommene Familien, durch Geburt oder Zuzug aktualisiert. Wer neu vor der Situation stand, das Leben mit einem Baby mit einem Down-Syndrom einzuüben, sollte nicht allein gelassen werden. So verabredeten etwa die Familien in der Nachbarschaft des neu gesteckten Fähnchens für Lukas W., wie sich bald der Erstkontakt zu seiner Familie aufbauen ließe. Viel Erfahrung und Übung im Improvisieren ist in einer solchen Elterngruppe der 1970er und 1980er Jahre abrufbar. Das Gefühl, gemeinsam stärker zu sein, gab den Ausschlag für ein ausgeprägtes Zusammengehörigkeitsgefühl.

Als Nächstes wollten die Studierenden wissen, über welche Behinderungsarten und Familien die anderen Stadtpläne Auskunft gaben. Wir zogen einen Raum weiter, wo Fähnchen in verschiedenen Blautönen in dem Stadtplan steckten. „Hier, ganz in der Nähe unserer Uni sind gleich drei, vier Fähnchen!“, äußerte spontan einer der Studierenden. Diese hellblauen Fähnchen waren für Familien mit hirnorganisch geschädigten Kindern gesteckt. Die viel größere Zahl der marineblauen Fähnchen zeigte an, wo in Hamburg Familien mit Schulkindern oder Jugendlichen mit einer Anfallsbereitschaft (Epilepsie) leben. Die Elterngruppen der *Anfallskranken* sind in Hamburg besonders aktiv und stark miteinander verbunden, um beispielsweise fehlende Freizeitangebote speziell für ihre noch sehr ausgegrenzten Töchter und Söhne aufzubauen. Da die Probleme sehr unterschiedlich gelagert sind zwischen einem Kind mit einer Anfallsbereitschaft und einem Jugendlichen, haben diese

Eltern altersspezifisch differenzierte Arbeitsgruppen gebildet. Im Weiteren wurde nachgefragt, welche verschiedenen Elterngruppen hier noch ihren Treffpunkt hätten. Gemeinsam mit den Studierenden wurden diese erarbeitet und benannt: die Gruppe der Eltern eines Kindes mit Hydrozephalus-Schädigung (Wasserkopf) und die Elterngruppe *Das diabetische Kind*. Eine weitere Elterngruppe hatte bereits einen eigenen Verein „*Das autistische Kind*" mit eigenen Räumen in Hamburg gegründet mit einem im Aufbau befindlichen Institut zur Förderung und Behandlung autistischer Verhaltensweisen. Im Weiteren wurde die neue Entwicklung diskutiert, dass Eltern zielorientiert eigene Vereine gründeten wie die „*Eltern für Integration*" zu *Wohnen und Arbeiten mitten in der Stadt*. Durch eine gezielte Nachfrage der Studierenden wurde dieser Vormittag zu einer *situationsbezogenen* Lehrstunde zum Stand der zahlreich in Hamburg aktiv agierenden Eltern-Selbsthilfegruppen, mit denen sie als zukünftige Sonderpädagogen rechnen mussten.

Am Fachbereich selber konnten gelegentlich Seminare zur „Elternberatung" durchgesetzt werden. Prof. Dr. Hagemeister erreichte, dass in diesen universitären Seminaren der Stoff sowohl über Referate als auch über *alternative* Lernschritte unter Einbeziehung von Eltern, die sich durch *originäre* Kompetenz auszeichneten, vermittelt wurde. Diese sehr neue Erfahrung für Studierende weckte das weitere Interesse an der Thematik bis hin zu Examensarbeiten.

Studierende werden motivierte Mitarbeiter und Konzeptentwickler/-innen

Auf vielfältige Weise erweiterten angehende Sonderpädagogen ihr Wissen während des Studiums über unterschiedliche Praxiseinsätze. Ab 1975 entdeckten die Studierenden ein neues interessantes Praxisfeld in der Schwerpunktarbeit der EFBS Hamburg-Lokstedt mit seinen verschiedenen Einsatzmöglichkeiten. Aus dem Kreis einsatzbereiter Studierender entwickelte sich ein zusätzlicher Stamm von Mitarbeitern, die mit eigenen Ideen unser Konzept, neues Denken und Handeln im Umgang mit Menschen mit Behinderungen zu entwickeln und zu praktizieren, voll unterstützten. Mit einigen Studierenden wurde ein Konzept zur Schulung neuer Studierender ausgearbeitet, um die Befähigung zur Mitarbeit in einzelnen Einsatzbereichen zu erlangen. In den 1970er Jahren waren Studierende zunächst im eingerichteten Betreuungsdienst eingesetzt, den die EFBS vor Ort den Müttern und Eltern anbot, damit diese sich ungestört für jeweils zwei Stunden Alltagsproblemen widmen konnten. Des Weiteren bildete sich ein Betreuungsdienst für den häuslichen Bereich in den Familien, denn noch war für Zivildienstleistende der direkte Familien-Einsatz nicht vorgesehen.

In den 1980er Jahren ergriffen Studierende der Universität Hamburg die Initiative, um die Bildungsfähigkeit erwachsener *geistig Behinderter* unter Beweis zu stellen. Für *eine vergessene Generation,* wie sie es nannten, bauten sie erste Erwachsenenbildungskurse auf. Die EFBS Hamburg-Lokstedt wurde seitens der Universität Hamburg angefragt, ob sie als Kooperationspartner mit einsteigen und ihre Unterrichtsräume zur Verfügung stellen würde. (Anschreiben der Universität Hamburg dazu vom 8.2.1984.) Das war der Einstieg in eine innovative Kurs- und Projektarbeit für heranwachsende und junge erwachsene

Menschen mit Behinderungen, die jährlich weiter ausgebaut wurde. Das Angebot umfasste Kurse, Ferienprojekte, Freizeitangebote in aufwendig recherchierten barrierefreien Ferienzielen und Vorbereitungswochenenden zur *Ablöseproblematik vom Elternhaus* bis hin zur Schulung „*Ich ziehe um in eine Wohngemeinschaft*". Betreuungsformen, die Menschen mit einer geistigen Behinderung ein Leben in einer eigenen Wohnung ermöglichten, wurden erst später entwickelt. (Siehe auch Teil II: „Eine Anfrage 1970 und was daraus wurde …")

Einige der gut eingearbeiteten *Studierenden der ersten Stunde* 1975 blieben auch nach dem Examen als Honorarmitarbeiter und Konzeptentwickler/-innen unserem Hause treu. Sie organisierten eigenverantwortlich den Einsatz der ständig bis zu fünfzehn engagierten Studierenden, entwickelten neue Projektideen und leisteten unverzichtbare Unterstützungsarbeit, wenn es um Berichterstattungen für Fachdienste zu der inzwischen als *modellhaft* eingestuften Schwerpunktarbeit für und *mit* Menschen mit Behinderungen ging. Sie übernahmen Verantwortung als Gruppenleiter auf Tagungen und waren zugleich authentische Lobbyisten für *neues Denken* und *neues Handeln* zur Lebenssituation der Menschen mit Behinderungen und deren Angehörige. Der Kreis der studierenden Mitarbeiter und Mitarbeiterinnen in der Schwerpunktarbeit der EFBS Hamburg-Lokstedt erweiterte sich ab 1983 nochmals, als die Zusammenarbeit mit dem Fachbereich Evangelische Theologie, Institut für Praktische Theologie der Universität Hamburg begann und sich 1983 die „Arbeitsgemeinschaft behinderter und *nichtbehinderter* Studierender an der Universität Hamburg gründete. (Siehe auch Teil III: „Eine Universität geht ab 1982 *neue* Wege")

Aus der Zusammenarbeit mit dem Fachbereich Erziehungswissenschaften Sonderpädagogik – Geistigbehindertenpädagogik der Universität Hamburg hat sich seit 1974 bis heute eine gegenseitige fachlich befruchtende wie auch persönliche Freundschaft mit der Sonderpädagogin Bettina Marquardt,

Vordenkerin und somit Pionierin im Einsatz zu *Lernschritten der anderen Art* in Richtung *Inklusion* entwickelt, was an dieser Stelle herauszustellen ist. Sie ist der elementaren Beratungsarbeit treu geblieben und erlebt heute hautnah, wie mangelndes und *noch* kaum eingeübtes *inklusives Denken und Handeln* im pädagogischen Schulalltag zulasten von Schülern mit Beeinträchtigungen und deren Eltern führt.

Unsere Gemeinsamkeit in all den Jahren basiert auf dem Mut und dem Durchhaltevermögen, vorhandene Strukturen im institutionalisierten Denken und Handeln zu hinterfragen und *gegen den Strom arbeitend* notwendige Veränderungen zu bewirken. Unsere Arbeitsweise auf Veranstaltungen wie beispielsweise Workshops und Buchvorstellungen sind durch unser beider Erfahrung und Erkenntnis geprägt, dass die Nachhaltigkeit vieler konventioneller Lernformen auf primär *kognitiver* Ebene begrenzt ist. Aus diesem Grund bieten wir die Anleitung zu *personalem, situationsbezogenem* und *kontextuellem* Lernen mit *gestaltgebenden Elementen* an. Diese Lernformen und -schritte der *anderen Art* bewirken eine Veränderung der Perspektive und des Bewusstseins der jeweiligen Person und führen zu nachhaltigem *Verstehen* und *Begreifen* der behandelten Problematik als schrittweisem Prozess.

Unser Beitrag seit 2012 zu Inklusion ist beispielsweise, die Wissensvermittlung in Veranstaltungen und Workshops für unsere Bürgergesellschaft mit der Bewusstseinsbildung zu verbinden ...[108] Die erfahrene punktuelle Resonanz bestärkte uns auf diesem gemeinsamen Weg und schmiedete uns als *Verbündete in der Sache behinderter Menschen* bis heute zusammen.

Bescheid vom Amtsgericht:
„Der Beschwerde wird nicht abgeholfen!"

Heim-Besichtigungen mit gründlicher Vor- und Nacharbeit in Hamburg und im norddeutschen Raum gehörten seit 1971 zu den regelmäßig geplanten Vorhaben der Mütter mehrfach behinderter Kinder und Jugendlicher in der Schwerpunktarbeit der EFBS Hamburg-Lokstedt. Noch lebten Frank, Andrea und Jan zu Hause, was diese Frauen nicht davon abhielt, dennoch die Heimsituation für Jugendliche mit Behinderungen sehr genau zu beobachten, weil die Frage der Ablösung vom Elternhaus auch auf sie zukommen würde. Der Informationsaustausch dazu mit anderen Eltern wurde ständig genutzt, um Kontakt aufzunehmen mit den Heimleitern zwecks einer ausführlichen Besichtigung. Die Fragen dieser engagierten Frauen und Mütter an die Heimleitungen wurden immer differenzierter. Ihr Blick, hinter die Vorzeigefassade zu schauen, wurde immer geschulter, je mehr vollstationäre Einrichtungen für Menschen mit Behinderungen im Erwachsenenalter diese Frauengruppe bereits kennenlernten. Diese Begegnungen ermutigten die Frauen in ihrem Handeln; die Heimleitungen dagegen waren beeindruckt und zugleich irritiert.

Dann 1983 diese Situation: „Der Platz von Lukas in der Behindertenwerkstatt ist leer …?" „In der Mannschaft seiner Sportgruppe fehlt er seit zwei Wochen, das berichtete mir Sohn Marc." Solche und weitere Nachrichten über Lukas H. machten die Runde. (Name und Ort geändert) Lukas H. lebte seit einigen Jahren in einer Wohngruppe einer vollstationären Behinderteneinrichtung in Hamburg und stand unter der Vormundschaftsbetreuung durch eine amtlich bestellte Vormundschaftspflegerin, da die leibliche Mutter durch eigene psychische Beeinträchtigungen Unterstützung in der Erziehung des Sohnes benötigte.

Fragen um den Verbleib und um das Ergehen von Lukas H. wurden Gesprächsthema Nummer eins für einen längeren Zeitraum.

Es war für Mütter behinderter heranwachsender Töchter und Söhne im gleichen Alter wie Lukas H. höchst beunruhigend, wie scheinbar *lautlos* ein Mensch mit Behinderungen aus seinen geordneten Lebensbezügen, wie Wohnen, Arbeiten, Freizeit und Sport, herausgerissen und scheinbar wohnsitzverändernd *verlegt* werden konnte. Eine sehr undurchsichtig erscheinende Angelegenheit spielte sich – mitten unter uns – in Hamburg ab! Als neuer Aufenthaltsort von Lukas H. wurde eine Einrichtung in der Stadt x in Schleswig-Holstein ausfindig gemacht. Die Leiterin der EFBS HH-Lokstedt und zwei Frauen der Gruppe meldeten sich beim Heimleiter dieser Einrichtung in der Stadt x an, um Lukas zu besuchen und bei der Gelegenheit ihm noch in Hamburg verbliebenes, von ihm geliebtes Spiel- und Beschäftigungsmaterial bringen zu wollen. Wir erhofften dabei Antworten auf uns bewegende Fragen zu erhalten: „Welche Begründungen liegen für diesen Orts- und Heimwechsel vor?" „Sind in der jetzigen Einrichtung die erforderlichen Fördermaßnahmen für Lukas H. gewährleistet, die er als Mensch mit einer schweren autistischen Beeinträchtigung benötigt?"

Der erste vereinbarte Besuch und das gut einstündige Zusammensein mit Lukas H. in der Stadt x hatten in seiner neuen Umgebung stattgefunden und erfüllten uns mit Entsetzen, Irritation, Verstörtheit ob derartiger Zustände in einer vollstationären Einrichtung – und das 1983 in Deutschland!

Wir waren schockiert, wie binnen kurzer Zeit (innerhalb weniger Monate) ein Mensch mit dieser Beeinträchtigung seine hinzugewonnenen Fähigkeiten verliert und wie er sich mehr und mehr in sich zurückzieht, wenn er keinerlei Förderung, kaum Ansprache und Zuwendung erhält, und wenn niemand da ist, der ihn aus seinem „Rückzugsverhalten" befreit. Wir verließen Lukas H. mit unguten Gefühlen: Hier ist ein junger Mensch mit Behinderungen nicht adäquat untergebracht! Es blieb nicht bei diesem einen Besuch, und mein Eindruck verstärkte sich, hier muss zügig eingeschritten werden! Soweit es die Besuchszeiten erlaubten, wurde seitens der Kärrner-Mütter ein gezielter Besuchsdienst von Hamburg zu Lukas H. aufgebaut. Dabei wurde genau Protokoll nach einem aufgestellten Rasterplan geführt, um Veränderungen differenziert festzuhalten.

Im August 1983 legte ich in der mir „zugewachsenen" Ombuds-Haltung für Menschen mit Behinderungen und deren Angehörige schriftlich Beschwerde beim zuständigen Amtsgericht ein mit dem Auftrag, die Heimaufsichtsbehörde und das zuständige Vormundschaftsamt mögen in der Angelegenheit Lukas H. die Umstände seiner derzeitigen Unterbringung überprüfen und zum Positiven verändern. Bereits eine Woche später erhielt ich vom zuständigen Amtsgericht den Bescheid: „Der Beschwerde wird nicht abgeholfen."

Im Klartext bedeutete dies: Mitarbeiter der zuständigen städtischen Heimaufsichtsbehörde und der Vormundschaftsabteilung sahen keine Notwendigkeit, die beanstandeten Lebensumstände eines unter ihrer Obhut stehenden 19-jährigen Menschen mit Behinderungen zu überprüfen. Sollte hier bewusst nicht genauer hingeschaut werden?!

Die Einspruchsfrist beim Landgericht Schleswig-Holstein in Schleswig gegen den Bescheid des Amtsgerichtes der Stadt x vom August 1983 betrug drei Wochen und diese wurde meinerseits genutzt. Dann erfolgte eine Vorladung meiner Person. Damit bestand erstmalig die Möglichkeit, detaillierte Aussagen durch Schilderung der derzeitigen Lebenssituation von Lukas H. zu machen. Das Gebäude des Landgerichts Schleswig-Holstein verließ ich mit dem guten Gefühl, jetzt wird die Akte „Beschwerdevorgang im Fall Lukas H." erneut aufgerollt und es wird genauer hingeschaut werden, ob die Unterbringungsvorsetzungen und der Förderungsanspruch für Lukas H. in der Einrichtung x gewährleistet sind.

Binnen kurzer Zeit erhielt ich die positive Nachricht des Landgerichtes Schleswig-Holstein in Schleswig, das in der Sache betroffene Amtsgericht der Stadt x sei angewiesen, tätig zu werden: 1. Dem Heimleiter der Einrichtung x wird das Aufenthaltsbestimmungsrecht für Lukas H. entzogen. 2. Lukas H. wird verlegt in eine vollstationäre Behinderteneinrichtung x, die seiner Behinderung entsprechende Fördermaßnahmen vorhalten kann.

Nach dreizehn Monaten wurde dieser für Lukas H. menschenunwürdige Aufenthalt in der Einrichtung x dank Zivilcourage Dritter beendet.

Die Frage steht im Raum: Wie konnte die „Verlegung" des unter vormundschaftlicher Aufsicht der Hansestadt Hamburg stehenden Lukas H., einem Menschen mit Behinderungen, so geräuschlos vonstattengehen? In dieser wichtigen Angelegenheit hatte sich die zuständige Behördenmitarbeiterin auf die positiven Schilderungen der Einrichtung in der Stadt x verlassen, die Verwandte von Lukas H. zum ihrerseits vorgeschlagenen Wechsel gemacht hatten. Eine Besichtigung der empfohlenen und als sehr geeignet geschilderten vollstationären Einrichtung in der Stadt x hatte nicht stattgefunden, da Fahrgelderstattungen zur Erkundung, verbunden mit einer Bahnfahrt in die Stadt x, nicht zu den erstattungspflichtigen Ausgaben eines seitens der Hamburger Behörde eingesetzten Vormundes gehörten!

Wohin Lukas H. auf Veranlassung der Verwandten und durch das seitens des gegebenen Einverständnisses des Vormunds *umgezogen* war, das erfuhr die Hamburger Behörde erst durch die eingeleiteten Nachforschungen. Der Leitsatz von Pastor Rudi Mondry: „*Nur bekannt gemachte Not wird beseitigt*", hatte hier mein Handeln bestimmt, und damit nahm ich Einblick in Lebenszustände, die ich keinem Menschen wünsche, dass er derartigen „Umständen" ausgesetzt wird.

In Vormundschaftsangelegenheiten und zu Fragen der Heimaufsicht hatte die Stadt x in der Folgezeit einiges nachzuarbeiten: Die Heimleitung hatte scheinbar unbemerkt damit begonnen, durch Unterbringung ‚Behinderter' im bestehenden Alters- und Siechenheim sich die dadurch erzielten Mehreinnahmen sichern zu wollen. Außer für Lukas H. wurden für zwei cerebral geschädigte Kinder der weitere Verbleib in dieser Einrichtung beendet.

Positiv ist herauszustellen, dass sich mit dieser Fachabteilung innerhalb der Hamburger Behörde durch den aufzuarbeitenden Fall eine sehr konstruktive weitere Zusammenarbeit entwickelt hatte, die auf der Einsicht beruhte: Wir sind auf Bürger angewiesen, die genau hinschauen und so unsere Arbeit unterstützen.

Gute Erfahrungen wirken nach:
Ricarda freut sich …

Dass wir mit dem Ansatz der Familien-Bildungsstätte, ein Haus für *alle Familien* sein zu wollen, eindrückliche Erfahrungen menschlicher Begegnungen ermöglicht haben, zeigt diese Begebenheit: In der Familie B. waren Zwillinge geboren. Mit jedem Monat zeigte sich im Baby- und besonders im Kleinkindalter auffälliger, wie unterschiedlich sich der Junge gegenüber dem Mädchen entwickelte.

Frau B. gehörte seit 1972 der Gruppe der Frauen, Kärrner-Mütter des Arbeitskreises I in unserem Hause an. Ihr Sohn war gerade als besonders begabter Schüler am Gymnasium für seine Leistungen herausgestellt worden, während seine Schwester Ricarda mittwochs in unserem Hause der Gruppe zu betreuender schwer mehrfach behinderter Kinder angehörte, damit deren Mütter einmal in Ruhe zusammen mit Gleichgesinnten über ihre Situation sprechen konnten. Ricarda war hübsch und liebreizend anzusehen. Über Sehen und Hören nahm sie regen Anteil an ihrer Umwelt und konnte Wohlergehen und Unbehagen sehr deutlich zum Ausdruck bringen, ohne über Sprache zu verfügen.

Wenn an der verkehrsreichen Straßenkreuzung am Siemersplatz in Hamburg-Lokstedt gebaut wurde, wurde die verkehrsberuhigte Stapelstraße, in der das Gebäude der EFBS-Lokstedt lag, zur Umleitungsstrecke erklärt. Viele Jahre später musste Herr B. mit Ricarda hinten im Auto sitzend eines Morgens diese Umleitungsstrecke fahren. Als er in die Stapelstraße einbog, richtete sich Ricarda auf, wurde immer erregter und lief zur *Höchstform* ihrer Ausdrucksmöglichkeiten von Freude mit lauten Geräuschen auf, als sich das Auto mit Tempo dreißig langsam der Hausnummer 8b näherte. Dieses Haus war für sie mit regelmäßigen Besuchen über fast zwei Jahrzehnte vertraut und wie es schien mit guten Erfahrungen verbunden, denn als der Vater diesmal hier nicht hielt, sondern einfach weiterfuhr, sackte Ricarda in sich zusammen. Für den Vater, Herrn B., war dieses Erlebnis so bedeutsam und beeindruckend, dass er kurz danach zum Telefonhörer griff, um mir zu berichten, was Ricarda so viele Jahre später zum Ausdruck brachte. Unser Haus, eine *Familien-Bildungsstätte,* war auch für sie, einen Menschen mit so schweren Beeinträchtigungen, ein Ort, der in ihrer Erinnerung fest mit guten Erfahrungen verbunden war. Insider können ermessen, was diese Rückmeldung uns *spiegelte.* Sie war ein Lohn dafür, über zwei Jahrzehnte *m u t i g gegen den Strom* gearbeitet zu haben.

35 Jahre danach: Eine Lehrerin erinnert sich

Die Hamburger Tageszeitung *Hamburger Abendblatt* veröffentlichte am 8. Januar 1988 einen bebilderten Bericht über zwei von der Hansestadt Hamburg vorgeschlagene und von Bundespräsident Richard von Weizsäcker für Zivilcourage geehrte Bürger.

Eine alte Dame legte diese Seite der Zeitung in ihrer Seniorenwohnung in Hamburg nachdenklich beiseite. Ein Name der zwei geehrten Personen kam ihr irgendwie bekannt vor: „Sollte das die Schülerin aus der FII-A (Klassenbezeichnung) von damals sein? Sollte ihr Weg so weitegegangen sein? Ist sie jetzt Leiterin einer Familien-Bildungsstätte?" Die Sache beschäftigte sie so sehr, dass sie ein paar Tage später bei der Auskunft die Telefonnummer der Evangelischen Familien-Bildungsstätte HH-Lokstedt erfragte. Verbunden mit dem Büro erklärte sie der Mitarbeiterin ihr Anliegen, ob es möglich sei, einige Fragen zu der geehrten Person, der Leiterin stellen zu dürfen und ob die namentlich Genannte schon länger in Hamburg lebte. Ob sie, die Mitarbeiterin, wüsste, ob die Benannte Anfang der 1950er Jahre in Hamburg die Frauen-Fachschule besucht hätte. Die langjährige Team-Mitarbeiterin konnte auf alle Fragen präzise Antworten geben. Dann trat eine Pause ein, und die Anruferin fragte mit freundlich beherzter Stimme: „Besteht die Aussicht, Frau Bohne mal direkt zu sprechen?" „An jedem Donnerstag zwischen 15 und 17 Uhr kann jede und jeder sich für einen Gesprächstermin vormerken lassen", war die Antwort. Zwei Wochen später saßen sich im Büro der Leiterin der EFBS-Lokstedt zwei Frauen gegenüber und sprachen über ein Ereignis, das fünfunddreißig Jahren zurücklag, aber Spuren hinterlassen hat.

Rückblende: Als Flüchtling nach dreieinhalbjähriger Internierungszeit in Dänemark wieder nach Deutschland zurückgeführt, begann das Nachdenken über meinen weiteren Weg. Berechtigterweise hatte die Braunschweiger Schulbehörde mir 1949 lediglich eine Bescheinigung „Anerkennung eines Abschlusses entsprechend der mittleren Reife" ausgestellt. Während der Internierungszeit vermittelten uns Pädagoginnen, Ärztinnen und Musikerinnen fächerorientiert Wissen, aber was sich im Lager „Schule" nannte, entsprach nicht den Ansprüchen eines normalen Gymnasialpensums. Einen ordentlichen Schulabschluss mit der Möglichkeit, ein Studium als Gewerbelehrerin anzuschließen, wollte ich über die dreijährige Ausbildung an der Frauen-Fachschule Hamburg-Altona erreichen. Trotz guter Leistungen wurde mir dieser Weg 1952 abrupt verwehrt. Ich musste die zum Fachabitur führende Klasse mitten im Schuljahr auf Veranlassung der Direktorin verlassen. Ihre Begründung lautete wörtlich: *„Mit so was* (gemeint war die Epilepsie) *studieren zu wollen, das müssen Sie sich, Fräulein Bohne, mal abschminken!"*

Fünfunddreißig Jahre später saß mir nun hochbetagt, aber den Sachverhalt voll erinnernd, meine ehemalige Klassen- und Chemielehrerin Frau Bertha B. der FII-A von 1952 gegenüber. Sie hatte sich auf den Weg gemacht, um sich bei mir für ihr eigenes und das Verhalten des Kollegiums von damals zu entschuldigen. Fürwahr ein bewegender Moment. Für uns beide mischten sich im Erinnern an dieses aus heutiger Sicht unglaubliche Geschehen starke Gefühle. Meinerseits das Gefühl der erlebten Ohnmacht und die Wut über die Rechtlosigkeit und Abhängigkeit als Schülerin gegenüber dem Machtapparat Schule. „Alle lassen es zu, was da abläuft, niemand steht dir bei!" Sie gestand ihre Feigheit ein, ohne Widerspruch der Anordnung von „oben" gefolgt zu sein, dass ich als Epileptikerin mitten im Schuljahr für eine neue Schülerin aus Köln Platz machen und die Klasse verlassen musste. Und somit wurde ich trotz guter

Leistungen vom Fachabitur ausgeschlossen. Sie hörte bewegt, wie ich trotz der epileptischen Anfälle versuchte habe, Prioritäten zu setzen um vor allem beruflich auf eigenen Füßen zu stehen, was ich über Umwege auch erreicht habe. Als ich berichtete, dass Klassenkameradinnen ausfindig gemacht hatten, dass der Weg der Schülerin aus Köln sehr schnell in die Ehe, aber nicht mit einem Studium zur Gewerbelehrerin weitergegangen ist, da war der Gewerbestudienrätin noch mal ihr ganzes berufliches Engagement anzuspüren: „Unerhört! Sie hat nie studiert, aber schnell geheiratet!"

Zwei Generationen von Frauen haben über das Eingeständnis zueinandergefunden, wie stark beeinflussbar von jeweiligen gesellschaftspolitischen Tendenzen wir in der Regel unserer beruflichen Pflicht nachgehen, obwohl mehr als einmal Zivilcourage geboten wäre.

Anmerkungen

Teil II

65 In Anlehnung an die Überschrift seines Referates: Bach, Ulrich: „Behinderung als eine g e i s t i g e Herausforderung an uns alle". „Behinderte: wohl gesehen, aber nicht geachtet", Internationaler Kongress des WWC/ÖRK, Lunteren/Niederlande, 1985; in: „Behinderte Menschen leben unter uns – eine Herausforderung an die Theologie. Eine Dokumentation", Workshop der AG " Behinderter und *nichtbehinderter* Studierender der Universität Hamburg", 1985, Anhang: S. I–V. LKAK 13.39, **79**

66 Bohne, Eva: „Reden aus reflektierter Betroffenheit – Lernfelder kirchlicher Bildungsverantwortung", Beitrag in Schibilsky, Michael: „Kursbuch Diakonie", Neukirchner Verlag, 1991, S. 280, 66*[1] S. 283.

67 Schuchardt, Erika: „Schritte aufeinander zu – soziale Integration Behinderter durch Weiterbildung. Zur Situation in der Bundesrepublik Deutschland. Aus der Projektförderung des Bundesministeriums für Wissenschaft und Bildung, Klinkhardt-Verlag, 1987, *S. 14f, **S. 50

68 *Empfehlungen der Kultusministerkonferenz zur sonderpädagogischen Förderung, historischer Abriss, 1973, S. 15 f.

69 Bach, Ulrich: Vortrag 1983, EKiR; Deutsches Pfarrerblatt, 1984, S. 61–65 und Moltmann, Jürgen: „Diakonie im Horizont des Reiches Gottes", Neukirchner Verlag, 1984, S. 97

70 Bleidick, Ulrich: „Bericht 1. Internationaler Kongress der Mittelmeerländer: „Eingliederung Behinderter in die Arbeitswelt", vom 24.11.1979, Barcelona, in: Zeitschrift für Heilpädagogik, Nr. 31, 1980; und: Nordelbische Evangelisch-Lutherische Kirche: „Nordelbisches Studien- u. Entwicklungsprojekt ‚Behinderte Menschen leben in den Gemeinden', Aufbau und Weg dahin, Weiterarbeit am Thema – in der Vernetzung mit Anderen", 2. Auflage, Kiel 1997, S. 84 LKAK 13.39, N.N.

71 Landessynode Nordelbien, 19.1.1993: Puls, Kurt in Nordelbische Evangelisch-Lutherische Kirche: „Nordelbisches Studien- und Ent-

wicklungsprojekt ,Behinderte Menschen leben in den Gemeinden', Aufbau und Weg dahin, Weiterarbeit am Thema – in der Vernetzung mit Anderen", 2. Auflage, Kiel 1998, S. 31. LKAK 13.39, N.N.

72 Bohne, Eva: „Reden aus reflektierter Betroffenheit – Lernfelder kirchlicher Bildungsverantwortung", Beitrag in: Schibilsky, Michael (Hrsg.): „Kursbuch Diakonie", Neukirchner Verlag, 1990, S. 283

73 Nordelbische Evangelisch-Lutherische Kirche: Bohne, Eva: „Nordelbisches Studien- und Entwicklungsprojekt ,Behinderte Menschen leben in den Gemeinden', Aufbau und Weg dahin, Weiterarbeit am Thema – in der Vernetzung mit Anderen", 2. Aufl., Kiel 1997, S. 64 LKAK 13.39, N.N.

74 Schmidbauer, Wolfgang: „Die hilflosen Helfer", Rowohlt Verlag, 1977, S. 157

75 Busch, Johannes: „Controlling und Theologie-Aspekte der Leitungsverantwortung", in: Schibilsky, Michael (Hrsg.): „Kursbuch Diakonie", Neukirchner Verlag, 1990, S. 295

76 Nordelbische Evangelisch-Lutherische Kirche: „Nordelbisches Studien- und Entwicklungsprojekt ,Behinderte Menschen leben in den Gemeinden', Aufbau und Weg dahin, Weiterarbeit am Thema – in der Vernetzung mit Anderen", 2. Auflage, Kiel 1997, S. 79 LKAK 13.39, N.N.

77 Moltmann, Jürgen: „Gott kommt und der Mensch wird frei", München 1975

78 Nordelbische Evangelisch-Lutherische Kirche: Bohne, Eva: „Nordelbisches Studien- und Entwicklungsprojekt ,Behinderte Menschen leben in den Gemeinden', Aufbau und Weg dahin, Weiterarbeit am Thema – in der Vernetzung mit Anderen", 2. Auflage, Kiel 1997, S. 37, LKAK 13.39, N.N.

79 Tegtmeyer, Joachim: Dokumentation, in: 6. Akademietagung ... Euthanasie – eine alt-neue Versuchung", Bad Segeberg, 1989, Vorwort, S. 7 LKAK 13.39, **70**, 7.4

80 Nordelbische Evangelisch-Lutherische Kirche: Bohne, Eva: „Theologische Leitgedanken", in: „Nordelbisches Studien- u. Entwicklungsprojekt ,Behinderte Menschen leben in den Gemeinden', Aufbau und

Weg dahin, Weiterarbeit am Thema – in der Vernetzung mit Anderen",
2. Aufl., Kiel 1997, S. 16 LKAK 13.39, N.N.

81 Puls, Kurt, in: Bericht Landessynode d. Nordelbischen Kirche, 1993;
LKAK 13.39, **14,** 1. 1–6

82 Von Weizsäcker, Richard: Vortrag 1.7.1993, Bundesarbeitsgemeinschaft Hilfe für Behinderte, Bonn

83 Evangelische Kirche in Deutschland (EKD): „Es ist normal, verschieden zu sein – Inklusion leben in Kirche und Gesellschaft. Eine
Orientierungshilfe des Rates der Evangelischen Kirche in Deutschland ", Gütersloher Verlagshaus, 2014

84 Feuser, Georg: zitiert in diversen Referaten ab 1980

85 Nordelbische Evangelisch-Lutherische Kirche: Bohne, Eva: „Nordelbisches Studien- und Entwicklungsprojekt ‚Behinderte Menschen
leben in den Gemeinden!', Aufbau und Weg dahin, Weiterarbeit am
Thema – in der Vernetzung mit Anderen", Kiel, 2. Aufl. 1997, S. 34
LKAK 13.39,N.N

86 Bohne, Eva: Auszug: Protokoll d. Lehrkräfte-Konferenz 1/1972

87 Nordelbische Evangelisch-Lutherische Kirche: „Nordelbisches Studien-
und Entwicklungsprojekt ‚Behinderte Menschen leben in den Gemeinden', Aufbau und Weg dahin, Weiterarbeit am Thema – in der Vernetzung mit Anderen, WCC/ÖRK 1989–1992 LKAK 13.39, **138–144**

88 Brudermüller, Renate: „Mal keine Sonderstellung haben, nicht zur
Randgruppe gehören – einfach ganz normal einer unter vielen sein",
in Bohne, Eva: „Eltern Behinderter in einer ev. Familien-Bildungsstätte", Bericht f. Bundesarbeitsgemeinschaft ev. Familien-Bildungsstätten, BAG 2/1981; LKAK 13.39,. **101,** 8.

89 Nordelbische Evangelisch-Lutherische Kirche: „Nordelbisches Studien-
und Entwicklungsprojekt ‚Behinderte Menschen leben in den Gemeinden', Aufbau und Weg dahin, Weiterarbeit am Thema – in der
Vernetzung mit Anderen", 2. Aufl., Kiel 1997, Anhang, S. 29 LKAK
13.39, N.N.

90 Schuchardt, Erika: „Schritte aufeinander zu – soziale Integration Behinderter durch Weiterbildung. Zur Situation in der Bundesrepublik
Deutschland, aus der Projektförderung des Bundesministeriums für

Wissenschaft und Bildung, Klinkhardt-Verlag, 1987, S. 141; und LKAK
13.39, **270**

91 Chronologie des Festschreibungs-Beschlusses 1980–1982 LKAK
13.39.**138** 4./5.

92 Korrespondenz zum Personalkostenzuschuss durch den Hamburger
Spastiker Verein u. Stiftung Alsterdorf von 1984–1989. LKAK 13.39.
143, 1./2.c

93 „Elternarbeit für Eltern Behinderter in unserer Hansestadt zurzeit
und in Zukunft", Protokoll der Sitzung v. 26.4.198 LKAK 13.39,.
138 9.

94 Archiv d. Evangelischen Stiftung Alsterdorf (ArESA), Bestand
Direktion, Verwaltung, 277: Protokoll 24.9.1984

95 Nordelbische Evangelisch-Lutherische Kirche: „Nordelbisches Studien-
u. Entwicklungsprojekt ‚Behinderte Menschen leben in den Gemeinden', Aufbau und Weg dahin, Weiterarbeit am Thema – in
der Vernetzung mit Anderen", 2. Aufl., Kiel 1987, Anhang, S. 33
LKAK 13.39,N.N

96 Bohne, Eva: „Aus der Praxis zum sozial-integrativen Lernen an der
Hochschule", Beitrag auf dem Kolloquium des Ministeriums für
Wissenschaft und Bildung Bonn, 8./9.12.1986; in: Herbst, Hans R.:
„Körperbehinderte Schüler, Studenten, Hochschulabsolventen, RCDS",
Bonn, 2. Auflage 1984; LKAK 13.39, **318**

97 Brudermüller, Renate, „Wir müssen verhindern, dass Mütter behinderter Kinder *ausschließlich* behinderte Mütter werden". Behr, Karin
von Die Welt 30.11.1973

98 Bohne, Eva: „10 Jahre Schwerpunktarbeit der Evangelischen Familien-
Bildungsstätte Hamburg-Lokstedt", 1981;, LKAK13.39, **19**.5

99 Von Behr, Karin: Die Welt, 30.11.1973; Nordelbische Evangelisch-
Lutherische Kirche: „Nordelbisches Studien- u. Entwicklungsprojekt
‚Behinderte Menschen leben in den Gemeinden' – Aufbau und Weg
dahin, Weiterarbeit am Thema – in der Vernetzung mit Anderen", 2.
Auflage, Kiel 1997, Anhang, S. 39 LKAK 13.39,N.N.

100 Pastorenkonvent des Kirchenkreises Niendorf LKAK 13.39,. **108**, 1–5
*S. 150

101 Khalil Gibran, www.gedichte-lyrik-poesie.de/khalil-gibran-von-den-kindern-index.html, 19.7.2016

102 Auszüge aus: Symposion „Auch Menschen mit Behinderungen werden alt!", Dokumentation Sonderdruck Lebenshilfe LV Hamburg, 2002 LKAK 13.39, N.N.

103 Ebert, Dorothee: „Wer behindert Wen?" Fischer Taschenbuch Verlag, 1989, S. 7

104 Bohne, Eva Marquardt, Bettina: „Schritte … des Wandels in unserer Gesellschaft für Menschen mit Behinderungen und deren Angehörige", 2. Auflage, Hamburg 2011, S. 64 LKAK 13.39, N.N.

105 Welche Rechte haben Eltern behinderter Kinder im Heim?", LKAK 13.39,. **117**, 1–11c

105* „Das Recht auf Akteneinsicht nach § 79 Verwaltungsrecht" LKAK 13.39,. **116**, 5, a–d

106 „Heimplatzkündigung" §-261 Ziff. 1-BGB " LKAK 13.39, **115**, 12,2

107 „Muster-Heimverträge" für den Stadtstaat Hamburg LKAK 13.39,. **115**, 1–15d

108 Bohne, Eva, Marquardt, Bettina: „**Auswertung und Sachbericht** zum Projekt „Schritte zur Umsetzung der UN- Konvention über die Rechte der Menschen mit Behinderung. *Wir Alle zusammen – wie kann das gehen?* ' gefördert und herausgegeben von der Landeszentrale für politische Bildung Hamburg (LZB), 2012. LKAK 13.39, N. N.

Teil III

Theologische Herausforderung:
Menschen mit Behinderungen leben unter uns

Menschen mit Behinderungen leben unter uns – als eine Herausforderung an unsere Theologie und Kirche verstanden

Vor Gott sind alle Menschen gleich.
Anspruch und Wirklichkeit – die Not mit beidem
Ich bin behindert, zeige mir **meinen** Platz:
- im Kindergarten
- im Gottesdienst
- in der Familien-Bildungsstätte
- in der Jugendgruppe
- in:
Behinderte Menschen und Eltern behinderter Töchter und Söhne laden ein: *Vertreter von Kirchengemeinden, Träger von Kindergärten, Synodale, Interessierte, behinderte und nicht-behinderte Menschen zur Auseinandersetzung mit dem Thema: „Zeige mir meinen Platz in der christlichen Gemeinde."*

Montag, 25. Januar 1988, 19.30 Uhr, E 104
Evangelische Familien-Bildungsstätte
HH-Lokstedt, Stapelstraße 8b[109]

Theologie und Kirche gemeinsam in den Blick zu nehmen wird aufzeigen, was mit *Herausforderungen* gemeint ist. Es wird verdeutlichen, wie sehr ein bestimmtes, christliches Menschenbild unsere soziale Arbeit bestimmte und wie dominierend dieses in die weiteren beschriebenen Handlungsfelder hineinwirkte.

„Die NS-Vergangenheit lehrt uns, der Weg der Menschen mit Behinderungen führte sie auch aus kirchlichen Behinderten-Einrichtungen, die als ,Werke der Barmherzigkeit' überschrieben waren, in den Tod. Eine s p r a c h l o s e und weitgehend h a n d l u n g s u n f ä h i g e Theologie zur *theologischen Dimension von Behinderung* hatte, anscheinend ahnungslos, diesem tausendfachen Verbrechen zugearbeitet."[110] Vor allem dem Kirchenhistoriker Kurt Nowak ist es zu verdanken, denn mit dem Erscheinen und den nachfolgenden Auseinandersetzungen zu seinem Buch „Euthanasie" und Sterilisation im Dritten Reich", Göttingen 1980, konnten Christen sich informieren und Einblick nehmen, wie die evangelische und katholische Kirche sich während der Zeit von 1933 bis 1945 verhalten haben.

Mit den *Einblicken in theologische Herausforderungen* wird versucht, ausschnitthaft aufzuzeigen, wie einzelne *Pioniere des neuen Denkens* in den Siebziger- bis Neunzigerjahren deutlich *gegen den Strom* gearbeitet haben, um Veränderungen gegenüber dem „alten Denken", der Defizitär-Beschreibung des Menschen mit Behinderungen beispielsweise „als erlösungsbedürftiges Wesen" einzuleiten. Eine *Vorreiterrolle* einzunehmen schließt immer auch die Auseinandersetzung mit den Skeptikern, den um das Eigentliche Besorgten, den Ängstlichen, die um den Verlust ihres beispielsweise erlernten Verständnisses für Barmherzigkeit fürchten, ein.

Im Folgenden werden als eine Lagebeschreibung zu Theologie und Kirche zwei Texte aus den Jahren 1984 und 1988 eingestellt. Sie bleiben meinerseits wie auch Zitate an anderer Stelle bewusst unkommentiert, damit sie für sich sprechen:

Anlässlich des Jubiläums **„125 Jahre Behindertenarbeit in Hamburg" der Evangelischen Stiftung Alsterdorf** hielt der Bischof für den Sprengel Hamburg, Prof. D. Peter Krusche, am 21. September 1988 beim Senatsempfang im Hamburger Rathaus den Festvortrag. Daraus dieser Auszug: „*(…) Aber was ich ,Menschlichkeit mit halbem Herzen' genannt habe, ist auch in unseren Gemeinden, in unserer Mitarbeiterschaft zu beobachten: Die Sorge um Behinderte haben wir weitgehend in besondere Hände gelegt. So halten wir auch in der Kirche, in Aus- und Fortbildung der Pastoren-*

und Mitarbeiterschaft, in unserer ganz normalen Gemeindepraxis uns selbst davon frei. **Wo nun der Wunsch nach Integration an uns herangetragen wird, reagieren wir ängstlich, überfordert, hilflos und ausweichend.** *(…) Auch im Nachdenken über das Menschsein des Menschen, wie es in der Theologie und den Humanwissenschaften geschieht, wird der geistig, körperlich und seelisch behinderte Mensch an einem idealistischen Menschenbild gemessen und nach Fähigkeiten und Möglichkeiten bewertet, über die er nicht verfügt. Beinahe völlig ausgeblendet bleibt, dass Menschen mit Behinderungen auch etwas zu geben haben und uns zu Empfangenden machen, dass sie ein Recht auf eigene Wünsche und Bedürfnisse, Gemeinschaftserfahrungen und Bindungen haben. Ich sage mit allem Freimut, auch in Kirche, in Aus- und Fortbildung der Pastoren- und Mitarbeiterschaft, in unserer ganz normalen Gemeindepraxis: Wir haben zu wenig getan."*[111]

Ähnlich mahnende Worte an die Adresse der Theologen und der Christen insgesamt gerichtet, hatte bereits 1984 Pastor Dr. Geiko Müller-Fahrenholz als seine Erfahrung aus der Akademiearbeit seit 1980 zum Thema „Behinderte Menschen leben unter uns – eine Herausforderung an Theologie und Kirche" dokumentiert: „Diese Suchbewegung* nimmt den Ort ernst, an dem sich behinderte Menschen unter uns – unter uns Gesunden – vorfinden, und entdeckt in ihren Erfahrungen gewichtige, ja zentrale Herausforderungen an unsere ‚normale' Theologie. Unser Gottesbild, unsere Vorstellung von Gottes Schöpfung (…) werden infrage gestellt, wo der Rollstuhl der Ort ist, an dem theologisch gedacht wird, und wo der Rollstuhl nicht länger nur der Anwendungsbereich einer Theologie ist, die ganz woanders von Gesunden entwickelt wurde. (…) Um behinderte Menschen aus der Isolation, Ausgrenzung in christlichen Anstalten wieder zurück in unsere Gemeinschaft zu holen, müssen Menschen der Gemeinschaft der Christen vor Ort in der Kirchengemeinde, in unseren Diensten und Werken, in der Lehre umdenken und lernen, sich zu öffnen."[112] *(theologische Suche, das Wort ‚Forschung' zu benutzen wäre wohl anmaßend)

Die damals allgemein durch Theologie und Kirche *sanktionierten* Vorgaben zur Lebenssituation der Menschen mit Behinderungen und deren Angehörigen nahmen unter anderen ab den 1980er Jahren die Theologen Dr. Johannes Degen, in Kaiserswerth/Düsseldorf und D. Ulrich Bach, ehemals Volmarsteiner Anstalten, mit Veröffentlichungen genauer in den Fokus. Sie wurden für die *Verbündeten in der Sache behinderter Menschen* in der Nordelbischen Kirche eine wichtige Adresse und zu Verbündeten in der Evangelischen Kirche im Rheinland. Beide Theologen waren bereits in der ersten Akademietagung „*Behinderte Menschen als Thema der Theologie*" 1981/82 der Akademie Nordelbien als Referenten und Teilnehmer eingebunden. An ihren kritischen Einwänden zur damaligen auslegenden Theologie und handelnden Diakonie gegenüber ‚Behinderten' nahmen wir, die *Verbündeten in der Sache behinderter Menschen,* aufmerksam teil, verwarfen diese ausgrenzende Theologie ebenfalls *als unglaublich* und richteten uns an ihnen aus. In dem Buch „Diakonie im Widerspruch" von Dr. Johannes Degen spiegelten sich mir persönlich meine theologischen Fragen und die vieler *Sympathisanten des neuen Denken*s wider: „Was sich im Kontext christlicher Überlieferung kritisch zum Verhältnis zwischen Menschen mit und ohne Behinderungen herausarbeiten lässt, hat Relevanz über den Bereich meines theologischen Handwerks hinaus. Theologische Grundannahmen zur Behinderung – sie werden weithin nur von ‚anerkannten' Nichtbehinderten vertreten!"[113]

In der 2014 herausgegebenen Orientierungshilfe der Evangelischen Kirche in Deutschland (EKD) „*Es ist normal, verschieden zu sein – Inklusion leben in Kirche und Gesellschaft*" ist der derzeitige Stand in den theologischen Ausbildungen festgehalten: „Die Inklusion aller Menschen ist in der Theologie noch kein Querschnittsthema. Es ist bislang ein Thema von Randgruppen, das von Spezialistinnen und Spezialisten stellvertretend behandelt wird. Noch besteht die Tradition, die theologische Beschäftigung mit den Teilhabechancen von marginalisierten Personengruppen den Diakoniewissenschaften zu überlassen. Dies führt dazu, dass Menschen mit Besonderheiten in der theologischen Reflexion des christlichen Menschenbildes unberücksichtigt bleiben und sie sich in ihm nicht wiederfinden können. (…) Grundsätzlich steht die Theologie vor der Aufgabe, den Aspekt der Vielfalt von Menschen in ihre Theoriebildung und Handlungstheorie zu integrieren und die praktische Theologie zu einer inklusionsfähigen Seelsorge, Predigtlehre, Religionspädagogik und Pastoraltheologie weiterzuentwickeln."[114]

Damit wird 2014 eingestanden, was der Theologe D. Ulrich Bach als selbst von Behinderung Betroffener seit Beginn der 1980er Jahre als herausfordernde Kritik an der theologischen Wissenschaft benannte und was heute durch die Stimmen von Theologen und Theologinnen mit Behinderungen weiterhin deutlich angemahnt wird. Dem schließe ich mich fragend an: Ist sich die wissenschaftliche Theologie darüber im Klaren, welche Gefühle es in einem von Behinderung betroffenen Menschen auslöst, zu den theologischen Grundfragen *seines Seins* auf eine *theologische Sonderbehandlung* in dem Diakoniewissenschaftlichen Institut der Universität Heidelberg (DIW) verwiesen zu werden?!

Dank meiner langjährigen und theologischen Zusammenarbeit seit 1973 mit Pastor Rudi Mondry als *Verbündeten in der Sache behinderter Menschen* sehe ich ihn als Promotor, der ab November 1983 als neuer Direktor der ehemals Alsterdorfer Anstalten entschlossen für die Aufarbeitung der Geschichte und die Öffnung der *Sonderwelt-Anstalt* steht. Seine Erfahrungen als Direktor der ehemals Alsterdorfer Anstalten haben ihn veranlasst in seinen Ausführungen „Die behinderte Gemeinde als lebendige Gemeinde", auf der Akademietagung „Behinderte Menschen leben unter uns. Herausforderungen an unsere Theologie:„ Miteinander leben − voneinander lernen", Hofgeismar 1987, die wissenschaftliche Theologie einer Kontrolle zu unterziehen:

a) „In der theologischen Anthropologie kommt der Mensch mit seiner persönlichen und sozialen Biografie nicht vor. Er ist ein Wesen ohne Alter, ohne Kindheit, ohne akute und ohne chronische Erkrankungen oder Behinderungen, ohne soziale oder politische Geschichte. Das zeit- und leiblose Wesen.

b) In der theologischen Ethik sind Krankheit, Behinderung, Leiden usw. Themen des handelnden und behandelnden Christen.

c) Behinderung und Kranksein werden als Störungen – ‚unheile Situationen' – Situationen der ‚Gottesferne' gesehen.

d) Diakonie wird so zum Tatort und nicht zum Ort gemeinsamen Lebens, Wachsens und Leidens.

e) Das Versagen der Theologie in der NS-Zeit.[115]

Dr. Hans R. Herbst hat mit seiner Arbeit *„Behinderte Menschen in Kirche und Gesellschaft"* 1999 zum Ausdruck gebracht, worin er den Mangel sieht: „Schwerbehinderte Menschen sind nur in Ausnahmefällen ein theologisches Thema. Zum anderen hat kein großer Theologe den heterogenen Personenkreis schwerbehinderter Menschen beschrieben und theologisch qualifiziert."[116]

Im ersten UN-Jahr der Behinderten 1981 begegnete ich dem Theologen D. Ulrich Bach. In den folgenden siebenundzwanzig Jahren wurde unter anderem ich *Schülerin der* von ihm entwickelten *kontextuellen* und der von Pastor Ernst Lange durch ihn weiter entwickelten *ebenerdigen* Theologie. In der Zusammenarbeit mit Pastor D. Ulrich Bach lernte ich in Seminaren, Ringvorlesungen und internationalen Konferenzen des Ökumenischen Weltrates der Kirchen (WCC/ÖRK)Genf wie beispielsweise auf dem Kongress „Behinderte: wohl gesehen, aber nicht geachtet" im niederländischen Lunteren 1985, meinen sich dabei verändernden Glauben, in einem *Dennoch-Glauben,* als Betroffene *vor* anderen auszudrücken. Dazu gehörte D. Ulrich Bachs Erkenntnis: „Gott will, dass dieses Leben *mein* Leben ist!"[117] Nicht zur Annäherung an ein scheinbares Ideal vom leidfreien Leben erbitte ich Gottes Segen, sondern mit diesem *„Ich lasse Dich nicht, Du segnest mich denn!"* (Altes Testament, Genesis 32, 23–33) drücke ich für mich das Ja Gottes zu *meinem* Leben aus, es in der Spannung zu leben, beeinträchtigt zu sein und dennoch ein verantwortliches Leben führen zu wollen und zu dürfen. Eine meiner Erkenntnisse lautet: „Wir werden genau so viel von ihrer Glaubensstärke und ihrer Glaubenstiefe erfahren, um daran partizipieren zu können, wie Christen bereit sind, t e i l h a b e n zu wollen an diesem *Dennoch-Glauben* von Menschen mit Behinderungen."[118] In meinem Diskussionsbeitrag auf dem Symposion „Was ist der Mensch …?" zur 125-Jahr-Feier der von Bodelschwinghschen Anstalten 1992 in Bethel habe ich es so ausgedrückt: „In Gesprächsrunden arbeite ich gern Gestalt gebend mit Steinen. Kürzlich habe ich einen Stein in die Hand genommen, der war spitz und fühlte sich rau an", und führte aus: „Dieser Stein steht für Teile meiner Geschichte; … wird er rau bleiben? Er greift sich kaum ab, weil noch wenige Theologen da sind, die *zusammen* mit uns in die Tiefen dieser *theologischen Auseinandersetzung* gehen. Wir haben jahrelang viele freundliche, werbende Signale ausgesandt. D. Ulrich Bach muss es jetzt wesentlich aggressiver sagen in seinem Buch ‚Getrenntes wird versöhnt'. ‚(…) Wenn Menschen mit Behinderungen unter uns leben können sollen, dann müssen Grundfragen zum Mensch-Sein, die wir in unserem Kontext herausstellen, gehört werden."[119] Dr. Johannes Degen erklärt in seinem Buch „Diakonie im Widerspruch" *die „Geschöpflichkeit des Menschen vor Gott"* zu einem Hauptthema der Theologie und hofft, dass bei dieser Arbeit „die Elemente eines revisionsbedürftigen Weltbildes von Menschen ohne

Behinderungen ebenso sichtbar werden wie auch Strukturen eines neuen, gemeinsamen Weltbildes von Menschen mit und ohne Behinderungen."[120]

In diesem Zusammenhang sind die Widerstände einzukalkulieren, wenn reflektierend von dem *geprägten Weltbild* des fitten, gesunden Normalbürgers Abstand genommen werden soll. Für die sogenannten Nichtbehinderten sind mit dem Eingestehen eigener Begrenztheit und Erschöpflichkeit Ängste verbunden. Dazu hat Oberkirchenrat Kurt Puls seine, in engem Zusammenwirken mit seinem Kollegen Oberkirchenrat D. Jörn Halbe, erworbene Erkenntnis in dem Auswertungsbericht der dreijährigen Arbeit im Nordelbischen Studien- und Entwicklungsprojekt *„Behinderte Menschen leben in den Gemeinden"* (NEK-Projekt) vor der Landessynode Nordelbien 1993 formuliert: „Wir haben bei uns selbst wahrgenommen, dass mit der Thematik von Begrenztheit, Erschöpflichkeit und Behinderung grundlegende Ängste verknüpft sind, die es schwer machen, sich dieser menschlichen Grundbefindlichkeit zu stellen, sie selbst wahrzunehmen und sie bei sich zuzulassen. Wir rechnen damit, dass diese Ängste auch in der Bildungsarbeit eine Rolle spielen."

„(…) Daraus ergibt sich zweierlei: Zunächst eine theologische Aufgabenstellung, weil in diesem Sinne theologische Arbeit bisher zu wenig geleistet worden ist; bisher lag der Akzent mehr auf der Frage, wie wir uns gebend, helfend, heilend auf Behinderung, Begrenzung, Erschöpflichkeit beziehen können.

Gleichzeitig erscheint dieses Thema im Zusammenhang nicht nur einer Inner-theologischen, sondern als eine **gesamtgesellschaftlich zentralen Bildungsaufgabe**: *Menschen können nicht lernen, wenn und solange sie versuchen, sich selbst in ihrer Begrenztheit aus dem Weg zu gehen.*"[121]

Ich teile den Ansatz von Dr. Johannes Degen, dass ein von uns stark verinnerlichtes idealistisches, heute überholtes Menschenbild, wonach der Mensch als „die Krone der Schöpfung" und als das „Ebenbild Gottes" galt, womit Behinderung, Hinfälligkeit dieses Gottes-Geschöpfes nicht vereinbar war, uns hindert, die Begegnung mit Menschen mit Behinderungen unvoreingenommen auszugestalten. Johannas Degen ermutigt uns, die *Fremdheit* gegenüber Menschen mit Behinderungen zu überwinden, wenn ich *mir meiner unsichtbaren Schranken* bewusst werde.

„*Unsichtbare Schranken* zwischen Menschen mit und ohne Behinderungen belasten die Gemeinschaft ganz nachhaltig. Ich habe dies lediglich an einem Beispiel dargestellt, dem christlichen Verständnis von der Geschöpflichkeit des Menschen vor Gott. Wie immer man zu diesem christlichen Begründungszusammenhang stehen mag – festzustehen scheint, dass die Veränderungen der Beziehung zwischen Menschen mit und ohne Behinderungen in die Grundannahme unseres jeweiligen Menschenbildes hineinreichen und wir sie nötigenfalls revidieren müssen. Erst auf dieser Grundlage gewinnen die verschiedenen Hilfestrukturen, die gesellschaftspolitischen Forderungen und die Versuche individueller Sinnfindung ihre ganze Bedeutung."[122] Diese *unsichtbaren Schranken* drücken sich in den vielen *Gesichtern der Unsicherheit unseres* Umganges mit Menschen mit Behinderungen aus. Die Körpersprache eines wenig in diesem Umgang Geübten verrät, was gefühlsmäßig der Begegnung vorauseilt: Die Abwägung zwischen einem mutigen Dableiben oder einem feigen „der Situation ausweichen wollen". Die vielen inzwischen geschaffenen Begegnungsmöglichkeiten als *Einübungsfelder* im realen Zusammenleben zeigen, wie dadurch *unsichtbare Schranken* wie zum Beispiel *Unsicherheit* überwunden werden.

Als eine Herausforderung sahen wir *Verbündeten in der Sache behinderter Menschen* in den Siebziger-/Achtzigerjahren, schrittweise Veränderungen über Bewusstmachung der bestehenden menschenunwürdigen Lebensumstände für Menschen mit Behinderungen zu erwirken. Vorrangig galt es, sie aus der *namen-*

losen Masse der ‚*Behinderten*' zu befreien und ihnen vor allem G e s i c h t und N a m e n wiederzugeben. Der Mensch mit Behinderungen kam in seinem P e r s o n − S e i n gar nicht vor. Unter Zuhilfenahme von Neutrums-Begriffen wie „*dieses ganze Elend*"*, „*beschädigtes Leben*"** oder „*hinfälliges Leben*"** fand er Erwähnung oder wurde beschrieben als „*Fragmente, denen dennoch unverlierbare Würde zugesichert wird*"***, oder „*… als die, an denen der Zustand der zerbrochenen Schöpfung in besonderer Weise augenfällig wird*"***.[123]

Dieser Weg schloss aus unserer Sicht die schmerzhafte Aufarbeitung unserer jüngeren Kirchengeschichte ein mit dem Ziel, das Johann Baptist Metz uns 1977 in „*Glaube in Geschichte und Gesellschaft*" vorgab: „Die Freiheit der christlichen Erinnerung, … sie ruft vielmehr die Subjektgeschichte der Menschen vor Gott an und sucht die Christen unter die praktische Herausforderung dieser Geschichte zu zwingen. An ihrer Praxis soll etwas davon zum Vorschein kommen, dass alle Menschen herausgerufen sind zum Subjekt-Sein vor ihrem Gott."[124]

Ich vermisse in der Evangelischen Kirche bis heute das Gesamtschuldeingeständnis zum Versagen aus theologischer ebenso wie aus ethischer Sicht gegenüber dem Verbrechen an diesen rechtlosen, schwachen Menschen. In diesem Zusammenhang gilt es auf das „Stuttgarter Schuldbekenntnis" aus dem Herbst 1945 zu verweisen. Darin suche ich vergebens ein Schuldeingeständnis gegenüber diesen Opfern. Die Dimension des Euthanasie-Verbrechens war nach Kriegsende 1945 im allgemeinen Bewusstsein von Kirche und Gesellschaft verdrängt, und nur wenige Theologen konnten oder wollten sie erfassen. Der ebenso oft mir gegenüber geäußerte Verweis darauf, dass die Aufarbeitung erfolgt sei, denn sie habe durch die meisten der ehemals kirchlichen Behinderten-Anstalten stattgefunden, zeigt mir, wie wenig bedacht wird, dass die Verantwortung für das, was drinnen in den Anstalten geschah, nicht zu trennen ist von dem Draußen, dem gesellschaftlichen Umfeld der Anstalten in unseren Städten und Gemeinden. Hierzu gehören insbesondere die theologische und medizinische Lehre an den Universitäten, den Schulen und Ausbildungsstätten.

„Hier ist jene gefährliche Erinnerung gemeint, die Gegenwart bedrängt und infrage stellt, weil sie an unausgestandene Zukunft erinnert. (…) Sie reklamiert unausgetragene, verdrängte Konflikte und unabgegoltene Hoffnungen. Sie hält gegen die herrschenden Einsichten früher gemachte Erfahrungen hoch und entsichert damit die Selbstverständlichkeiten der Gegenwart.“[125]

Mit der „*Theologischen Denkstube*“ am 21. Januar *2008* in der Hauptkirche St. Katharinen in Hamburg wurde durch den Kreis der *Verbündeten in der Sache behinderter Menschen* der Stand zu dieser Facette jüngster Kirchengeschichte hinterfragt, aktualisiert und dokumentiert. Wir sind damit erneut der Frage nachgegangen, was in Theologie, Kirche und Gesellschaft heute nötig ist, um tragfähige *Bausteine* einer ‚*Theologie nach Hadamar*‘ analog einer ‚*Theologie nach Auschwitz*‘ zu gestalten. *Hadamar* ist in der Vergangenheit zum Synonym geworden für die Vernichtung sogenannten lebens*unwerten Lebens,* eine Tötungs-Forderung, die nicht nur von den Nationalsozialisten erhoben wurde.[126] In der Orientierungshilfe der EKD zu Inklusion „*Es ist normal, verschieden zu sein – Inklusion leben in Kirche und Gesellschaft*“ von 2014 lese ich: „… eine weitere Aufgabe zu gesellschaftlicher Inklusion liegt in der Entwicklung einer angemessenen Gedenk- und Erinnerungskultur angesichts des Schicksals von Menschen mit Behinderungen in der Geschichte, vor allem angesichts der Massenmorde im Nationalsozialismus.“[127] In diesem Zusammenhang vermisse ich ein Eingeständnis der EKD, dass die eigene Aufarbeitung von Theologie und Kirche zu dieser Kirchengeschichtsepoche noch aussteht. Darüber hinaus fehlt mir eine Ansage, wann und wie sie zeitnah begonnen wird. Es darf nicht weiter so bleiben, es nur einzelnen mutigen Landeskirchen zu überlassen, sich dieser Kirchengeschichtsepoche zu stellen als Arbeit für die Zukunft. Umso mehr ist hervorzuheben, dass die Evangelische Landeskirche im Rheinland es bereits in den Jahren 1983 bis 1985 gewagt hat, sich auf allen Gestalt gebenden Ebenen kirchlichen Lebens dem schwierigen Aufarbeitungsprozess zu den unmenschlichen Auswirkungen dieser Kirchengeschichtsepoche für ihre Landeskirche zu stellen und diese zu veröffentlichen.[128]

Ich hoffe weiterhin, dass dieses meinerseits vielfältig angemahnte Fehlen eines Gesamtschuldeingeständnisses erkannt wird, weil mit der ausstehenden Aufarbeitung der belastenden Auswirkungen dieser Kirchengeschichtsepoche sich kirchliche Zukunft schwer gestalten lässt. (Johann Baptist Metz). Ein Mut machender Impuls auf kirchenleitender Ebene der EKD zu einem deutlichen gesamtkirchlichen Eingeständnis des unsäglichen christlichen Versagens gegenüber den Schwächsten in unserer Gesellschaft während der NS-Zeit würde auch dazu führen, das erlittene Unrecht, die Demütigungen, die Ausgrenzungen in davorliegenden Kirchengeschichtsepochen in den Blick zu nehmen.

In der Nordelbischen Kirche (NEK) gab es eine positive Weiterentwicklung und Umsetzung des geforderten Umdenkens im Blick auf die Lebenssituation der Menschen mit Behinderungen dank mutiger Vordenker in den 1970er bis 1990er Jahren. Von einer *Vordenkerrolle der* Nordelbischen Evangelisch-Lutherischen Kirche innerhalb der EKiD war 1989 die Rede. Gemeint war damit der Beschluss der Kirchenleitung, das **„Studien- und Entwicklungsprojekt ‚Behinderte Menschen leben in den Gemeinden‘** mit dem WCC/ÖRK Genf (1989–1992) durchzuführen. Als eine wichtige zentrale Erkenntnis dieser Arbeit stellte Oberkirchenrat Kurt Puls in dem Auswertungsbericht vor der Nordelbischen Synode 1993 heraus: „Diese Arbeit im Projekt hat als zentrale Erkenntnis verdeutlicht: Behinderung (Begrenztheit, Erschöpflichkeit) des Menschen ist nicht zuerst Gegenstand theologischen Nachdenkens und kirchlichen Handelns, sondern als ihr Ausgangspunkt ernst zu nehmen. Aus Behinderung, aus Begrenztheit, aus Erschöpflichkeit heraus ist theologisch zu denken und kirchlich zu handeln."[129]

Der Leiter der Evangelischen Akademie Nordelbien Wolfgang Vogelmann beschreibt 1992 so die Situation: „Wir sind weiterhin *auf der Suche* nach einem Menschenbild, das nicht im Ansatz schon zwischen Behinderten und Nichtbehinderten unterscheidet. Die *noch* fehlende Auseinandersetzung dazu in der Theologie und in der Aus- und Weiterbildung hat zwei Konsequenzen: Zu Recht wird die Theologie von Seiten der Diakonie kritisch angefragt, über wen sie spreche. Und die kritische Rückfrage der Theologie an die diakonischen Einrichtungen, ob sie noch von christlichem Geist getragen sind, ist glaubwürdig, weil die Grundlagen nicht mehr übereinstimmen."…[129*]

Wie verpflichtend ist der alt/neue Aufruf in diesen Tagen: Menschen mit Behinderungen gehören theologisch unwiderruflich in Kirche in allen ihren Gestaltungsformen dazu. Zahlreiche Ansätze zu *Integration* und *Partizipation* der Menschen mit Behinderungen sind seit den Siebziger-/Neunzigerjahren angemahnt und vielfach dokumentiert, aber nur „*halbherzig*" * begriffen und wenn, zögerlich umgesetzt worden. (*Bischof Prof D. Peter Krusche, 1988) Ich sehe als vorrangige Aufgabe die theologische *Zusammenführung* von Theologie und Diakonie, damit *not*wendig … „Geschöpflichkeit des Menschen vor Gott zur Hauptaufgabe der Theologie wird" und daraus „… Strukturen eines gemeinsamen Weltbildes von Menschen mit und ohne Behinderungen sichtbar werden."[130] Ich hoffe, dieser Aufarbeitungsprozess beginnt zügig, partizipatorisch- *inklusiv*.

Diese beispielhaft ausgewählten und unterschiedlichen Dokumente aus einer Vielzahl von kritisch anmahnenden Texten der 1970er bis 1990er Jahre sind aus meiner Sicht für die heutige Situation von Kirche und Theologie nachdenkenswert aktuell. So wie damals Facetten eines notwendigen Umdenkens für Theologie und Kirche fordernd dokumentiert wurden könnten, diese heute als Aufforderung zur Weiterentwicklung hin zu einem *inklusiven* theologischen Denken und *inklusiven* diakonischen Handeln stehen. Damit Menschen mit Behinderungen von *unsichtbaren Schranken* (Johannes Degen) befreit, mitten in unserer kirchlichen Gemeinschaft partizipatorisch und verantwortlich Kirche ausgestalten können, bedarf es noch vieler *inklusiver* Schritte. Was für die Aufbruchs- und Umbruchsjahre von 1970 bis in die 1990er Jahre galt, ist aus meiner Sicht auch heute aktuell gefordert: „Integratives *Denken* und *Handeln* braucht Einübungsfelder im realen Leben. Es betrifft unser Miteinander der Menschen mit und ohne Behinderungen auf allen Ebenen unseres Zusammenlebens."[131]

Ermutigende Beispiele, wie *unsichtbare Schranken* (Johannes Degens) überwunden wurden, sodass versucht wurde, dem Ausdruck zu geben, dass alle Menschen herausgerufen sind, *zum Subjekt- Sein vor ihrem Gott* (Johann Baptist Metz) werden in den weiteren Kapiteln in Teil III: „Theologische Herausforderungen: Menschen mit Behinderungen leben unter uns" Einblick nehmend herausgestellt. Es zeigt wiederum auf, wie eng verflochten dieses mit dem weiteren ins Blickfeld genommene Handlungsfeld ist.

„Verbündete in der Sache behinderter Menschen"– in Nordelbien und darüber hinaus

> *Jedem Paradigmenwechsel geht eine Zeit voraus, in der mutige Vordenker und Vordenkerinnen gegen den Strom arbeiten.*[131*]

Großen Veränderungen gehen in der Regel jahrelange Bemühungen Einzelner und Gruppen voraus, die in kleinen, stetigen Schritten trotz so mancher *Stolpersteine* ihr Ziel, eine als not-wendig erkannte Veränderung zu erreichen, nicht aufgeben.

Im Folgenden wird das Engagement und Wirken mutiger Christen und Bürger herausgestellt, die lange vor der heutigen Forderung der vollen Teilhabe am g e s e l l s c h a f t - l i c h e n wie k i r c h l i c h e n Leben für Menschen mit Behinderungen dafür einstanden, Menschen mit Behinderungen aus der Isolation, Ausgrenzung aus unseren Sozialbezügen herauszuholen und aufzuzeigen, dass sie beispielsweise genauso gleichberechtigt zur Kirchengemeinde gehören wie alle Gemeindeglieder, damit Partizipation glaubwürdig umgesetzt wird.

Eine *Bewegung von unten* von Christen begann in Hamburg, vergleichbar *einem ins Wasser geworfenen Stein, der Kreise zieht*, als wir im Mai 1973 erstmals zusammensaßen: ein Jurist, Vater einer Tochter mit Behinderungen, ein Pädiater, Vater eines Sohnes mit Behinderungen, ein Studienleiter, Bruder der durch Euthanasie getöteten Schwester und die Leiterin der Evangelischen Familien-Bildungsstätte Hamburg-Lokstedt, eine Betroffene. In *Denkstuben,* so nannten wir es, kamen wir zusammen, um unsere Betroffenheit mit anderen zu teilen und nach Auswegen zu suchen. Wir tauschten uns aus über das, was in unserem Berufsalltag Familienangehörige mit behinderten Angehörigen uns an tiefen Verletzungen durch Kirche und Religion anvertrauten. Wurde es vonseiten der katholischen wie der evangelischen Kirche nicht bemerkt, dass ihre Gemeindepraxis zu unguten Ausgrenzungsstationen auf der „Elendsstraße" (Dr. Jörn Halbe) dieser Familien gehörte? Welche Schritte müssten wir einleiten, um diesen Verletzungen ein Ende zu setzen? Wir bezogen uns selbst mit ein, denn eigene, bis dahin verdrängte Erfahrungen erwachten auch bei uns.

In *Denkstuben* zu denken zog langsam Kreise. Wir bezogen diejenigen, die es anging, ein: zum Beispiel Leiter von Diakonischen Werken, Pröpste und Professoren der Universität. Ein heilsamer Lernprozess begann für die der Problematik Aufgeschlossenen, aus denen sich dann der Kreis der „*Verbündeten in der Sache behinderter Menschen*" bildete.

Hinzu kam, es gab ab den 1970er Jahren für einzelne engagierte Laien die Möglichkeit, „über den Zaum zu sehen" und die Ausgrenzung sowie Diskriminierung der Menschen mit Behinderungen und die dazu eingespielte Praxis des unreflektierten vorherrschenden Denkens und Handelns hierzulande mehr und mehr infrage zu stellen. Der Blick in die Ökumene und über die Landesgrenzen zeigte, wie beispielsweise in Skandinavien und den Niederlanden Menschen mit Behinderungen bereits integriert lebten. Die international vernetzten Elternorganisationen zeigten mit alternativen Modellen die *neue Richtung* an. Es galt, Verbündete ausfindig zu machen, *Vordenker*, die ebenso dachten, um sich mit ihnen zu vernetzen.

Im Hinblick auf das erste **UN-Behindertenjahr unter dem Motto „*Integration* statt Separation"** 1981 war zu erwarten, dass bundesweit auch Kirche und Diakonie das Thema ins Blickfeld rücken würden, um daran zu arbeiten, Defizite aufzudecken und zu beseitigen. Vorrangig die Evangelische Akademie Nordelbien unter der Leitung von Pastor Dr. Geiko

Müller-Fahrenholz und ab 1990 Pastor Wolfgang Vogelmann, nahmen sich ab 1980/1981 des Themas an. Für weitere zwölf Jahre kristallierte sich die Akademie als der Ort heraus, an dem sich öffentlichkeitswirksam und kontextuell, unter Einbeziehung des *Bildungs*-Ansatzes und *personalenLernens*, ein breit gefächerter Teilnehmerkreis aus behinderten und sogenannten *nichtbehinderten* Menschen den Fragen der *theologischen* Dimension von Behinderung stellten.

Trotz intensiver Vorbereitungen für die erste Tagung „*Der behinderte Mensch als Thema der Theologie*" der Akademie Nordelbien 1981 in Bad Segeberg war die Resonanz gleich null. Im ersten *UN-Jahr der Behinderten* musste die theologische Tagung aus Mangel an Beteiligung abgesagt werden! Dem Desinteresse zum Trotz bot das Vorbereitungsteam um Pastor Dr. Geiko Müller-Fahrenholz die Tagung mit dem gleichen Thema im Jahr darauf erneut an. Aus dem Vorbereitungsteam und dieser 1982 dann gut besuchten Tagung bildete sich unter den Teilnehmern ein Kern der *Verbündeten in der Sache behinderter Menschen* heraus. Das war der Beginn einer „Weggemeinschaft" auf einem langen Weg mit zeichensetzenden Stationen zu der theologischen Suchbewegung, die *Theologische Dimension von Behinderung* im norddeutschen Raum ins Blickfeld der Kirche und der Theologie zu rücken. Das Verbindende dieses Kreises aus engagierten Theologen, Ärzten, Juristen, Studierenden, Laien, Menschen mit Behinderungen und sogenannten Nichtbehinderten hatte und hat seinen Ort in der Nordelbischen Kirche. Später verortete es sich weit darüber hinaus mit engagierten Christen bundesweit, um in Bezug auf Menschen mit Behinderungen das *Neue Denken* und *neue Handeln* so k o n t e x t u e l l im Blick zu haben, dass dieses *Umdenken* zu lehren und zu praktizieren möglich wurde. In den 1980er Jahren war das leichter gesagt als getan! Was damit gemeint ist, beschreibt der Theologe Dr. Geiko Müller-Fahrenholz 1984 so:

„(…) Wir haben uns sozusagen zwischen die Stühle – die Lehrstühle der Professoren, die Chefsessel der Diakonie und Kirchenleitungen – gesetzt und auf die Menschen gehört, die wegen ihrer Behinderung buchstäblich zwischen allen Stühlen sitzen."[132]

Der *Gegenwind,* wie wir es untereinander verschlüsselt ausdrückten, wurde unterschiedlich stark. Die bestehende Struktur zu stören, die innerhierarchische Ordnung infrage zu stellen und langfristig verändern zu wollen, das sollte und musste zum Beispiel seitens der institutionalisierten Diakonie verhindert werden. So zu handeln schien auf Wurzeln zurückzuführen zu sein, die viel tiefer liegen. Ist doch der Wille, die eigenen Strukturen zu reformieren, wenig ausgeprägt. Die Diakonie sah sich als *allein zuständig* für die Behinderten. Im Kapitel *„Der Ansatz dieser Arbeit kollidiert mit den Strukturen der Diakonie …"* wird genauer aufgezeigt, was damit gemeint ist. Wir Laien im Kreis der *Verbündeten in der Sache behinderter Menschen,* zu dem ich als Leiterin der Evangelischen Familien-Bildungsstätte mit der Schwerpunktarbeit *Behinderte Menschen leben unter uns* von Anfang an gehörte, waren im Durchhalten angewiesen auf die stillschweigende, wohlwollende Unterstützung derer, die sich Kraft ihres Amtes schützend vor uns stellten. Es schien sich niemand zuständig zu fühlen, und die Vergabe von Geldern ist in der Regel mit der Zuständigkeit für die Sache verknüpft. In der Folge dieser Regelung kann es dazu führen, ohne sich direkt gegen *neue Ansätze* aussprechen zu müssen, diese der „Austrocknung" zu überlassen. Engagierte Verbündete, Oberkirchenrat, Propst, Professor der Theologie oder Jurist haben dafür gesorgt, dass sich das zarte, noch gefährdete neue *Denken: „Integration ist Zusammenleben und -arbeiten mit behinderten Menschen"* trotz scheinbarer Nicht-Zuständigkeit kirchlicher Strukturen dennoch ständig weiter ausbreiten konnte.

Dank der kontinuierlichen und kontextuellen theologischen Zusammenarbeit und des gemeinsamen Überzeugtseins davon, auf einem guten Weg zu sein, hatte die Gruppe dieser Verbündeten bis hin zu einer Vernetzung in den Weltrat der Kirchen (WCC/ÖRK), Genf, geführt. Welche Vorzeigerolle insbesondere die Nordelbische Kirche damals dank dieser engagierten Vordenker innerhalb der EKiD einnahm bis hin zur Gründung des Nordelbischen **Studien- und Entwicklungsprojektes „Behinderte Menschen leben in unseren Gemeinden"** (NEK/WCC/ÖRK) in den Jahren 1989–1992, gilt es in unterschiedlicher Weise herauszustellen. Aus dem Nordelbischen kirchenleitenden Handeln sind die *Signal setzenden* Eingaben an und Beschlüsse der Nordelbischen Synode ebenso der Kirchenleitung dieser Gruppe von *Vordenkern* in den 1990er Jahren nicht wegzudenken.

Im Kreis dieser *Verbündeten in der Sache behinderter Menschen* fühlte ich mich als Laiin mit meinen kontextuellen theologischen Fragestellungen wohltuend ernst genommen. Ich bat nicht um Geld, was immer erleichternd aufgenommen wurde. Vielmehr suchte ich mit Theologen in *Denkstuben* intensives *Nachdenken in Augenhöhe* zu Teilfragen der theologischen Dimension von Behinderung, die ich als „theologische Ungereimtheiten" in der Schwerpunktarbeit der Evangelischen Familien-Bildungsstätte Hamburg-Lokstedt erlebte. Ich bat in regelmäßigen Abständen schlicht um eine *theologische Denkstube,* und aus einer solchen wurde oft der Impuls für einen weiteren *Schritt* mutigen Herausforderns.

2008 formulierten wir in der Theologischen Denkstube zu Pastor D. Ulrich Bachs Buch *„Ohne die Schwächsten ist die Kirche nicht ganz"*: Die *Denkstuben-Arbeit* ist erst dann abgeschlossen, wenn wir lernen: *„Gleiche theologische Sätze zu denken, zu sagen über behinderte und über nichtbehinderte Menschen. Entweder ist ein Satz für uns alle richtig, oder er wäre im Blick auf uns alle falsch. Unterschiedliche Sätze über den Menschen wären apartheidstheologische Sätze."*[133]

Die Gruppe der Vordenker und Vordenkerinnen, die *Verbündeten in der Sache behinderter Menschen* in der Evangelisch-

Lutherischen Kirche Nordelbien (NEK), sehen sich in ihrem bereits ab 1980 vertretenen Ansatz des *neuen Denkens* und *sozialintegrativen Handelns* im Blick auf das Leben der Menschen mit Behinderungen durch die Vorgaben der UN-Behindertenrechtskonvention (UN-BRK) heute voll bestätigt.

Rückblickend beschreibe ich Anlässe und Ergebnisse von *Denkstuben*:

1973 bat ich den Stellvertreter des Propstes im Kirchenkreis Niendorf Pastor Rudi Mondry um einen Termin, um ihm Bericht zu geben über die aus meiner Sicht nicht länger hinnehmbaren ausgrenzenden Situationen der in seinem Kirchenkreis lebenden Familien mit behinderten Angehörigen. Bald darauf gab es 1975 einen Pastorenkonvent zum Thema: *„Familien mit behinderten Angehörigen leben in unserer Nachbarschaft, in unseren Kirchengemeinden."* (Siehe auch Teil II: „Aus Müttern behinderter Kinder dürfen nicht *ausschließlich* behinderte Mütter werden")

1984 erbat der neue Direktor der damaligen Alsterdorfer Anstalten Pastor Rudi Mondry (seit November 1983) um eine *Denkstube* mit mir zwecks Austauschs zu einer Zwischenbilanz über die meinerseits ihm vor seiner Übernahme der Leitung als unbedingt in den Fokus zu nehmenden Veränderungen. Dazu müssten unter anderem gehören: die Öffnung der Archive zu den Jahren 1933–1945, ein offizieller Gedenkort für die Euthanasie-Opfer auf dem Gelände schaffen, die Auseinandersetzung mit den theologisch so nicht mehr haltbaren Aussagen des Altarbildes in der St. Nikolaus Kirche beginnen, das 1938 gemalt wurde von Pastor Lensch und für die „Pflegebefohlenen" die volle Namensanrede einzuführen, um dadurch ihr Person-Sein auszudrücken. Im Mittelpunkt dieses und weiterer Gespräche in den folgenden Jahren standen nun die sich ergebenden Schwierigkeiten auf dem Weg, als Promotor dieses *neuen* Denkens Veränderungen in Richtung *neuem Denken* und *neuem Handeln* innerhalb der ehemals Alsterdorfer Anstalten selber und in Beratungen mit anderen Anstaltskollegen umzusetzen.

1984 zusammen mit Studierenden der Theologie an der Universität Hamburg gab es eine *theologische Denkstube* beim Bischof für den Sprengel Hamburg, Prof. D. Peter Krusche. Nach Meinung der Studierenden fehlte im Studium die Auseinandersetzung zu den Fragen zum Menschsein behinderter Menschen in der Schöpfungstheologie und weiteren daraus folgenden theologischen Lehransätzen. Wir erhielten das Wohlwollen und die Unterstützung des Bischofs, den geplanten Workshop für lehrende und kirchenleitende Theologen in der Nordelbischen Evangelisch-Lutherischen Kirche umzusetzen. (Siehe auch Teil III: „Eine Universität geht ab 1982 *neue* Wege")

In den 1980er Jahren bat ich wiederholt um eine *Denkstube* im Nordelbischen Kirchenamt in Kiel. In *verqueren* Strukturfragen fand ich in der dortigen Kirchenleitung in Oberkirchenrat Matthias Jessen einen kompetenten Gesprächspartner, Berater und einen *Verbündeten* in *der Sache behinderter Menschen*. Die Aktualität einzelner Probleme hat er engagiert mitgetragen und sie für die innerkirchlichen Verantwortungsträger wirksam aufbereitet. Seine Nacharbeit als Kirchenjurist aus einer vorausgegangenen *Denkstube* schlug sich meistens in weitreichenden Entscheidungen und in kirchenleitenden Beschlüssen nieder. Für ihn waren zum Beispiel dienstrechtliche Vorschriften lediglich praktische Erfordernisse für eine vernünftige Ordnung des Kirchenwesens. Dankenswerterweise hatte er bereits 1983 in seinem Referat zu Einstellungsproblemen behinderter Pfarrer in den kirchlichen Dienst auf der Akademietagung in Hofgeismar „Behinderte auf der Kanzel?" das Problem behinderter und *nichtbehinderter* Menschen im Kirchendienst aufgedeckt und benannt. Als Herausgeber der umfassenden Dokumentation „Stationen einer theologischen Such-Bewegung zum Thema „Menschen mit Behinderungen leben in den Gemeinden" haben Pastor Joachim Tegtmeyer und Eva Bohne 2002 versucht, sein außerordentliches Wirken in dieser Sache zu würdigen.[134]

Für *Denkstuben* zu Fragen aus der Sicht einer Laien-Theologin war es das Verdienst von Oberkirchenrat, später Propst Kurt Puls als *Verbündeter in der Sache behinderter Menschen* mir gegenüber verständliche und klärende theologische Aussagen zu machen. Er machte vor seinen Amtsbrüdern und Amtsschwestern authentisch deutlich, worin die ganz neue, andere Qualität und die ganz neuen Inhalte bestanden zum Stichwort *„Behindertenarbeit als eine gesamtgesellschaftliche Bildungsaufgabe zu begreifen":* „Menschen können nicht lernen, wenn und solange sie versuchen, sich selbst in ihrer Begrenztheit aus dem Weg zu gehen."[135] Weiter verdeutlichte er, worin seit seiner Teilnahme am Workshop der Studierenden der Universität Hamburg für lehrende und kirchenleitende Theologen 1984 sein Um-Denken*, sein Neu-Lernen* bestand, wo und wie es seinen Berufsalltag veränderte, um seine Amtsschwestern und -brüder für den neu eingeschlagenen Weg zu gewinnen.

Damit das angesammelte umfangreiche Material dieser 20-jährigen Pionierarbeit zu einer Behindertenarbeit mit dem *Bildungs*-Ansatz nicht verloren ging, hatten mutige Oberkirchenräte im Nordelbischen Kirchenamt in Kiel 1992 vorgesorgt. Als *Verbündete in der Sache behinderter Menschen* veranlassten sie, alles Material im Archiv der Nordelbischen Kirche (heute Landeskirchliches Archiv der Nordkirche-Kiel) sicherzustellen. In den Jahren 1995/1996 wurde es auf Veranlassung der Kirchenleitung durch die ehemalige Referentin des NEK-Projektes als für Forschung und Lehre verfügbare Unterlagen mit Unterstützung durch einen Archivar archiviert. Unter dem Archivbestand www.13.39 des Landeskirchlichen Archives der Nordkirche-Kiel und dem extra dazu aufgelegten Findbuch kann heute jeder Interessierte Einblick nehmen, wie jüngste Kirchengeschichte zu diesem herausfordernden Thema in der ehemals Nordelbischen Kirche, heute Nordkirche, und darüber hinaus geschrieben wurde.

Die Denkstuben-Arbeit ist weitergegangen.

"Erfinderin" der "Denkstube": Eva Bohne

"Verbündete in der Sache" seit 2 Jahrzehnten:
Propst Kurt Günter Puls
und Pastorin Dr. Esther Bollag

"Verbündete in der Sache" seit 1982:
Sonderpädagogin Bettina Marquardt und
Dr. Michael Wunder (Ev. Stiftung Alsterdorf)

Fotos: Waltraud Gröning, Rellingen

Pastor Joachim Tegtmeyer (stehend) mit den
Podiumsteilnehmern Oberkirchenrat Wolfgang Vogelmann ,
Prof.em. Dr. Dr. Klaus Dörner ,
Moderator Uwe Michelsen (v.l.)

Prof. em. Tim Schramm, Hamburg:
Biblische Orientierung

Teilnehmende und Referenten in der Winterkirche der Hauptkirche St. Katharinen

Jürgen Knop und Pastor Friedrich Glander,
Annastift, Hannover

Prof. em. Dr. Dr. Klaus Dörner, Hamburg:
"Apartheid"

Wer nahm sich in der Evangelischen Theologie in den 1980er Jahren des Themas an?

„Die Evangelische Akademie Nordelbien Tagungsstätte Bad Segeberg wurde in den 1980er Jahren der Ort in der Nordelbischen Evangelisch-Lutherischen Kirche, an dem einzelne Facetten der theologischen Dimension von Behinderung b e - n a n n t , betroffen h i n t e r f r a g t , als u n g l a u b - l i c h verworfen, g e b ü n d e l t und unter das Volk gebracht wurden.“[136]

Unter dem Arbeitstitel „*Behinderte Menschen als Thema der Theologie*" sammelten sich 1980 erstmals in der Nordelbischen Kirche Theologen und Laien, Studierende und Mitarbeiter in der Behindertenarbeit, die bereits andere Wege in der kirchlichen Behindertenarbeit gingen als die von der institutionalisierten Diakonie vorgegebenen.

Pastor Dr. Geiko Müller-Fahrenholz war nach mehrjährigem Auslandsaufenthalt, beispielsweise beim Ökumenischen Weltrat der Kirchen in Genf (WCC/ÖRK), zurückgekehrt, um die Leitung der Evangelischen Akademie der Nordelbischen Kirche in der Tagungsstätte Bad Segeberg zu übernehmen. Er war meines Wissens damit der erste Theologe in der Nordelbischen Evangelisch-Lutherischen Kirche (NEK), der den Anstoß gab, sich des Themas *gesamtkirchlich* anzunehmen, um neu und anders über das Leben der Menschen mit Behinderungen nachzudenken und unsere theologischen Aussagen zu unseren Vorstellungen von Gottes Schöpfung, dem Menschen als Ebenbild Gottes, zu überdenken. Wir vertraten gemeinsam die Auffassung, dass behinderte Menschen aus der Isolation und Ausgrenzung der christlichen Anstalten in die Mitte der Gemeinschaft geholt werden müssen. Wir, die Gemeinschaft der Christen vor Ort in der Kirchengemeinde, müssen in unseren Diensten und Werken und in der Lehre umdenken. Nicht weiter *über* Menschen mit Behinderungen reden, sondern *mit* ihnen Gemeinschaft teilen. Wir müssen lernen uns für sie zu öffnen.

Das erste UNO-Jahr der Behinderten unter dem Motto „*INTEGRATION statt ISOLATION*" war 1981 für Pastor Dr. Geiko Müller-Fahrenholz der angemessene Zeitpunkt, um Theologen, Theologinnen, Mitarbeiter und Mitarbeiterinnen der Diakonie sowie aller Dienste, Werke und Verwaltungen der Landeskirche Nordelbien (NEK) einzuladen, sich dieser Herausforderung öffentlich zu stellen: *„Behinderte leben nicht mehr nur in Anstalten und Heimen. Sie leben unter uns in unseren Gemeinden als Nachbarn, wachsen mit ihren Geschwistern zusammen in der Familie auf. Wie gehen wir damit um?"* [137]

Einmal im Jahr trafen sich ab 1980 die *Neudenker* unter der Überschrift „*Behinderte Menschen als Thema der Theologie*" zu Planungsgesprächen für die dreitägigen Tagungen an wechselnden Orten. Zu diesen gehörten die Evangelische Akademie Nordelbien mit der Tagungsstätte Bad Segeberg und die Evangelische Akademie Hofgeismar unter dem damaligen Leiter Pastor Dr. Klaus Händler:

1981 – „*Behinderte Menschen als Thema der Theologie*" (wurde im **ersten UN-Jahr der Behinderten** aus Mangel an Beteiligung abgesetzt)

1982 – „Behinderte Menschen leben unter uns – eine Herausforderung an die Theologie" [138]

1983 – „*Behinderte auf der Kanzel*? " [139]

Der Tagungstitel veränderte sich unter der theologischen Weiterarbeit für die folgenden vier der insgesamt sieben Tagungen

bis 1992 in „**Menschen mit Behinderungen leben unter uns –**
Herausforderungen an Theologie und Kirche" und einem jeweils
zusätzlichen aktuellen Schwerpunktthema:

1985 – „... *Die theologische Kontroverse von Lunteren ...*"[140]

1987 – „... *Miteinander leben – voneinander lernen*"[141]

1989 – „... *Euthanasie, eine alt-neue Versuchung*"[142]

1992 – „... *als eine Zeitansage verstanden*"[143]

EVANGELISCHE AKADEMIE NORDELBIEN
Tagungsstätte Bad Segeberg

EVANGELISCHE AKADEMIE HOFGEISMAR

DER BEHINDERTE MENSCH
ALS THEMA DER THEOLOGIE

Diese Tagung mußte
im INTERNATIONALE "JAHR d. BEHINDERTEN"
aus Mangel bei Beteiligung
abgesagt werden !

Wochenendtagung
vom Freitag, 15. Mai, bis Sonntag, 17. Mai 1981
in der Tagungsstätte Bad Segeberg
der Evangelischen Akademie Nordelbien

,,Die Einheit der Kirche muß die ‚Behinderten' wie die ‚Unbehinderten' einschließen. Eine Kirche, die danach strebt, wahrhaft in sich geeint zu sein und den Weg der Einheit mit anderen zu gehen, muß für alle Menschen offen sein." Mit diesen Worten hat die 5. Vollversammlung des Ökumenischen Rates der Kirchen in Nairobi 1975 ein Ziel formuliert, das weder in der wissenschaftlichen Theologie, noch in der Gemeinde, aber auch nicht in einer isolierten Diakonie erreicht wird.

Es scheint dringend geboten, den behinderten Menschen in seinen Hoffnungen und seinem Leid als Thema der Theologie zu behandeln und damit über die Ebene der Appelle und Aktionen hinauszukommen, die dieses ,,Internationale Jahr des behinderten Menschen" prägen.

Wir wenden uns daher gezielt an die Hochschullehrer und Studenten der Theologischen Fakultäten, die Predigerseminare und Pastoralkollegs, die Leiter und theologischen Mitarbeiter in den Anstalten und Krankenhäusern der Diakonie. Sie sind herzlich eingeladen, in der Begegnung mit ungewohnten Gesprächspartnern ein unbequemes Thema zu erarbeiten.

Dr. Geiko Müller-Fahrenholz
Evangelische Akademie Nordelbien

Dr. Klaus Haendler
Evangelische Akademie Hofgeismar

Themen- Schwerpunkte:

— ICH GLAUBE, DASS MICH GOTT GESCHAFFEN HAT ...
Ein Dialog zwischen
Pastor Ulrich B a c h , Volmarsteiner Anstalten (Volmarstein), und
Pastor Hans-Georg S c h m i d t , Vorsteher der Alsterdorfer Anstalten (Hamburg)

— WENN BEHINDERTE MENSCHEN SICH BEFREIEN
Eine Forderung und ihre Folgen
Pastor Dr. Johannes D e g e n , Diakoniewerk Kaiserswerth (Düsseldorf)
Diskussion in Gruppen und im Plenum

— LEIDEN UND HEILEN
Ein Dialog zwischen
Pastor Dr. med. Klaus L o e w e r , Leiter der Vereinigten Anstalten der Inneren
Mission Friedehorst (Bremen), und
Pastor Dr. med. Jürgen S c h a l l , Psychotherapeut (Leezen)
Diskussion in Gruppen und im Plenum

— DIE STELLUNG VON GEISTIG BEHINDERTEN IN DER KIRCHE
Ekklesiologische Ansätze im Blick auf eine Veränderung des Theologiestudiums
Dr. Cornelis P. v a n A n d e l , Referent für Kirche und Theologie in der
Hervormde Kerk (Driebergen/Niederlande)

Quelle: Archiv d. NEK , Bestand 13.39 C 1 64,3

Evangelische Akademie Nordelbien

Dank der Zusammenarbeit mit der Evangelischen Akademie lernten die dort engagierten Christen ab den 1980er Jahren als Lagebeurteilung unserer Kirche die tiefe Bedeutung und in diesem Zusammenhang die Auswirkungen einer Entscheidung auf die Lebensumstände der Menschen mit Behinderungen verstehen: Seit dem Neubeginn nach Kriegsende 1945 galt in unserer Evangelischen Kirche: *Alles zum Thema Behinderte ist den Diakonischen Werken* zugeordnet. Im Kapitel „Neues *Denken kollidiert* mit den Strukturen der Diakonie" werden die Folgen dieser strikten Aufgabentrennung in der Kirche verdeutlicht. In der Akademie-Tagungsreihe „*Behinderte Menschen leben unter uns – eine Herausforderung an Theologie und Kirche*" wurde diese einmal so vorgesehene und praktizierte Aufgabentrennung als zu hinterfragen in den Fokus genommen.

Aus den Teilnehmern dieser Tagungen bildete sich in Nordelbien und ab 1983 auch darüber hinaus bundesweit ein Kern der *Neudenke*r: die *Verbündeten in der Sache behinderter Menschen*. Das Wirken dieser Gruppe aus engagierten Christen hatte zum Ziel, die Lebensumstände der Menschen mit Behinderungen nicht so zu belassen, wie sie noch in den 1980er Jahren waren. In dem Kapitel „*Verbündete in der Sache behinderter Menschen*" ist dies würdigend erläutert.

Studierende der Fachrichtung Evangelische Theologie an der Universität Hamburg gehörten zu den ständigen Teilnehmern dieser Akademietagungen. *Denkanstöße* unters Volk zu bringen, nahmen einige der Studierenden sehr ernst. Gleich nach der ersten Tagung begannen sie ihr Studium der Theologie kritisch zu hinterfragen. Sie stellten fest, dass *der Mensch mit Behinderungen,* wenn überhaupt, nur am Rande thematisiert wurde. Unter dem Titel „*Eine Universität geht ab 1982 neue Wege*" wird erläuternd herausgestellt, wie Studierende wesentliche Änderungen im Theologie-Studium für Lehrende und Lernende nachhaltig auf den Weg gebracht haben. „Wenn behinderte Menschen unter uns – <u>unter</u> uns Gesunden – ihre

Fragen, Sichtweisen einbringen können, dann lassen sich in ihren Aussagen wichtige, zentrale Herausforderungen für unsere ‚normale‘ Theologie entdecken."[144]

Alle Akademietagungen wurden seit 1982 unter dem ausdrücklichen Gedanken des „Miteinander und voneinander LERNEN als eine Chance für alle" von Theologen und Laien, Menschen mit und ohne Behinderungen sowohl in der Planung als auch in der Durchführung ausgestaltet und verantwortet. Kontextuelles Lernen wurde von Beginn an zum jeweiligen Thema praktiziert. Vor allem für Akademiker war diese Arbeitsweise völlig neu und wurde so für manche neuen Teilnehmer und Teilnehmerinnen zu einer zumutenden, ungeahnt nachhaltigen Herausforderung. Die von den Tagungen ausgehenden Anstöße und Provokationen, das war unser Wunsch, sollten möglichst viele erreichen und erfassen, die es angeht. Das Echo reichte von nachdrücklicher Zustimmung bis zu mehr oder weniger deutlichem Abraten und Abstandhalten von diesen Überlegungen. An zwei Tagungen wurde dies besonders deutlich:

1. Die Tagung 1983 in der Akademie Hofgeismar „Behinderte auf der Kanzel?" wendete sich an betroffene und beteiligte, insbesondere die behinderten und ebenso an sogenannte nichtbehinderte Theologiestudenten und Pfarrer, Beauftragte für Theologiestudenten, Ausbildungs- und Personalreferenten sowie Juristen der Landeskirchen, theologische Hochschullehrer und andere, die in der Studentenarbeit stehen, Vertreter diakonischer Einrichtungen und Interessierte. Es nahmen Teilnehmer und Teilnehmerinnen aus allen Bereichen an der Tagung teil und ließen sich durch Referate und andere Lernschritte wie kontextuelles und personales Lernen auf die Problematik ein. Die unterschiedlichen Weisen der Betroffenheit, der Zuständigkeit und des Engagements für das Thema und Menschen ver-

lieh dem Zusammensein eine außerordentliche Intensität in den Gesprächs- und Auseinandersetzungsphasen.

Der verhandelte Problembereich legte in aller Schärfe offen, dass sich der Gruppe behinderter Menschen, die sich auf den Beruf als Pastorin und Pastor vorbereiteten, scheinbar unüberwindbare rechtliche, psychologische und theologische Barrieren entgegenstellten. Sie wurden von den Betroffenen als überaus schmerzlich und verletzend empfunden. Das kam in den drei Ausführungen zu „Erfahrungen behinderter Theologiestudenten und Pfarrer", vorgetragen von Pastor D. Ulrich Bach (Volmarstein) im Rollstuhl, dem stark sehbehinderten Doktoranden der Theologie Hans R. Herbst (Marburg) und dem im Zweiten Weltkrieg kriegsversehrten Dekan Helmut Will (Korbach) unterschiedlich zum Ausdruck. Zwischen den beiden betroffenen Personengruppen – auf der einen Seite, wer ein Bein oder einen Arm an der Front im Krieg verloren hatte, und auf der anderen Seite die durch das Medikament Contergan an den Armen geschädigte Person wie auch dem durch Polio (Kinderlähmung) auf den Rollstuhl angewiesene Studierende der Theologie – scheinen W e l t e n zu liegen, mit Blick auf ihre Berufschancen in der Kirche! Der eine schien geradezu prädestiniert für den Pastorenberuf aufgrund seiner Leidens- und Lebenserfahrung als Soldat. Die Beeinträchtigung durch das Medikament Contergan oder durch die Erkrankung an Polio wurde anders, berufsausgrenzend gewertet. Hierzu war Kirche in ihrem K i r c h e – S e i n angefragt: „Sollte die Zeugenschaft für den leidendenden Gottesknecht nur von den „normalen", voll „belastbaren" Pfarrerinnen und Pfarrern wahrgenommen werden? Es ist notwendig, über Dienst und Mitarbeit behinderter Menschen im kirchlichen Amt sorgfältig und unvoreingenommen zu sprechen."[145]

Die neu gegründete „Arbeitsgemeinschaft behinderter und nichtbehinderter Studierenden der Universität Hamburg" war mit acht Teilnehmern auf dieser Tagung vertreten. Mit ihrem Thesenpapier „Behinderte auf die Kanzel!" hatten sie eine nicht voraussehbare Diskussion mit anschließenden Berichterstattungen in der Fachpresse und einer Vielzahl von Leserbriefen ausgelöst. Das „Hamburger Model": „AG Behinderter und *nichtbehinderter* Studierender an der Universität" ermutigte Teilnehmer zur Nachahmung an ihrer Universität vor Ort. Bereits ab dieser Akademietagung 1983 kam es zu einer bundesweiten Vernetzung in der Sache behinderter Menschen. Insgesamt wurde der Inhalt dieser Tagung 1983 mehrfach würdigend herausgestellt. Beispielsweise in der Dokumentation „Körperbehinderte Schüler, Studenten, Hochschulabsolventen".[146] Weit über diese Tagung hinaus wurde der Wortlaut des Hauptreferates zum Thema „Rechtsprobleme bei der Einstellung behinderter Pfarrer in den kirchlichen Dienst" von Oberkirchenrat Matthias Jessen, Nordelbische Evangelische Kirche und bereits *Verbündeter in der Sache behinderter Menschen,* verbreitet und publiziert.[147]Ein scheinbar bisher wenig beachteter innerkirchlicher Problembereich war durch die Akademietagung 1983 auf einmal bundesweit offengelegt.

2. Am Beispiel der Tagung „*Euthanasie, eine alt-neue Versuchung*" 1989 in Bad Segeberg lässt sich eindrücklich aufzeigen, welch widerstreitende Meinungen die Veranstalter durch diese Themenwahl auslösten. Während der Tagungsvorbereitung im Herbst 1988 wurde uns seitens einiger kirchlicher Amtsträger nahegelegt, das Thema abzusetzen. Es wurde uns unterstellt, wir würden „ein Thema herbeireden, das es so nicht mehr gibt!". Ebenso wurden Überlegungen angestellt und empfohlen, die kirchlichen Zuschüsse für diese Akademietagung zu sperren.

Die Menschen mit Behinderungen im Vorbereitungsteam hatten das Thema *Euthanasie* als aktuell relevant bereits für die Akademietagung 1987 als eines von vier Arbeitsgruppen zu ‚Theologischen Grundfragen' durchgesetzt unter dem Titel *„Euthanasie – ein gefährliches Stichwort mit neuer Brisanz"*. Als Resümee daraus wurde im Januar 1989 die Tagung unter dem Titel *„Euthanasie, eine alt-neue Versuchung"* konzipiert und durchgeführt.

Wenige Monate später wurde die deutsche Öffentlichkeit mit den Thesen Peter Singers, eines australischen Vertreters des UTILITARISMUS, konfrontiert, der Gedankengut wie dieses propagierte: „Die Tötung eines Säuglings ist moralisch nicht gleichzusetzen *mit der Tötung einer Person."*[148] Erst als der Kinder- und Jugendpsychiater Dr. med. Heinz Krebs und der Theologe D. Ulrich Bach im Frühsommer 1989 sehr mahnend zu Gehör brachten, welches Gedankengut da auf uns zu kommt, äußerten sich auch Theologen der Nordelbischen Kirche und der EKiD besorgt. Im gleichen Atemzug konnten sie positiv vermelden, dass bereits im Januar 1989 eine dreitägige kirchliche Tagung zu diesem Thema in der Evangelischen Akademie Nordelbiens, Tagungsstätte Bad Segeberg, stattgefunden hatte und eine Dokumentation hierzu gerade erschienen sei. (Landeskirchliches Archiv d. Nordkirche-Kiel, 13,39 **71** S. 1–163) Aufgrund der Aktualität von *„Euthanasie, eine alt-neue Versuchung"* waren zwischenzeitlich reichlich Gelder für eine hohe Druckauflage geflossen. *Meinungsmacher* hatten neun Monate vorher versucht, die Gelder für dieses Tagungsthema zu sperren, weil wir *„ein angeblich erledigtes Thema herbeiredeten"*!

Die Wahrnehmung von Menschen mit Behinderungen ist zu bestimmten Facetten des Themas *Behinderung* so ausgeprägt, dass wir sie nicht als *übertrieben* beiseiteschieben, sondern sehr ernst nehmen sollten. Sie fürchteten vorahnend mit dem Utilitarismus eine weitere dritte Welle neuer *Euthanasie- Gedanken* auf uns zurollen nach den Debatten, die Contergan und Bioethik ausgelöst hatten. In diesem Zusammenhang gilt es, Jürgen Knop im Vorbereitungsteam der Akademietagungen als einen engagierten *Vordenker* herauszustellen. Die *Weg-Spuren* dieses *Verbündeten in der Sache behinderter Menschen* und als einem Menschen mit einer Mehrfachbehinderung sind in Teil IV, dem Kapitel *„Der NDR unterbricht (2008) sein Musikprogramm …"* dokumentiert.

Das folgende Beispiel zeigt, wie Themen aus der Ökumene ins Tagungsprogramm der Evangelischen Akademie Nordelbiens integriert wurden.

Die erste internationale Nachfolgekonferenz nach der 6. Vollversammlung des World Council of Churches (WCC/ ÖRK) in Vancouver 1983 fand 1985 in Lunteren/Niederlande statt. *„Behinderte, wohl gesehen, aber nicht geachtet."* Um die Ergebnisse einem breiten Interessentenkreis in der EKiD vorzustellen, um Universitäten zum Stand der theologischen Kontroverse zu informieren, wurde die 4. Akademietagung der Reihe „Behinderte Menschen leben unter uns – Herausforderungen an Theologie und Kirche" im November 1985 genutzt und unter das Thema gestellt: *„Die theologische Kontroverse von Lunteren"*

Der WCC/ÖRK hatte weltweit dazu eingeladen:

„Behinderte, wohl gesehen, aber nicht geachtet"
(Lunteren, Niederlande, 29.4.–4.5.1985)

1983 Vancouver 6. Vollversammlung des World Council of Churches WCC/ÖRK

Fachgruppe 3 "In Richtung auf mehr Partizipation"

Abschnitt f "Behinderte"

... - um gezielte Bemühungen, damit Menschen mit Behinderungen (Behinderte: 3/f) in allen Bereichen des kirchlichen Lebens aktiv teilnehmen können.

Dazu gehört es, Vorurteile und rechtliche Hindernisse aus dem Weg zu räumen, die (z.B.) der Ordination behinderter Menschen oder ihrer Teilnahme an Abendmahl und Konfirmation im Wege stehen.

Empfehlung 3/f lautet:

"Die Kirchen werden nachdrücklich aufgefordert,

1. ein Studien- und Aktionsprogramm einzuleiten und durchzuführen mit dem Ziel, Mittel und Wege zu finden, um Behinderungen ganz gleich welchen Ursprungs - Umwelt, Ernährung, Unfälle oder die Folgen ungerechter, sozialer, wirtschaftlicher und politischer Situationen - zu verhüten und den Betroffenen mit an Ort und Stelle verfügbaren Mitteln zur Rehabilitierung zu verhelfen.

2. durch konkretes Handeln zu bekräftigen, daß alle Menschen mit Behinderungen lebendige Steine im Hause Gottes sind, und sie in die Entscheidungsgremien der Kirchen auf allen Ebenen einzubeziehen.

3. mit den Gemeinden die Einrichtungen und Hindernisse zu überprüfen, die der Integration und Partizipation von Menschen mit Behinderungen im Wege stehen, und konkrete Schritte zu unternehmen, um sie zu beseitigen (dazu gehören auch architektonische Barrieren);

4. die Familien mit einem oder mehreren Behinderten zu ermutigen und dabei zu unterstützen, sich untereinander unter Nutzung der vorhandenen Hilfsdienste oder in Eigeninitiative zu helfen und - wo nötig - solche Dienste einzurichten.

5. in ihren theologischen Ausbildungsgängen besondere Lehrgänge für den Umgang mit behinderten Menschen vorzusehen;

6. die Initiative zu ergreifen, in den Schulen besondere Programme einzuführen, die dazu beitragen sollen, das Verständnis und die Beziehungen zwischen behinderten und anderen Kindern zu verbessern;

7. sich als ersten Schritt zur Integration der Behinderten in das Leben der Kirche einen Überblick über behinderte Gemeindeglieder zu verschaffen (diese Aufgabe sollte soweit wie möglich ökumenisch wahrgenommen werden);

8. auch körperlich und geistig behinderten Menschen die Sakramente zu spenden. (Wir sind überzeugt, daß auch behinderte Menschen das Sakrament geistlich nachvollziehen können und imstande sind, auf ihre Weise am geistlichen Leben der Kirche und der Gemeinde teilzunehmen);

9. zu überdenken, wie Behinderte Zugang zum ordinierten Amt erhalten können;

10. Behinderte als Studenten und Lehrkräfte an theologischen Schulen und Ausbildungsstätten zuzulassen."

Ökumenischer Rat der Kirchen:

6. Vollversammlung 1983 in Vancouver. Fachgruppe 3 "In Richtung auf mehr Partizipation", Abschnitt f "Behinderte": Empfehlungen 3/f 1-10, in: Bericht aus Vancouver, hrsg. von W. Müller-Römheld, Frankfurt/M. 1983, Seite 87 ff

(Nordkirchen Archiv Kiel 13.39 ,Nr.72, 1)

Etwa fünfunddreißig Nationen meldeten über hundert Menschen mit Behinderungen als Teilnehmerinnen und Teilnehmer an. Zum Unterschied dazu lag aus Westdeutschland (BRD) keine einzige Anmeldung vor. Das irritierte die Veranstalter. Nachfragen diesbezüglich beim Diakonischen Werk der EKiD in Stuttgart/BRD, blieben ohne Resonanz. Pastor D. Ulrich Bach (BRD) war für Lunteren als Referent für das Hauptreferat „Die Behinderung als eine g e i s t i g e Herausforderung für uns alle" vorgesehen. Er wurde nachfragend über den Stand der Nicht-Anmeldungen aus der BRD informiert. Pastor D. Ulrich Bach wurde daraufhin kurzfristig die Möglichkeit eingeräumt, selber einige Teilnehmerinnen/Teilnehmer zu benennen, die die Teilnahmekriterien erfüllen, selbst von Behinderung betroffen zu sein und innerhalb der Kirche an neuen Ansätzen zu arbeiten. Damit würden Fragen vermieden werden, warum er einziger Teilnehmer aus der Evangelischen Kirche Deutschlands (EKiD) sei. Auf diese Weise haben in Lunteren aus der BRD doch noch diese Personen teilgenommen: der erblindete Doktorand der Theologie Hans R. Herbst, ein Student des Pilotprojektes I der Universität Hamburg, Institut für Praktische Theologie Arne W. und die Leiterin der Schwerpunktpunktarbeit der EFBS HH-Lokstedt.

In Lunteren wurden die *theologische Dimension* zu Behinderung teilweise heftig und kontrovers diskutiert entlang der von Pastor Ulrich Bach aufgestellten Thesen 1–13 in Verbindung mit seinem Referat. Deutlich wurde, die Behauptung aufrechterhalten zu wollen, *nichtbehinderte* und behinderte Menschen gehören zusammen in der Einheit der Familie Gottes" (vgl. Memorandum von Bad Saarow 1978, Sao Paulo 1981 und Vancouver 1983), bleibt ein Schlagwort, wenn nicht die Fragen *theologisch* unter uns aufgearbeitet werden. An den World Council of Churches wurde die Eingabe eingebracht: „Einig waren wir uns in folgenden Punkten a–e. Nicht einig waren wir uns in den Punkten a–f." Sie war von Pastor Ulrich Bach und einigen

Teilnehmern erarbeitet. Als „Kontroverse von Lunteren" ist der Inhalt dieser Eingabe an den WCC/ÖRK Grundlagenpapier für viele weitere Diskussionen der *Verbündeten in der Sache behinderter Menschen* geworden.[149] Seit der Akademietagung im November 1985 ist der Forderung Nachdruck verliehen, die theologischen Grunderkenntnisse zum Menschen mit Behinderungen in der Kirche und in der Theologie durch selbst Betroffene zu überprüfen, um daraus gemeinsam Schritte zu entwickeln, die zu dem Miteinander führen, das anerkennt: Als Geschöpfe erniedrigt Leiden den Menschen nicht, und Leistung erhöht nicht den Menschen.

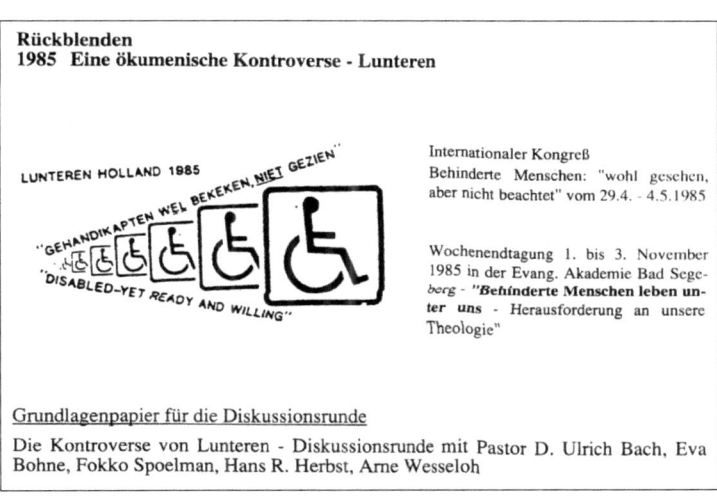

Rückblenden
1985 Eine ökumenische Kontroverse - Lunteren

LUNTEREN HOLLAND 1985
"GEHANDIKAPTEN WEL BEKEKEN, NIET GEZIEN"
"DISABLED-YET READY AND WILLING"

Internationaler Kongreß
Behinderte Menschen: "wohl gesehen, aber nicht beachtet" vom 29.4. - 4.5.1985

Wochenendtagung 1. bis 3. November 1985 in der Evang. Akademie Bad Segeberg - "Behinderte Menschen leben unter uns - Herausforderung an unsere Theologie"

Grundlagenpapier für die Diskussionsrunde
Die Kontroverse von Lunteren - Diskussionsrunde mit Pastor D. Ulrich Bach, Eva Bohne, Fokko Spoelman, Hans R. Herbst, Arne Wesseloh

Behinderte Menschen leben unter uns …

Als Mitgestalterin und thematische Impulsgeberin dieser Tagungen fand ich in dem Theologen und Ökumeniker Dr. Geiko Müller-Fahrenholz einen adäquaten Gesprächs- und Kooperationspartner. Ich verdanke ihm die Einsicht, in dieser Thematik unbedingt den Blick auf die Ökumene zu richten. Nur so bin ich zu einer Einschätzung gekommen, wie in der weiten Christengemeinschaft das Thema *Menschen mit Behinderungen leben unter uns* im Fokus der dortigen Theologie steht, aktualisiert und partizipatorisch weiterentwickelt wird. In fünfundvierzig Jahren theologischer Laienarbeit zum Thema *Menschen mit Behinderungen leben unter uns* haben mir die Mut machenden Begegnungen den theologischen Austausch und die Zusammenarbeit in ökumenischer Weitsicht und Verbundenheit ermöglicht.

Die Ergebnisse der theologischen Arbeit von sieben Tagungen der Evangelischen Akademien in Bad Segeberg und Hofgeismar der Jahre 1982 bis 1992 liegen als Dokumentationen unter der Herausgeberschaft von Mitwirkenden vor.[150] Sie dokumentieren, welche aktuellen theologischen Facetten zum Leben der Menschen mit Behinderungen in unserer Kirche aufgegriffen, wie sie *kontextuell* thematisiert und unter integrativem Ansatz und Berücksichtigung sowohl des kognitiven wie *personalen* Lernens umgesetzt wurden. Zwei Schwerpunkte durchziehen wie ein roter Faden die verschiedenen Dokumentationen zu den sieben Tagungen von 1981 bis 1992. Sie haben durchaus ihre Entsprechung im allgemeinen gesellschaftlichen Kontext zur Behindertenproblematik, wenn auch mit einem gewissen Zeitverzug. Die beiden Schwerpunkte sind:

„Behinderte, *Objekte fürsorgerischen Handelns* – der Weg vom Objekt zum Subjekt"

„Eine *theologische Such*-Bewegung: Menschen mit Behinderungen in die Theologie r e – i n t e g r i e r e n"

In der ORIENTIERUNGS-HILFE *„Es ist normal, verschieden zu sein – Inklusion leben in Kirche und Gesellschaft"*, herausgegeben 2014 vom Rat der Evangelischen Kirche in Deutschland (EKD), suche ich vergeblich nach Aussagen zum Thema *„Lernen in der und durch die ökumenische Gemeinschaft"*. Gibt es einen Grund für diese *Auslassung?* Ökumenisches *mit- und voneinander* Lernen im Blick zu haben, um *inklusives* Denken und

Handeln bezogen auf Menschen mit Behinderungen in den Gemeinden, der Institution Kirche, ihren Werken und den Universitäten gestaltend umzusetzen, müsste aus meiner Sicht einen hohen Stellenwert haben. Im Kreis der Ökumene gehört die Evangelische Kirche in Deutschland – noch nicht – zu den Schrittmachern einer *inklusiven* Theologie. Das *ZUSAMMEN* behinderter und sogenannter nichtbehinderte Christen ist hier bereits seit Nairobi 1975, Bad Saarow 1978, Vancouver 1983, Lunteren/Niederlande 1985, Kopenhagen 1987 und vielen nachfolgenden Weltzusammenkünften auf der Agenda. In der Erklärung des Zentralausschusses des ÖRK vom August 2003 zu „Kirche aller" ist dokumentiert: „Ohne die Erkenntnisse derer, die aufgrund ihres Lebens mit Behinderungen beitragen können, werden die tiefsten, ureigensten Elemente der christlichen Theologie nur zu leicht verfälscht oder sie gehen verloren."[151]

„Priestertum aller Gläubigen" und „Laientheologie" geben Kraft zu mutigem Handeln

In den in diesem Buch zusammengestellten *„Einblicken in unsere jüngere Zeitgeschichte"* klingt unterschiedlich an, welchen Weg ich als Autorin selber als Christin gegangen bin und wie ich lernte, auf der Grundlage des *„Priestertums aller Gläubigen"* in Augenhöhe mit Theologen, Professoren, Bischöfen und Bischöfinnen zu kommunizieren und theologisch relevante *Stolpersteine* durchaus kontrovers aus der Sicht einer Laientheologin auszudiskutieren. Im Folgenden beschreibe ich diesen Weg zu meinem *Dennoch-Glauben*.

Die meiste Zeit meines Berufsweges habe ich als kirchliche Mitarbeiterin gearbeitet. Beim Einstellungsgespräch 1965 als mögliche Leiterin der aufzubauenden Evangelischen Familien-Bildungsstätte Hamburg-Lokstedt des Kirchenkreises Niendorf fiel seitens meines zukünftigen Vorgesetzten diese Feststellung mit einem leichten Ton des Bedauerns: *„… dann haben Sie ja gar keine christliche Sozialisation!"* Das war für eine 1932 Geborene überhaupt nicht untypisch. Als in der Nazizeit groß gewordenes Kind hatten meine Eltern mich nicht mit dem christlichen Glauben vertraut gemacht. Ich fragte betroffen: „Zählt denn gar nicht, wenn man als junge Erwachsene sich bewusst zum evangelischen Glauben bekannt hat?"

Für mich ist es von Bedeutung, das *„Priestertum aller Glaubenden und Getauften"* und auch das Thema *Laientheologie* herauszustellen, denn allen getauften Christen kommt eine Mitverantwortung für die Verkündigung des Evangeliums in der Evangelisch-Lutherischen Kirche zu! Damit gedenke ich dankbar und würdigend der *theologischen Lehrer,* zugleich *Verbündete in der Sache behinderter Menschen,* die mir mit Rat, Unterweisung und Unterstützung über drei Jahrzehnte zur

Seite standen. Ohne sie hätte ich nicht die Kompetenz erwerben können, um als eine Vertreterin der *Laientheologie* dem Priestertum *aller Gläubigen* in unserer Kirche *kontextuell* zum Thema „*Menschen mit Behinderungen leben unter uns*" auf unterschiedliche Weise Gestalt zu geben.

Martin Luther setzte hierzu seine Gedanken beschreibend so um: Jeder getaufte Christ hat Anteil an der Kompetenz und am Auftrag, das Wort Gottes zu verkündigen. („An den christlichen Adel deutscher Nation: Von des christlichen Standes Besserung" von 1520)

In der Verfassung der Evangelisch-Lutherischen Kirche in Norddeutschland vom 7. Januar 2012 liest sich das so:

Artikel 15:
Ehrenamtliche und berufliche Dienste
1. *Alle, die ehrenamtlich oder beruflich in der Evangelisch-Lutherischen Kirche in Norddeutschland mitarbeiten, haben Teil an der Erfüllung des einen kirchlichen Auftrages.*
2. *In den ehrenamtlichen und beruflichen Diensten kommen die Fülle der Gaben und das Allgemeine Priestertum in unverzichtbarer Vielfalt zur Geltung.*
   (http://www.kirchenrecht-nordkirche.de, aufgerufen am 13.7.2016)

Als junge Frau war ich ab 1954 gezwungen, mich mit meinem Christ-Sein als behinderte Person neu auseinanderzusetzen. Herausgefordert fühlte ich mich durch die erlebte Betheler Seelsorge-Praxis der Fünfzigerjahre, die ich betroffen zu hinterfragen begann. Als Patientin der Epilepsie-Klinik Mara der von Bodelschwinghschen Anstalten in Bethel wurde mir 1954 angetragen zu glauben: Mit der Epilepsie habe ich eine „*heilige*" Krankheit, die ich anzunehmen hätte, dass sei „*mein Kreuz*", das ich demütig wie Jesus tragen müsse. Im Sinne von Pastor D. Ulrich Bach protestierte ich später: „Seelsorgerlich so zu arbeiten, wie in den 1950er Jahren in Bethel erlebt, ist *unbiblisch!* "Abgesehen davon, dass ich vorher nicht solchen *theologischen Spitzensätzen* unguter Art ausgesetzt war, protestierte ich heftig, und es wuchs in mir so etwas wie ein *kontextueller Dennoch-Glaube* heran.

Getragen wird mein Handeln von dem Bekenntnis des Apostels Paulus an die junge Christengemeinde in Korinth: „Wir haben aber solchen Schatz [den Glauben] in i r d e n e n Gefäßen, auf dass die überschwängliche Kraft sei Gottes und nicht von uns." (2. Korinther 4,13) und „... Ich glaube, darum rede ich." (2. Korinther 4,13)

Die *Bethel-Spuren* hinter mir lassend, habe ich dank unterschiedlicher Anleitung unter anderem durch Pastor Joachim Tegtmeyer, einem *Verbündeten in der Sache behinderter Menschen* gelernt, als Mensch mit einer Behinderung aus der Grundhaltung *reflektierter Betroffenheit* heraus theologisch zu arbeiten, um nicht als „*hilfloser Helfer*" (W. Schmidbauer) auf meinem Weg durch viele Instanzen der Kirche zum Thema **„*Behinderung in Theologie und Kirche*"** zu scheitern. Dreißig Jahre „ D e n k s t u b e n a r b e i t " sind in der Summe der Stunden schwer zu zählen. Sie sind kennzeichnend und prägend für den Weg mit Pastor Joachim Tegtmeyer, das gemeinsame Reflektieren, Planen, Verwerfen und Neugestalten von Gottesdiensten, Veranstaltungen, Seminaren und Dokumentationen. Er lebt so ganz das vor, was aus meiner Sicht *Priestertum aller Gläubigen* ausmacht: Die Bereitschaft des Theologen, seine *theologische* Kompetenz mit einer *originären* Kompetenz des Laien *konstruktiv teilend* zur Sache einzubringen. Zahlreiche gemeinsam gestaltete Veröffentlichungen und Dokumentationen, um die Inhalte einer breiten Öffentlichkeit solcher Mut machenden Projekte, kontextuell ausgestalteter Gottesdienste, spezieller „*Theologische Denkstuben*" zugänglich zu machen, sind das Ergebnis dieses schrittweise geduldigen, einfühlsamen gegenseitigen Lernens auf der *kognitiven* wie auf der *personalen* Seite.

Aufgrund der durch Kirche den Angehörigen von behinderten Menschen verursachten, zugefügten Verletzungen, die sie mir anvertraut hatten, fühlte ich mich im Sinne des *Priestertums aller Gläubigen* herausgefordert zu handeln und stellte ab 1973 meine Anfrage an die dafür zuständige theologische Wissenschaft und für die Verkündigung verantwortliche Pastorenschaft:

- „Was ist – theologisch gefragt – **Behinderung?**"
- „Was ist – anthropologisch gefragt – der **Mensch mit Behinderungen?**"

Ausgrenzung der Menschen mit Behinderungen und deren Angehörige war in sehr ausdifferenzierter Form weit verbreitet, auch in unserer Kirche der 1970er Jahre. Besonders verletzend empfanden es die Familien, in deren Geschwisterfolge ein behindertes Kind aufwuchs, für das zum Unterschied des Bruders, der Schwester es keinen „Platz" in der Kirchengemeinde gab! Den Weg des „Klinkenputzens" so mutiger Eltern in bis zu zehn (!) Kirchengemeinden Mitte der 1970er Jahre zu beschreiten, um beispielsweise zu erreichen, dass der anfallskranke Sohn Harald N. in Hamburg, Stephan B. mit einem Down-Syndrom in Lüneburg zur Konfirmation vorbereitet und konfirmiert wurden. Es waren Frauen, *Kärrner*-Mütter, die dieses auf sich nahmen und vollbrachten! In der Katholischen Kirche wurde der Ausschluss von der Erstkommunion bis in die 1980er Jahre noch sehr strikt eingehalten. In einem Fall bin ich in Hamburg bis rauf zu Weihbischof Hans-Jochen Jaschke gegangen und habe in dem konkreten Fall, wohl einer Ausnahme gleich, erreicht, dass die schwerbehinderte Ricarda B. wie ihr begabter Zwillingsbruder, wenn auch Jahre später, dennoch die Erstkommunion erhalten hat. Es machte mich *wütend* und *traurigzornig*, dass es nicht bemerkt wurde, wie hier mit Christenmenschen umgegangen wurde. Sollte es nicht bemerkt werden?

In der Arbeit mit lehrenden und lernenden Christen ist für mich die Frage der *„Rechtfertigung allein aus Glauben"* immer mehr in den Vordergrund gerückt. Hier muss ein Umdenken beginnen, soll dieses Kernstück christlicher Theologie für alle Christen weiterhin grundlegende Bedeutung haben! Pastor Joachim Tegtmeyer formulierte es so: *„Allein aus Gnade, allein durch den Glauben bin ich von Gott angenommen, ungeachtet meiner Leistungen. Die Heilszusage Gottes gilt Menschen mit Behinderung ebenso wie allen Menschen überhaupt."*

In der Ausgestaltung und Durchführung von Andachten, Gottesdiensten und Trauerfeiern für und mit Menschen mit Behinderungen habe ich mich stets bemüht, biblisch fundiert das *Priestertum aller Gläubigen* und die *Haushalterschaft der mancherlei Gaben Gottes* so einzusetzen, dass theologische Aussagen immer der Prüfung durch die Lebenswirklichkeit von Menschen mit Behinderungen und deren Angehörigen standhalten mussten. Gestalt gebende Elemente und die Beteiligung aller hatten Priorität bei der jeweiligen Umsetzung. Biblische Texte und Geschichten waren mir anderseits zugleich auch immer kritische Anfrage an Entwicklungen in Kirche und Gesellschaft. (Siehe auch Teil IV: „Glauben bewahren – Leben gestalten", aus dem Ökumenischen Gottesdienst St. Katharinen, Hamburg 2010)

„Laientheologie" erwächst aus der Praxis

Wenn Theologen und Theologinnen mich als Laiin heute *„Schwester im Laienstand"* nennen, zeugt das von Achtung und Anerkennung in der theologischen Zusammenarbeit. Ähnliches will der Theologieprofessor Dr. Wolfgang Grünberg zum Ausdruck bringen, wenn er mich Vertreterin der *Laientheologie* nennt.

Er hatte 1982 als Professor der Praktischen Theologie an der Universität Hamburg, angestoßen durch Studierende, die Zusammenarbeit mit mir, einer theologischen Laiin, als eine vorgeschlagene Lehrbeauftragte begonnen und fortgesetzt. (Siehe auch Teil III: „Eine Universität geht ab 1982 neue Wege") Von unserer ersten Begegnung 1982 an bis zu seinen Ausführungen am 21. November 1996 beim Empfang der Kirchenleitung der Nordelbischen Evangelisch-Lutherischen Kirche zur Übergabe der für Forschungszwecke aufgearbeiteten Archivalien des Nordelbischen Studien- und Entwicklungsprojektes ‚Behinderte Menschen leben in den Gemeinden' an das Kirchenarchiv der NEK in Kiel liegt eine Wegstrecke von vierzehn Jahren mit vielen gemeinsamen Lernschritten des *personalen* Lernens aufseiten des Theologieprofessors und der Person Wolfgang Grünberg sowie meinerseits als Betroffener und theologischer Laiin. Er beschreibt 1996 rückblickend den Weg und welchen Stellenwert er dabei der Laientheologie gibt so: Grünberg sähe sich nicht als Gelehrter, sondern als Lernender auf diesem Lernweg und in diesem Lernprozess in der Herausforderung durch eine Laientheologie, die dieser zu würdigenden 25-jährigen kirchlichen Pionierarbeit zugrunde liegt.

An drei unterschiedlichen ‚Orten' *geschieht* nach Grünberg Theologie:

1. „An den Theologischen Fakultäten *ist* Theologie natürlich das selbstverständliche professionelle Thema.
2. Im praktischen Engagement von Laien *geschieht* Theologie. (…)
3. In Gemeinden, Diensten und Werken *ereignet* sich Theologie. (…)

Die *wissenschaftliche Theologie* und die traditionelle Praxis der Kirchen sind notwendig angewiesen auf Gestaltwerdungen *induktiver Laientheologie*. (…) Die universitäre Theologie bedarf, um lebendig und kreativ zu bleiben, der Korrektur und Ergänzung … Die wissenschaftliche Theologie braucht aus purem Eigeninteresse Impulse und Kritik der *Laientheologie*, um nicht verwaltete Buchwissenschaft zu werden und zu erstarren … *Laientheologie* bringt mit Praxisengagement eine ganz andere Form der Theologie hervor. Sie ist an Veränderung interessiert und wächst auf dem Boden entschiedener Praxis. Oft ist sie kämpferisch, emotional, … speist sich aus Erfahrungen und entfaltet sich situationsspezifisch. (…) Es geht ihr nicht um die „ewigen" Wahrheiten, sondern um die Wahrheit von heute und morgen. (…) *Laientheologie* erwächst aus der Praxis und bewährt sich in neuer Praxis. (…) Eine Theologie, die keine Praxisimpulse mehr an sich heraussetzt, wird sterile Ideologie. (…) Theologie wächst dort, geschieht dort neu, wo ein leidenschaftlicher Dialog derer stattfindet, die ihre Leiden und Hoffnungen ernst nehmen. Ein solcher Dialog verändert alle Beteiligten und übt einen *Perspektivwechsel* ein. *Perspektivwechsel* als Ziel ist nur zu erreichen, wenn ihm auch methodisch entgegengearbeitet wird, d. h., wenn er eingeübt wird durch neue Lern- und Lehrschritte."[152]

Dank des Priestertums aller Gläubigen in unserer Evangelisch-Lutherischen Kirche kann und darf ich so auftreten, das Engagement für Menschen mit Behinderungen und deren Angehörige leben und als Laiin theologisch ausgestalten. *„Nur so kann/muss sich die Botschaft einer LAIEN-THEOLOGIE als Partnerin in Augenhöhe zur WISSENSCHAFTS-THEOLOGIE auf dem Weg unserer Kirche gestaltend einbringen."*[153]

Eine Universität geht neue Wege

Studierende werden aktiv …

Studierende nahmen ernst, was sich 1982 in der Evangelischen Akademie auf der Tagung „Behinderte Menschen als Thema der Theologie" der neu gegründete Kreis „Verbündete in der Sache behinderter Menschen" auf seine „Fahnen" geschrieben hatte: Jede, jeder lernt vor Ort genauer hinzuschauen, in welchen Bezügen das Thema „Behinderte Menschen" in mein Blickfeld kommt. Welche Ungereimtheiten in Wort und Tat fallen mir in meinem Alltag, meinem Berufsumfeld auf, wenn es um das Leben der Menschen mit Behinderungen geht?

In einem ersten Schritt verabredeten sich anschließend die Studierenden, die meisten Studierende des Fachbereiches Theologie und Religionspädagogik, und berieten, wie sie das Thema in der Universität Hamburg einbringen könnten. Sie suchten nach Wegen, um zu einem eigenen Problembewusstsein in dem Spannungsfeld Behinderung und Theologie zu kommen. Um hierzu mögliche Antworten zu finden, galt es Hinweisen auf Fragen in Bereichen nachzugehen, die außerhalb ihres Studiums lagen, denn da kam das Thema, wenn überhaupt, nur am Rande vor. Im Kapitel „Verbündete in der Sache behinderter Menschen" wird erläutert, dass die Studierenden das als begründeten Anlass nahmen, hierzu 1984 ein Gespräch mit dem Bischof für den Sprengel Hamburg, Prof. Dr. Werner Krusche, zu suchen.

An der Hamburger Universität gab es die gute Übung, dass Studierende mit einem Jour fixe ein ihnen wichtiges Thema für

Interessierte zu Gehör bringen können. Im Juni 1982 fand bereits ein erster Jour fixe mit Bericht über die Akademietagung „*Behinderte Menschen als Thema der Theologie*" statt. Weitere folgten und fanden ein aufmerksames Interesse bei Studierenden der Fachrichtungen Pädagogik, Jura, Medizin und Theologie. Außerdem mischte sich der eine und andere Professor der Theologie sowie der Pädagogik unter die anwesenden Zuhörer und Zuhörerinnen. Der Auftrag, die Jours fixes thematisch auszugestalten, ging jeweils an meine Person als die, die über umfangreiches Anschauungsmaterial, Erfahrungsberichte aus der Praxis, Filme zum Thema und zu verteilende Tagungsdokumente verfügte.

In einem zweiten gezielten Schritt brachte die Fachschaft der Studierenden der Theologie bereits im Sommer 1982 ihren Antrag mit der Forderung ein, im Wintersemester 1982/83 eine universitäre Veranstaltungsreihe „Der Mensch mit Behinderung" zu planen und durchzuführen.

Mit einer so schnellen positiven Zusage hatten die Studierenden nicht gerechnet. Die Durchführung eines ersten Pilotprojektes „*Behinderte Menschen leben unter uns – eine Herausforderung an die Theologie*" für behinderte und *nichtbehinderte* Studierende der Universität Hamburg wird im Wintersemester 1982/83 vom Fachbereich Evangelische Theologie, Institut für Praktische Theologie, verantwortet werden![154]

Die Studierenden hielten an ihrer Forderung fest, Lehrbeauftragte sollte eine erfahrene Praktikerin wie die Leiterin der Schwerpunktarbeit in der Evangelischen Familien-Bildungsstätte Hamburg-Lokstedt sein und kein lehrender Theoretiker. Es begannen im Sommer 1982 die direkten Gespräche der Universität mit mir. Eine Zusage als Seminarleitung für das bevorstehende Wintersemester 1982/1983 konnte ich so kurzfristig nicht geben, da sich die Veranstaltungsangebote einer Familien-Bildungsstätte stark auf die Monate September bis März konzentrieren. Die Enttäuschung der Studierenden war groß. Meine Bereitschaft, sie in die bereits bestehende Zusammenarbeit mit dem

Fachbereich Erziehungswissenschaften einzubeziehen, um so an der Arbeit der EBS Hamburg-Lokstedt zu partizipieren, wurde zustimmend aufgenommen. Außerdem wurde eine Terminvereinbarung für drei durch die Leiterin der EFBS HH-Lokstedt auszugestaltende Jours fixes im Wintersemester getroffen.

Die Gespräche der Professoren des Fachbereiches Theologie mit mir begannen dennoch gleich, obwohl die Durchführung des Pilotprojektes auf das Sommersemester 1983 verschoben war. Zum einen mussten notwendige Formalien geklärt werden. Zum anderen wollten sie sich informieren und mehr erfahren, was sich hinter dem herausfordernden Vorgehen, verbunden mit thematisch gut fundierten inhaltlichen Forderungen der Studierenden, verbirgt. Ich stellte den Kontakt zu Pastor Dr. Geiko Müller-Fahrenholz her und berichtete über die Bewegung *Verbündete in der Sache behinderter Menschen,* die durch ihn, Leiter der Evangelischen Akademie Nordelbien, Tagungsstätte Bad Segeberg, angestoßen war. Damit war eine gute Gesprächsstimmung für alles Weitere erreicht.

Noch war offen, ob ich den Ansprüchen einer universitären Lehrbeauftragten genügen würde. Als *„eine So-Gewordene von vielen"* konnte ich weder das Abitur, ein Hochschulstudium noch einen akademischen Abschluss vorweisen. Ich ging mit realistischen Gefühlen, der Selbsteinschätzung, den Ansprüchen der Universität sicher nicht zu genügen in die Besprechung. Für die Universität war es neu, 1982 möglicherweise einer Person, Laiin ohne Abitur und Hochschulstudium, auf dem Gebiet der Theologie einen Lehrauftrag zu erteilen. Dr. Wolfgang Grünberg, Professor der Praktischen Theologie am Fachbereich Evangelische Theologie, war bereit auch diesbezüglich neue Wege zu gehen. Ihm wurde die universitäre Begleitung des geplanten Pilotprojektes I „Behinderte Menschen leben unter uns – eine Herausforderung an die Theologie" übertragen.

Die inhaltliche Ausgestaltung des Pilotprojektes I wurde nun Thema in mehreren ‚Denkstuben' von Professor Grünberg und mir, der Leiterin des Seminars, da die Studierenden sich mit ihrer Forderung durchgesetzt hatten. In diesem Seminar würde, so mein Ansatz, die wissenschaftlich anerkannte *kognitive* Wissensvermittlung nicht wie sonst üblich dominieren, sondern sie müsste sich mit neuen Lern- und Lehrschritten messen lassen. Dazu würde beispielsweise mit der themenzentrierten Interaktionsmethode (TZI n. Ruth Cohn) und mit Bibliodrama gearbeitet werden. *Kontextuelle* Theologie sollte außerdem im Vordergrund stehen, die einzusetzen ich in der Zusammenarbeit mit Pastor Ulrich Bach erlernt hatte. Zum Gebrauch des Ausdrucks kontextuelle Theologie schreibt Ulrich Bach: „… man könnte sie ebenso bezeichnen als eine sensible oder konkrete rücksichtsvolle Theologie.* (…) Nicht-Theologen aber haben zuweilen schneller Zugang zur kontextuellen Theologie; denn sie ist nun einmal eher eine Nicht-Theologen-Theologie als eine Theologen-Theologie."**[155]

Aus meiner Sicht nahm Professor Grünberg insofern eine Sonderstellung unter den Kollegen des Fachbereiches ein, weil er mit der Entscheidung, eine Laiin als Pilotprojekt-Leiterin einzusetzen, der Laientheologie deutlich mehr Gewicht zu geben bereit war, die nach seiner Auffassung mit Praxisengagement eine andere Form von Theologie hervorbringt. Weil sie aus der Praxis erwächst und den Perspektivwechsel als Ziel im Blick hat, seien das gute Voraussetzungen für das, was am Fachbereich Theologie der Universität Hamburg begonnen werden sollte.

Während und nach der Durchführung des Pilotprojektes I der Universität Hamburg „Behinderte Menschen leben unter uns – eine Herausforderung an die Theologie" an zwei Kompaktwochenenden erfuhren die Studierenden große Aufmerksamkeit, wenn sie von ihren neuen, so anderen Lernerfahrungen berichteten. Ich wurde gebeten, mich darauf einzulassen, dass drei Theologen des Fachbereiches als Hörer anwesend sein wollten.

Ausschreibung Pilotprojekt I

PILOT- PROJEKT DER UNIVERSITÄT HAMBURG, S.-SEMESTER 1983

" BEHINDERTE MENSCHEN LEBEN UNTER UNS -
EINE HERAUSFORDERUNG AN DIE THEOLOGIE "

Termin: 15.4. - 17.4. und 22.4. - 24.4. 1983

Einer Gruppe von 15 Studierenden des Fachbereiches Evang.Theologie
der Universität Hamburg wird die Möglichkeit gegeben, in Einzel -
und Gruppenübungen sich mit dem Thema auseinanderzusetzen.

Schöpfungsglaube und Behinderung - schließen sie einander aus?
- Aussagen von Betroffenen dazu liegen uns vor.
- Aussagen von Theologen können wir nachlesen.
- Wie komme ich zu meiner persönlichen Aussage in dieser Frage?

In den zur Verfügung stehenden Arbeitseinheiten werden erste Schritte
angeboten, uns zu sensibilisieren im Hinblick auf uns selbst, auf unsere
Sprache - auf unsere Sprachlosigkeit. Wir wollen im Gespräch Fragen er=
örtern, Einstellungen hinterfragen und mögliche Schwerpunkte herausarbeiten:

- ich blende Behinderung aus meinem Leben aus.
  ein unbewußter - bewußter Vorgang - Folgen?
- ich benötige Informationen, um Vorurteilen besser begegnen zu können.
  woher hole ich sie mir? Was wird mir angeboten?
- ich bin behindert im Umgang mit Behinderten.
  wie gehe ich damit um?
- welches Menschenbild liegt meinem theologischen Denken zugrunde?
- Kirche für die Gesunden? --
  Diakonie für die Kranken und Behinderten?
  Mehr als ein Schlagwort?
- "Ich versuche zu glauben, daß Gott will, dieses Leben soll mein
  Leben sein." Ullrich Bach

- Leben ist mehr als die Summe von Behinderungen!
  Was ist zu tun, um dieser Aussage innerhalb der Kirche zum Leben zu
  verhelfen?

Es wird in den Übungen mit T-Z-I (themenzentrierte Interaktion,Ruth Cohn)
und mit Bibliodrama gearbeitet.
Literatur: siehe Literaturliste.

Leitung des Seminars:

Eva Bohne
Leiterin der
Evang. Familien- Bildungsstätte
Lokstedt

(Nordkirchen Archiv Kiel, 13.39 Nr.73 ,1)

Im Anschluss an das Pilotprojekt I forderten die Studierenden eine Auswertung mit den am Fachbereich Theologie Lehrenden, um eine Weiterführung der Thematik auszuloten und dem Nachdruck zu verleihen. Der Sprecher des Fachbereiches Evangelische Theologie, Professor Dr. Eckart Otto, bedankte sich, „… weil das von den Studenten und Ihnen aufgegriffene Thema ein Desiderat ist und der Vertiefung bedarf. Dazu werden wir im Rahmen des uns Möglichen Unterstützung geben."[156] Schwerpunkt am Auswertungsabend am 23. Juni 1983 war herauszuarbeiten, dass und explizit welche Fragen an die Theologie sich anders stellen, sobald wie in diesem Seminar behinderte Menschen beteiligt sind oder das Thema ‚Behinderung' konsequent einbezogen wird.[156*] Der Weg für eine Weiterarbeit in kleinen Schritten am Fachbereich Evangelische Theologie war frei und wurde zielorientiert durch die Studierenden fortgesetzt.

Ein Workshop für Studierende und Lehrende als Teilnehmer/innen …

Die Studierenden suchten im August 1983 den Propst des Kirchenkreises Niendorf, Rudi Mondry, für ein Gespräch auf. Sie übergaben den Antrag der neu gegründeten Arbeitsgemeinschaft „Behinderter und *nichtbehinderter* Studierender" an der Universität Hamburg zur Weiterarbeit am Thema „Menschen mit Behinderung leben unter uns, eine Herausforderung an die Theologie", später: Arbeitsgemeinschaft „Behinderte Menschen leben unter uns – eine Herausforderung an die Theologie, Studenten der Universität Hamburg aus den Fachbereichen Theologie, Sonderpädagogik, Medizin, Psychologie". Darin baten sie um die Zustimmung, dass die Leiterin der Evangelischen Familien-Bildungsstätte im Rahmen ihrer Tätigkeit mit dem Schwerpunkt ‚Menschen mit Behinderungen leben unter uns' zusätzlich die Leitung der Arbeitsgemeinschaft als ‚genehmigte Nebentätigkeit' ausführen kann. Um diesen Problemkreis an der Universität zu integrieren, ist für November 1984 ein Workshop für lehrende und kirchenleitende Theologen der Nordelbischen Evangelisch-Lutherischen Kirche geplant, der von den Studierenden vorbereitet und durchgeführt werden würde. Für die Umsetzung dieses Vorhabens benötigten sie professionelle Unterstützung. Für die inhaltliche Ausgestaltung des vorgesehenen Workshops wünscht sich die AG im Wintersemester 1983/84 einen Einführungstag und sieben weitere zweistündige Arbeitseinheiten unter der Leitung von Frau Eva Bohne.

Propst Rudi Mondry und das Kuratorium der EFBS Hamburg-Lokstedt stimmten dieser Zusammenarbeit mit der Universität Hamburg zu. Eine Abordnung aus der Gruppe der Studierenden suchte gemeinsam mit der Leiterin der gegründeten AG das Gespräch mit dem Bischof des Sprengels Hamburg, Professor D. Peter Krusche, um ihn zu informieren, was Studierende des Fachbereiches Evangelische Theologie unternehmen, um die im Studium erkannte Lücke zur fehlenden theologische Auseinandersetzung mit dem Thema „Der Mensch mit Behinderungen" zu schließen.[157] Mit der Zustimmung des Bischofs für den geplanten Workshop waren damit bereits zu Planungsbeginn alle eventuellen Infragestellungen durch Skeptiker für ein derartiges Unternehmen entkräftet. (Siehe auch Teil III: „Verbündete in der Sache behinderter Menschen")

Zum Ende des Wintersemesters 1983/84 konnte die AG zufrieden auf die Ergebnisse ihrer Arbeit zurückschauen. Für den geplanten Workshop im November 1984 lag das Konzept für zwei gemeinsame Arbeitstage im Evangelischen Zentrum Hamburg-Rissen vor. Eine Finanzierung durch die Universität war von Anfang an ausgeschlossen. Dank des Einsatzes der

Oberkirchenräte Kurt Puls und Matthias Jessen war die Fremd-finanzierung durch Zusagen des Nordelbischen Kirchenamtes in Kiel gesichert, der Entwurf der Einladung bereits mit der Universität abgesprochen.

Durch den Versand der Einladungen mit einem neun-monatigen Zeitvorlauf erhofften die Studierenden der AG, dass eine Teilnahme der eingeladenen Pioniere im *neuen Denken* wie Pastor D. Ulrich Bach und Pastor Dr. Johannes Degen möglich wurde. Diese Erwartung erfüllte sich.

Wir wollten eine vielfältige Zusammensetzung der Teil-nehmer erreichen. Es sollte insbesondere ein gleichmäßiges Verhältnis zwischen behinderten und *nichtbehinderten* Menschen sowie zwischen Lehrenden, Studierenden und praktisch mit dieser Arbeit Vertrauter bestehen.

Aus dem Rücklauf schlossen wir auf eine interessante und gelungene Mischung aus Theologen in den unterschiedlichen Funktionen/Ämtern: Lehrende, Pröpste, Oberkirchenräte und Gemeindepastoren, zahlenmäßig gleich mit Studierenden; ein Drittel der fünfunddreißig Teilnehmer und Teilnehmerinnen würden Menschen mit unterschiedlichen Behinderungen sein und teilweise eine weite, für sie beschwerliche Anreise in Kauf nehmen.

Von Anfang an meldeten sich auch die Skeptiker zu Wort. Ein Workshop, auf dem Professoren und Studenten gleich-rangig Teilnehmer sein würden, das zeuge von Dilettantis-mus. Anrufe von einigen lehrenden Theologen erreichten die Leiterin der EFBS HH-Lokstedt. Ihre Nachfrage bestand da-rin, sich vergewissern zu wollen, ob das wirklich so geplant sei, dass sie als Teilnehmende eingeladen sind. Ihr Spezial-wissen umfasse den folgenden (benannten) Bereich und ein Kurzreferat dazu böten sie an. Eine bloße Teilnahme könnten sie sich schwer vorstellen, um Tage danach in einer Vorlesung diesen Personen (Teilnehmern) dann als Lehrender vorzustehen. „Eine Anmeldung zu diesem so durchzuführenden Workshop, verantwortet von einer Gruppe Studierender, unterliegt der jeweils eigenen freien Entscheidung", war die Antwort. In Leserbriefen zu Berichterstattungen in der Presse klang später seitens der Skeptiker an: Der Workshop schien (dem Leser) von einer latenten Abwehr akademischen Wissens bestimmt gewesen zu sein, und es sei zu hoffen, dass die Gruppe bei der Weiterarbeit diese wichtigen Ansätze berücksichtige.[158]

In seinem Vorwort der durch die Studierenden erstellten Dokumentation zum Workshop äußert sich Dr. Geiko Müller-Fahrenholz genau dies lobend: „Als beglückend empfinde ich, dass auf dem Hamburger Workshop Menschen miteinander gearbeitet haben, die nach der auch in Kirche und Universität gängigen Rollenzuweisung voneinander getrennt oder gar voneinander abhängig sind: nämlich Studenten und Universitätslehrer, Pastoren und kirchliche ,Mit'-Arbeiter, vor allem aber Gesunde und Behinderte. Diese Konstellation ermöglichte ein intensives, verändertes Lernen."[159]*

Es lag uns daran, ein Forum zu schaffen, in dem Teilnehmer ihre Erfahrungen, Gedanken und Fragen miteinander austauschen konnten und somit möglichst viele Denk- und Lösungsansätze miteinander konfrontiert würden. Aus diesem Grund haben wir bewusst auf einleitende Referate verzichtet. Ausschnitte aus Stellungnahmen am Ende des Workshops bringen das vielschichtige Erleben dieser zwei gemeinsamen Arbeitstage zum Ausdruck „(…) Hier geschieht etwas ganz Neues. Und das Neue sehe ich in dem Miteinander. Ein Miteinander, aus dem auf einmal aus dem Behindertenbereich etwas zu lernen ist für die Gesamtkirche und für die Gemeinden."*[160.1]

„(…) Erstmals ist deutlich geworden, dass unser Thema ,Herausforderungen an die Theologie' zugleich heißt ,Herausforderung an die Kirche': Es ist ehrenwert, dass wir uns zuerst ganz bewusst beschränkt haben auf die Theologie. Aber unausgesprochen und sehr deutlich ist, es ist eine Herausforderung an die Kirche! Was hat Kirche bisher gemacht? Soweit ich sehe, hat die Kirche gesagt: Arbeit <u>mit</u> Behinderten ist Arbeit <u>an</u> Behinderten, das fassen wir zusammen in bestimmten Einrichtungen und delegieren wir und entlasten uns ein Stück und haben es im Griff.",**160.2

„(…) Jetzt ist für mein Erleben zum ersten Mal etwas passiert, dass eine Arbeitsgruppe gesagt hat: Um der Wahrhaftigkeit des Selbstverständnisses der Kirche wegen reden wir anders über Behinderung. Nicht nur, weil wir betroffen sind, sondern auch, weil wir danach fragen: Wo ist denn dein gemeinsames Leben, du Kirchenmensch einschließlich Pastor? Und auf einmal erhält das Stichwort Behindertenarbeit eine ganz andere Qualität, ganz neue Inhalte.",***160.3

„(…) Ich habe mit Erstaunen festgestellt, dass dieses die erste Tagung ist, bei der wirklich Behinderung das Thema in dem Bezugsrahmen Gott/Theologie/Religion ist. Die Auseinandersetzung mit diesen sehr existenziellen Fragen, die ich bisher nur mit mir selbst geführt habe, ist mir jetzt zum ersten Mal in dieser Gruppe Behinderter und Nichtbehinderter begegnet.",****160.4

„(…) Ich hatte noch nie die Gelegenheit ergriffen, mich dem Gespräch mit kleinwüchsigen Menschen zu stellen: Mir wurde eine ganze Welt erschlossen, auch wenn ich das Gefühl habe, nur einen Blick durch einen Spalt einer kurz geöffneten Tür geworfen zu haben.",*****160.5

„(…) Mir ist wichtig, dass die Anregung von Studenten kam, die damit zugleich Fragen an den Lehrbetrieb der Universität wie an den Umgang von Kirchenleitungen mit Behinderten – speziell unter den eigenen Mitarbeitern – gestellt haben.",******160.6

„(…) Sie haben uns auf heilsame Weise in die Pflicht genommen.",*******160.7

Aus der Rückschau als Mitveranstalterin des Workshops: „Es mag für den Leser schwierig sein, sich vorzustellen, dass in nur zwei Tagen gemeinsamer Arbeit so vielfältige persönliche

Erfahrungen eingebracht und wichtige Bausteine zum Thema zusammengetragen worden sind, mit denen weitergearbeitet wird. Der Workshop ist aus meiner Sicht als Mitveranstalterin einerseits ein Ausdruck dafür, dass Theologie im Nachdenken über das Mensch-Sein des behinderten Menschen erst am Anfang steht. Andererseits erlebe ich es als ermutigend, was eine engagierte Gruppe durch kontinuierliche Basisarbeit erreichen konnte. Sie hat entgegen mancher Voraussagen Mittel und Wege gefunden, um eine intensive Auseinandersetzung mit dem Thema „Behinderung und Theologie" über einen längeren Zeitraum zu ermöglichen."********160.8

Im Rückblick auf die zweijährige Zusammenarbeit mit der Arbeitsgemeinschaft der Studierenden der Universität Hamburg stelle ich anerkennend heraus: Diese Studierenden sind bereit gewesen, über einen Zeitraum von vier Semestern das Thema „Behinderte und Theologie" sehr nahe an sich herankommen zu lassen. Nur am Anfang habe ich Lernschritte vorgegeben, die in die Auseinandersetzung mit dem Thema „Behinderung und Theologie" hineinführten. Die Studierenden fanden eigene Sprache und Ausdruck für das, was sie bewegte – bis hin zur Konsequenz, einen Workshop verantwortlich zu planen und durchzuführen sowie eine Dokumentation zu erarbeiten. Sie haben Schritte der Veränderung und der Einstellung an sich erlebt. Sie verstehen diese Zeit als notwendige heilsame Auseinandersetzung mit der Thematik, die sich auszahlen wird in ihren zukünftigen Berufsfeldern beispielsweise Kirchengemeinde oder Schule. Mich persönlich hat die Begegnung mit so ernsthaft arbeitenden angehenden Theologen unter den Studierenden zutiefst beeindruckt und in dem Willen gestärkt, weiterhin der theologischen Auseinandersetzung zum Phänomen ‚Der Mensch mit Behinderungen' nicht auszuweichen.

Ausschreibung zum Workshop ...

```
         "BEHINDERTE MENSCHEN LEBEN UNTER UNS  -
         EINE HERAUSFORDERUNG AN DIE THEOLOGIE"


         WORKSHOP 2./3. November 1984
         ----------------------------

Arbeitsgemeinschaft "Behinderte Menschen leben unter uns -
                     eine Herausforderung an die Theologie"
Studenten der Universität Hamburg aus den Fachbereichen Theologie,
Sonderpädagogik, Medizin, Psychologie;
Ev. Familien-Bildungsstätte Hamburg-Lokstedt des Kirchenkreises Niendorf


Wie bereits angekündigt, findet der WORKSHOP statt

     am Freitag, 2. 11. 1984     Beginn: 15.30 - 21.00 Uhr (vorverlegt!)
        Samstag, 3. 11. 1984             9.30 - 18.00 Uhr
Wir laden Sie herzlich ein zur Mitarbeit am Thema

         "BEHINDERTE MENSCHEN LEBEN UNTER UNS  -
         EINE HERAUSFORDERUNG AN DIE THEOLOGIE"

Wir wollen an den vielschichtigen theologischen Aussagen aus Theorie
und Praxis zu diesem Thema gemeinsam arbeiten.

Tagungsort:  Evang. Zentrum Rissen
             Iserbarg 1, 2000 Hamburg 56, Tel.: 8190223
Die Evang. Luth. Kirche NORDELBIEN bezuschußt diesen WORKSHOP.

Kosten:   Eigenanteil  DM  40,--
          Studenten    DM  20,--
Für auswärtige Teilnehmer besteht in begrenztem Umfang Übernachtungs-
möglichkeit.


Es liegen bereits viele Anfragen vor. Die Teilnehmerzahl soll über-
schaubar bleiben; wir bitten um Ihre baldige Anmeldung, spätestens
                                         bis 31. August 1984!
Arbeitsmaterial zum WORKSHOP geht Ihnen nach Ihrer Anmeldung zu.

         Vorbereitungsteam: Eva Bohne, Ltr. d. FBS Lokstedt
                            Silvia Meyerding, stud. theol.
                            Birgit Milenk, stud. theol./päd.
                            Arne Wesseloh, stud. theol.

Anmerkung: Die methodisch-didaktische Planung und Durchführung geht
           von einer Mitarbeit aller Teilnehmer von Anfang bis Ende
           des WORKSHOPS aus.
```

(Nordkirchen Archiv Kiel, 13.39 Nr. 75.1)

Neues Denken kollidiert mit den Strukturen der Diakonie

> *„Ein Merkmal von Diakonie quer durch die historischen Epochen ist ihr Pragmatismus. Nur selten ist sie in der komfortablen Lage, zu wünschen und zu wählen. Sie hat jeden Tag Aufgaben zu bewältigen, die nicht liegen bleiben können. Gibt es einen prinzipiell unauflösbaren Zusammenhang zwischen Pragmatismus und funktioneller Loyalität der Diakonie in den wechselnden Systemen von Staat und Gesellschaft? (…) Wenn die gesellschaftliche Vernetzung der Kirchen in der neueren und neuesten Geschichte im Allgemeinen abnimmt, so trifft das auf die Diakonie nur bedingt zu. Ihre Arbeitsfelder gestatten keinen Rückzug auf Kirche und Kanzel. Ökonomisch ist die Diakonie ein Wirtschaftsunternehmen. Sozialpolitisch ist sie Teil des Gesundheitssystems. Theologisch repräsentiert sie einen Ort praxisbezogener Verkündigung im Spannungsfeld von Kirche und Gesellschaft.“*[161]

Diakonie lebt und wirkt auf der Grenze zwischen Kirche und Gesellschaft. Das ist bei kritischer Reflexion zu berücksichtigen, dennoch: „Es lohnt sich, einige strukturelle Probleme der Diakonie, die seit dem vorigen Jahrhundert ungelöst sind, noch mal aus heutiger Sicht zu reflektieren.“[162]

Mit dem Neuanfang nach 1945 wurde in der Kirche eine Aufgabentrennung vorgenommen: Alles zum Thema *Behinderung* war den Diakonischen Werken zuzuordnen. Heute zeigen sich uns die negativen Auswirkungen, die diese Konzentration des Themas auf *eine* Institution zur Folge hat, weil damit für andere Teile der Kirche *Menschen mit Behinderungen* weder Thema noch Grund zu eigenem Handeln wurden. „Diakonie war das Evangelium der Tat – was gab es da zu denken oder reflektieren? (…) In der Tat gibt es Grund genug, über grundlegende Orientierungen in Diakonie und Kirche nachzudenken."[163]

Aus meiner Sicht ist der *Umgang mit Menschen mit Behinderungen* der Testfall im Normalfall für *alle* Bereiche von Kirche und Theologie! Wir müssen uns fragen, wie spiegelt sich das wieder im Alltag,

– im Landeskirchenamt,
– im Ausbildungsbereich Hochschule,
– in den Gemeinden,
– in der institutionalisierten Diakonie?

In der praktischen Arbeit an der Basis zeigte sich deutlich ab den 1970er Jahren, dass *Reflektieren* und *Verändern not*wendig sind, um die mit Ausgrenzung und Separation verbundenen Folgen für Menschen mit Behinderungen und deren Angehörige zu beenden. Nur so werden wir schrittweise dem von Oberkirchenrat Kurt Puls formulierten Ziel näherkommen: „Ziel der Behindertenarbeit muss sein, Bedingungen zu schaffen, unter denen ein Mensch *Subjekt* sein kann."[164]

Der Blick auf die Realität sah von Hamburg bis München in der Regel anders aus. Der Münchner Theologieprofessor Dr. Christof Bäumler benannte 1990 deutlich die Schwierigkeiten, mit denen sich die Diakonie im *Umdenken* konfrontiert sah:

„(…) Täglich erneut scheitert die Integration behinderter Menschen in unsere Gesellschaft. (…) Die diakonische Praxis hat die längste Erfahrung mit der Betreuung und Pflege behinderter Menschen. Die Umstellung auf *gemeinsam leben lernen* von behinderten und *nichtbehinderten* Menschen nach dem Prinzip der *Hilfe zur Selbsthilfe* vollzieht sich jedoch nicht ohne Reibungsverluste und Rückschläge. Oft kommt dieser Um-

258

stellungsprozess nur durch die Initiative von unmittelbar betroffenen *Familien* voran."*[165] Einen der Gründe für das vorläufige Scheitern eines Projektes – ein gut durchdachter Vorschlag betroffener Eltern zur Gründung einer Wohngemeinschaft für Menschen mit und ohne Behinderungen in Kooperation mit dem Diakonischen Werk – sah er so: „Es liegt gewiss in den Strukturen der Hilfe für behinderte Menschen, die sich in einer verhältnismäßig langen Tradition entwickelt haben. Die Aufgabe, Strukturen diakonischer Praxis zu entwickeln, in denen Hilfe *zur Selbsthilfe* auch für geistig behinderte Menschen realisiert wird, liegt noch vor uns."**[165]

Um sich zukunftweisenden Projekten im Behindertenbereich zu öffnen, hätten die Strukturen der institutionalisierten Diakonie, der 1970/1980er Jahre überdacht werden müssen. Doch das blieb aus. So wurden uns „Stolpersteine" in den Weg gelegt als Antwort der Diakonie auf scheinbar nicht in ihr Konzept passende Unternehmungen. Die Wurzeln für dieses ablehnende Verhalten scheinen viel tiefer zu liegen. Der Kirchenhistoriker Dr. Kurt Ludwig Nowak sieht als eine Ursache, kritisches Hinterfragen der eigenen Ansätze auszublenden, wenn es beispielsweise im wechselseitigen Spannungsfeld von Theologie, Kirche und Diakonie vorrangig um Machterhaltung geht.[166]

Deshalb blieb, so unsere Erfahrung, eine erhoffte Unterstützung seitens der Diakonie aus, als in Hamburg ab 1970 ein neuer, veränderter Umgang mit Menschen mit Behinderungen und deren Angehörige erprobt wurde. Der Arbeitsan*satz* einer kirchlichen Behindertenarbeit mit einem *Bildungs*-Anspruch, in der *integrativ* für und *mit* Menschen mit Behinderungen, deren Angehörigen und den sogenannten Nichtbehinderten in der Schwerpunktarbeit der EFBS Hamburg-Lokstedt gearbeitet wurde, passte in den 1970er bis 1990er Jahren nicht in das Aufgabenverständnis der institutionalisierten Diakonie in der Nordelbischen Evangelisch-Lutherischen Kirche und darüber hinaus. Pastor Rudi Mondry drückte diese ungute Entwicklung in seiner „Theologischen Kontrolle der Erfahrungen" deutlich aus: „Diakonie wird so zum Tatort und nicht zum Ort gemeinsamen Lebens, Wachsens, Leidens."[167]

Missverständnisse im kirchlichen Raum waren ab 1970 geradezu vorprogrammiert mit dem Beginn der EFBS-Schwerpunktarbeit *Behinderte Kinder leben in den Familien"* und deren schneller Ausweitung. Es begann mehr verdeckt als offen ausgetragen ein Legimitations*streit,* weil nach der strikten Aufgabenteilung in der Kirche alles zum Thema Behinderung den Diakonischen Werken zugeordnet war.

„Wir haben ein *Primat auf Behinderte!",* so der Leiter des Diakonischen Werkes Hamburg 1974 in einem erbetenen Gespräch zur Sache mit betroffenen Müttern und der Leiterin der Schwerpunktarbeit *„Behinderte Kinder leben in den Familien".* „Deshalb gilt: Hilfe für *Behinderte* gehört zu unserem Auftrag. Was *richtige* Behindertenarbeit ist, das entscheiden wir, die Diakonie."[168]

Für mich kam überdeutlich die Angst vor Veränderungen in diesen und ähnlichen Äußerungen zum Ausdruck: Eltern und Angehörige der *Pflegebefohlenen* müssen draußen bleiben! Da lassen wir uns nicht reinschauen. Wir allein bestimmen, wie das Leben ihrer Söhne und Töchter in der Anstalt und im Heim gestaltet wird! Wir sind die Profis.

Die in den 1970er Jahren von Frauen und Müttern behinderter Kinder der EFBS Hamburg-Lokstedt angebotene Zusammenarbeit *mit* dem Diakonischen Werk Hamburg, gezielt den Aufbau von Elternvertretungen auch in diakonischen vollstationären Behinderteneinrichtungen Hamburgs zu beginnen, wurde abgelehnt. Sehr zeitverzögert zeigten sich Einrichtungen in kirchlicher Trägerschaft in Hamburg – mit Ausnahme der ehemals Alsterdorfer Anstalten – bereit, den Eltern bei vollstationärer Unterbringung ihres Kindes die ihnen zustehenden Elternrechte zu gewähren und eine demokratisch legitimierte Mitsprache im Heim umzusetzen.

Die meinerseits gesammelten Praxiserfahrungen als Pionierin des *neuen Denkens* in der Zusammenarbeit mit der institutionalisierten Diakonie über einen Zeitraum von fünfundzwanzig Jahren sind ernüchternd. Im langjährigen Umgang miteinander hatte es den Anschein, dass Vorschläge und Ideen, die nicht von der Diakonie selbst eingebracht wurden, kaum Aussicht auf Umsetzung hatten. Insbesondere dann nicht, wenn sie auf der Basis der Kooperation angelegt waren. Ein Wandel zu mehr Kooperationsbereitschaft war trotz zahlreicher Versuche wenig erkennbar. Einzelne Mitarbeiter und Mitarbeiterinnen auf der mittleren Ebene der Diakonie-Hierarchie wären bereit gewesen, unseren Ansatz des *„Mit- und voneinander Lernen als eine Chance für alle"* voll zu unterstützten. Sie sahen sehr wohl die Notwendigkeit der Bearbeitung der theologischen Dimension von Behinderung in der Institution Diakonie und hätten dem gern einen angemessenen Raum verschafft. Das Thema *Menschen mit Behinderungen* anders, neu in den Blick zu nehmen war demnach personengebunden und nicht Programm in der institutionalisierten Diakonie.[169]

Die Struktur der institutionalisierten Diakonie in Hamburg ließ es trotz mehrerer Versuche nicht zu, dass Vertreter alternativer Arbeiten im Umgang mit Menschen mit Behinderungen und deren Angehörigen, wie zum Beispiel der Evangelischen Familien-Bildungsstätte Hamburg-Lokstedt, einen legitimierten Platz in ihren Gremien zu verantwortlicher Mitarbeit erhielten. Die Folge davon war und die Kirche hatte hinzunehmen, dass die Leiterin der Schwerpunktarbeit der EFBS Hamburg-Lokstedt ab 1975 in bundesweit agierende Gremien der Selbsthilfeorganisationen gewählt wurde und dort Sitz und Stimme hatte. Diese Zusammenarbeit sicherte ihr laufende Informationen und Erkenntniszugewinn sowie vielseitige eigene Weiterbildung zu und führte zur Direktbegegnung mit nationalen und internationalen Pionieren in der Behindertenarbeit weit über die Grenzen der BRD-West hinaus.

Zu Beginn des Jahres 1997 wurden die Erfahrungen und Ergebnisse offiziell an Theologie und Kirche in der EKD und an die EKD-Kirchen weitergegeben, die auf der Basis des *„Mit- und voneinander Lernen – als Chance für alle"* in dem dreijährigen „Studien- und Entwicklungsprojekt ‚Behinderte Menschen leben in den Gemeinden'" in Verbindung mit dem Ökumenischen Weltrat der Kirchen, Genf (WCC/ÖRK) von 1989 bis 1992 gemacht wurden. Das Kirchenamt der Nordelbischen Evangelisch-Lutherischen Kirche in Kiel übernahm den Versand für einen breitaufgestellten Verteilerkreis von Multiplikatoren* in der EKD zur Übersendung eines Belegexemplares.

DOKUMENTATION

Studien- und Entwicklungsprojekt
„Behinderte Menschen leben in den Gemeinden"
Aufbau und Weg dahin,
Weiterarbeit am Thema – in der Vernetzung mit Anderen

Das Begleitschreiben begannen 1997 Oberkirchenrat Matthias Jessen und die Referentin des Nordelbischen Studien- und Entwicklungsprojektes mit folgendem Hinweis:
„Material zum Thema Behinderung wurde bisher in jedem Fall im Bereich der Diakonie gesucht und gefunden. (…) Die vorliegende Dokumentation zeigt zum einen die positiven Veränderungen im Hinblick auf das Leben der Menschen mit Behinderungen im Zeitraum von 1970–1992 im gesellschaftlichen und kirchlichen Kontext auf.

Das Thema ‚MENSCHEN MIT BEHINDERUNGEN' ist in dieser Arbeit durchgängig vom Bildungsansatz begründet und kontextuell für und mit Menschen mit Behinderungen, deren Angehörigen und den sogenannte Nichtbehinderten bearbeitet worden. Ziel der einzelnen Arbeitsvorhaben/

Projekte war es, Schritte auf dem Weg zu mehr Integration und Partizipation der Menschen mit Behinderungen und deren Angehörigen am Leben und Wirken unserer Kirche aufzuzeigen und zu gehen.

Zum anderen weist der Inhalt der Dokumentation hin auf die vielfältigen Facetten des Themas, die der theologischen Bearbeitung in der Lehre und in der Umsetzung in die Praxis noch bedürfen, damit integratives Denken und Handeln im Raum der Kirche selbstverständlicher werden."[170]

Für die *Verbündeten in der Sache behinderter Menschen* hieß in den 1970er bis 1990er Jahren auf unterschiedliche Weise *gegen den Strom zu arbeiten*, mit Veranstaltungen, Projekten und Dokumentationen in ihrem jeweiligen Berufsalltag Bewusstseinsbildung zu betreiben: „*Der Umgang mit Menschen mit Behinderungen muss Teil aller Handlungs- und Gestaltungsbereiche in unserer Kirche werden und nicht weiterhin nur der Diakonie!*"

SIGNETS
SPRECHEN IHRE GANZ EIGENE SPRACHE

263

Als Objekte barmherziger Zuwendung blieben ‚Behinderte' namenlos

Fünf Ton-Tafeln und ihre Botschaft

Tontafeln

Diese Tontafeln sind in den Sechzigerjahren in der Keramik-Werkstatt der ehemals von Bodelschwinghschen Anstalten in Bethel/Bielefeld geschaffen. Es gibt einen Grund, weshalb sie von vielen Menschen so in Ehren gehalten werden.

Wer in Bethel Gelegenheit hatte, Hartmut Gnass bei seiner künstlerischen Arbeit zuzuschauen, der kam ins Staunen. Die biblische Geschichte, die er am Sonntag im Gottesdienst gehört hatte, ritzte er, weil er stark sprachbehindert war, am folgenden Werktag mit einem Griffel in Ton ein. Und zwar mit so überzeugender Aussagekraft, dass die Tontafel-Geschichten ein Verkaufsschlager für Bethel wurden. Um eine ganze Geschichtenfolge in Ton zu erwerben, wie diese vom viererlei Ackerfeld, gab es lange Vorbestellungszeiten. Als Krönung ist 1972 die Halle im Neubau des Diakonen-Brüderhauses „Nazareth" in Bethel mit der *Bilderbibel in Ton* aus 183 einzelnen Tontafeln von Hartmut Gnass ausgestaltet worden.

Und wer ist der Schöpfer? Wie der Name des Künstlers dieser kirchlichen Kunstwerke? Das wurde viele Jahre pauschal beantwortet: Ein Patient aus der Keramik-Werkstatt der von Bodelschwinghschen Anstalten.

Menschen von außen kommend, fragten erstaunt: Diese Kunstwerke sind namenlos? Mit dem ersten UN-Behinderten-Jahr 1981 änderte sich das. Aus „Behinderten" wurden behinderte Menschen! Sie bekamen als Personen einen Namen. Die Kunstwerke von Hartmut Gnass sind im Zuge dieses Bewusstseinswandels nachträglich mit seinem Namen versehen worden.

Ja, so war das. Behinderte Menschen blieben als „Objekte *barmherziger Zuwendung*" namenlos. Erst in den 1980er Jahren wurden sie zu Subjekten, Personen mit einem Namen. Hartmut Gnass ist ein solches Beispiel. Deshalb werden auch von mir diese Tontafeln so in Ehren gehalten.

Eine Anfrage von 1988 vom
WORLD COUNCIL OF CHURCHES

Diese Anfrage führt zur Vernetzung mit der Ökumene

Großes Erstaunen löste am 10. Mai 1988 bei den Mitgliedern des Kuratoriums der Evangelischen Familien-Bildungsstätte Hamburg-Lokstedt das Schreiben von Dr. Klaus Poser, Direktor der Kommission on Interchurch Aid, Refugee and World Service (CICARWS) des World Council of Churches in Genf aus:
„Die Kommission für Zwischenmenschliche Hilfe, Flüchtlings- und Weltdienst (CICARWS) des Ökumenischen Rates der Kirche (OeRK) beabsichtigt, sich im Rahmen ihrer Europa-Arbeit intensiver dem Problemfeld ‚Institutionelle Diakonie und lebendige Gemeinde' zu widmen. Durch ihre Schwerpunktarbeit ‚Behinderte Menschen leben unter uns' scheint uns die Evangelische Familien-Bildungsstätte HH-Lokstedt sich dieser Problematik in vorbildlicher Weise angenommen zu haben und im Hinblick auf den Umgang mit behinderten Menschen fruchtbares Lernfeld zu bieten.

Viele Kirchen, Gemeinden und kirchliche Einrichtungen in Europa sehen sich vergleichbaren Problemen konfrontiert. Um ihnen behilflich zu sein, vor allem aber einen weiterführenden Meinungsaustausch zu vermitteln, bedarf es jedoch eines Überblickes über Ansätze, Erfahrungen und Problemanzeigen einer gemeindeorientierten Diakonie. CICARWS plant daher, entsprechende Erhebungen und vergleichende Untersuchungen durchzuführen.

Wir würden uns freuen, wenn das Kuratorium der Evangelischen Familien-Bildungsstätte HH-Lokstedt der Einbeziehung der Arbeit der Familien-Bildungsstätte in unsere Untersuchungen zustimmen könnte. (…) Ihre Zustimmung würde uns helfen, die Planung zu konkretisieren. Wegen der Durchführung der Untersuchung stehen wir mit Frau Pfarrerin Esther Bollag, Würenlos, Schweiz, in Verbindung. Frau Bollag ist der Leiterin der Familien-Bildungsstätte, Frau Eva Bohne, gut bekannt. Ich wäre Ihnen dankbar, wenn Sie uns die Kontaktperson benennen könnten, mit der wir im Falle einer positiven Entscheidung weiter verhandeln können."[171]

In dieser Sache arbeiteten fortan die kirchlichen Organe so zügig und koordinierend zusammen, wie ich es in der 18-jährigen Pionierarbeit bisher noch nicht erlebt hatte. Bereits zwei Wochen nach Eingang der schriftlichen Anfrage von Dr. Klaus Poser antwortete der Vorsitzende des Kuratoriums der Familien-Bildungsstätte HH-Lokstedt Nikolaus Jürgens: „Mit Freude stimmt das Kuratorium Ihrem Vorschlag zu, die Arbeit der Evangelischen Familien-Bildungsstätte HH-Lokstedt, Schwerpunktarbeit ‚Behinderte Menschen leben unter uns‘, in die Erhebung und vergleichenden Untersuchungen der CICARWS aufzunehmen. Auf Wunsch des Kuratoriums darf ich mich Ihnen als Kontaktperson zur Verfügung stellen. Die Durchführung und Organisation aller mit dem Projekt verbundenen Aufgaben obliegen der Leiterin der Familien-Bildungsstätte, Eva Bohne. Ergänzend möchte ich Ihnen mitteilen, dass eine Zusage der Nordelbischen Evangelisch-Lutherischen Kirche vorliegt, Projekte zum Thema ‚Behinderte Menschen in Kirche und Theologie‘ in dem bisherigen Rahmen auch für den Herbst 1988 und Winter 1989 zu fördern. Damit ist gesichert, dass verschiedenartige Projekte, Seminare, Kurse zum Thema angeboten werden können, um sie in die vergleichenden Untersuchungen einzubeziehen."[172]

Es stellt sich die Frage, wieso auf einmal eine so große Bereitschaft zu spüren war, der inhaltlichen Arbeit *mit* und *für Menschen mit Behinderungen und deren* Angehörige einen anderen Stellenwert zu geben als bisher.

Rückblickend lässt sich feststellen, dass der Workshop „Behinderte Menschen leben unter uns – eine Herausforderung an die Theologie" 1984 – wenn auch nicht direkt – als ein wichtiger Schritt auf der Wegstrecke zum Nordelbischen Studien- und Entwicklungsprojekt anzusehen ist. Professoren, Oberkirchenräte, Leiter großer Behinderteneinrichtungen, Pröpste und Pastoren ließen sich damals einladen zum *miteinander und voneinander Lernen* zu theologischen Fragestellungen. Den Blick auf die Entwicklungen in der Ökumene nicht außer Acht zu lassen, war den Studierenden als Veranstalter des Workshops wichtig. Deshalb standen beispielsweise die auf der 6. Vollversammlung des WCC/ÖRK in Vancouver 1983 zusammengestellten „Empfehlungen der Fachgruppe in Richtung auf mehr Partizipation, Abschnitt f: ‚Behinderte' im Mittelpunkt. (Siehe auch Teil III: „Wer nimmt sich in der Evangelischen Theologie in den 1980er Jahren des Themas an?") Danach werden die Kirchen nachdrücklich aufgefordert, zu überprüfen, was der Integration und Partizipation behinderter Menschen in Gemeinden und kirchlichen Ausbildungsstätten entgegensteht.[173]

Wer es wissen wollte, konnte erfahren, wo und wie zu den theologischen Herausforderungen „*Behinderte Menschen leben unter uns*" mit anderen Lernformen als an der Universität üblich in der Nordelbischen Evangelisch-Lutherischen Kirche und darüber hinaus an der Basis gearbeitet wurde. Teilnehmer des Workshops ließen sich in den Folgejahren wiederholt zu Seminaren und Veranstaltungen einladen oder zur Mitwirkung gewinnen. Auf diese Weise waren Oberkirchenräte und Pastoren in leitenden Funktionen der Kirche informiert über den Entwicklungsprozess, den die Schwerpunktarbeit der Evangelischen Familien-Bildungsstätte nahm. Sie verfolgten interessiert, wo und wie die Inhalte und die Leiterin der Schwerpunktarbeit eingebunden wurden: beispielsweise 1986 in die Vorbereitungstagung für den Evangelischen Kirchentag 1987. „Seht den Menschen – Menschen und ihre Menschenbilder" in der Evangelischen Akademie Arnoldheim und dann auf dem Podium zusammen mit Dr. D. Sölle, Prof. Dr. Joachim Track und D. Ulrich Bach zum Thema: „Seht den Menschen, Untergruppe: Leiden – mit dem Gekreuzigten leben – sein Kreuz auf sich nehmen" 1987 in Frankfurt. Seit der Akademietagung 1983 „Behinderte auf der Kanzel?" war es zur bundesweiten Vernetzung der *Verbündeten in der Sache behinderter Menschen* gekommen. Vor allem in Bonn sorgte Dr. Hans R. Herbst für nordelbische Mitwirkungen in der Friedrich Ebert Stiftung und der Bundeszentrale für politische Bildung in Bonn mit Berichten aus der Pionierarbeit und Referaten, unter anderem „Aus der Praxis zum sozial-integrativen Lernen an der Hochschule" (veröffentlich sh.: Anmerk. 146 Herbst, Hans R. …) sowie an den Auswertungsveranstaltungen des Bundesministeriums für Bildung und Wissenschaft zu „Soziale Integration Behinderter durch Weiterbildung – zur Situation in der Bundesrepublik Deutschland und ausgewählten Industriestaaten". Außerdem waren die Kontakte zur Ökumene durch die Weitergabe der Informationen zu weltweiten Überlegungen und Entwicklungen auf Seminaren und Tagungen durch die Leiterin der Schwerpunktarbeit nicht zu übersehen. Die Anfrage 1988 aus Genf war insofern gar nicht so verwunderlich.

Der Sommer 1988 wurde für die *Verbündeten in der Sache behinderter Menschen* zu Wochen des regen Austausches, des Pläneschmiedens und intensiver Beratungen untereinander und miteinander. Nach ihrer Überzeugung sollte die Anfrage des World Council of Churches ein Projekt der Nordelbischen Evangelisch-Lutherischen Kirche werden und die Schwerpunktarbeit der Evangelischen Familien-Bildungsstätte HH-Lokstedt nach 18-jähriger Pionierarbeit angemessene Rahmenbedingungen mit einem gesamtkirchlichen Auftrag erhalten.

Im Nordelbischen Kirchenamt in Kiel (NKA) bildete sich dazu die Arbeitsgruppe zur „Begründung und Durchführung des Nordelbischen Studien- und Entwicklungsprojektes." Oberkirchenrat Matthias Jessen wurde zum Sprecher in dieser Sache, da er seit 1983 in der Zusammenarbeit mit der Evangelischen

Akademie Nordelbiens zum *Verbündeten in der Sache behinderter Menschen* geworden war. Auf der Akademietagung 1983 „*Behinderte auf der Kanzel?!*" hatte Oberkirchenrat Matthias Jessen das im Weiteren viel beachtete und publizistisch verbreitete Referat: „Arbeitsmöglichkeiten und Arbeitsbedingungen behinderter Pfarrer – Erwartungen, Hoffnungen, Vorschläge Probleme" gehalten. Er hatte den längsten Einblick in die inhaltliche Arbeit der Schwerpunktarbeit der EFBS HH–Lokstedt. Der Arbeitsgruppe gehörten außerdem die Oberkirchenräte Kurt Puls und Dr. Jörn Halbe an, um damit der *theologischen* Begründung für die Durchführung des NEK–Projektes Nachdruck zu verleichen. Aus zunächst scheinbar unterschiedlichen Ausgangsüberlegungen zur *theologischen Dimension* von Behinderung gaben sie uns eindrücklich Zeugnis davon wie im weiteren engen Zusammenwirken, basierend auf ihrem schrittweisen sich Einlassen als Theologen auf das *neue Denken* und *neue Handeln*, sich daraus eine in die Zukunft weisende Perspektive für ein gesamtkirchliches Handeln zu entwickeln ist. Drei Jahre später hat Oberkirchenrat Kurt Puls ihrer gewonnenen Erkenntnis vor den Synodalen der Nordebischen Synode so Ausdruck gegeben: „Diese Arbeit im Projekt hat als zentrale Erkenntnis verdeutlicht: Behinderung (Begrenztheit, Erschöplichkeit) des Menschen ist nicht zuerst Gegenstand theologischen Nachdenkens und kirchlichen Handelns, sondern als ihr Ausgangspunkt ernst zu nehmen. Aus Behinderung, aus Begrenztheit, aus Erschöpflichkeit heraus ist theologisch zu denken und kirchlich zu handeln." Unverzüglich nahmen sie Kontakt auf mit Pastor Rudi Mondry, Direktor der Evangelischen Stiftung Alsterdorf, Kenner der Inhalte und Problemstellungen der Schwerpunktarbeit seit Beginn der 1970er Jahre. Seine Stellungnahme als Direktor der größten Behinderteneinrichtung in Hamburg für die dringende Durcharbeitung der Gesamtthematik „Behinderte Menschen in Kirche und Theologie" zählte. Den Beratungsrunden gehörten für den Träger der Evangelischen Familien-Bildungsstätte des Kirchenkreises Niendorf Propst Willi Rogmann und

Professor Dr. Wolfgang Grünberg vom Institut für Praktische Theologie der Universität Hamburg an. Auf ausdrückliches Anraten der Leiterin der Schwerpunktarbeit wurde der in der Sache aufgeschlossene Vordenker Propst Helmar Lehmann, Kirchenkreis Stormarn, hinzugezogen.

Es ist der Durchsetzungskraft dieser Dreier-Arbeitsgruppe aus Oberkirchenräten des Nordelbischen Kirchenamtes und als *Verbündete in der Sache behinderter Menschen zu* verdanken, dass bereits wenige Monate später die Rahmenbedingen und Leitlinien für Vereinbarungen so gut ausgearbeitet waren, um die Schwerpunktarbeit „Behinderte Menschen leben unter uns", zukünftig mit einem gesamtkirchlichen Auftrag der Nordelbischen Evangelisch-Lutherischen Kirche ausgestattet, als ein Untersuchungsfeld des Forschungsprojektes „Verwirklichte Nachbarschaft – verwirklichte Partnerschaft" des Ökumenischen Rates der Kirchen, Genf vorzuschlagen. Die Zustimmung seitens Dr. Klaus Poser vom WCC/ÖRK in Genf zu diesem Konzept wurde umgehend gegeben.

Die Schwerpunktarbeit „Behinderte Menschen leben unter uns", seit 1971 in der Evangelischen Familien-Bildungsstätte auf- und ausgebaut und als Behindertenarbeit mit einem *Bildungs*-Ansatz gut vernetzt, wurde ab Sommer 1989 weitergeführt in einem erweiterten Rahmen und Auftrag des neu geschaffenen **Nordelbischen Studien- und Entwicklungsprojektes „Behinderte Menschen leben in den Gemeinden" (NEK-Projekt).**

Die **Schwerpunktarbeit** *mit* und *für* behinderte Menschen und deren Angehörige hatte sich über den Rahmen einer Familien-Bildungsstätte in einer Vielfalt entwickelt, ohne dass die dafür entsprechenden Rahmenbedingungen vorhanden waren. Zum Unterschied zu früheren Anfragen an uns zwecks Einbindung in ein Forschungsprojekt (beispielsweise das des Bundesministeriums für Wissenschaft und Bildung 1984), was wir jedes Mal ablehnen mussten, würde für dieses Forschungsprojekt eine Untersucherin bereitstehen, Frau Pastorin Esther

Bollag. Wegen der gesamtkirchlichen Bedeutung wurde die Arbeit nun nordelbisch gefördert. Um sowohl der gesamtkirchlichen Dimension der Inhalte als auch der theologischen Herausforderung Ausdruck zu geben, wurden die Umsetzung und die Arbeitsausgestaltung des Projektes in gemeinsamer Trägerschaft von der Nordelbischen Evangelisch-Lutherischen Kirche und dem Kirchenkreis Niendorf konzipiert und umgesetzt. Damit war ein Wechsel in der Leitung der Evangelischen Familien-Bildungsstätte HH-Lokstedt nach vierundzwanzig Jahren verbunden. Die Nordelbische Kirche berief die ehemalige Leiterin der EFBS HH-Lokstedt als Referentin zur Durchführung des „Nordelbischen Studien- und Entwicklungsprojektes „Behinderte Menschen leben in den Gemeinden" in Zusammenarbeit der NEK mit dem WCC/ÖRK für den Zeitraum 1989 bis 1992.

Ende Oktober 1988 begrüßten wir die Schweizer Pfarrerin Esther Bollag in Hamburg. Kennen gelernt hatten wir uns im April 1987 in Kopenhagen auf der Europa-Consultation* des Ökumenischen Rates zur Nach- und Weiterarbeit des Internationalen Kongresses „*Behinderte Menschen: wohl gesehen, aber nicht beachtet*" *1985* im niederländischen Lunteren und führten seither einen regen theologischen Austausch. Sie war Teilnehmerin als Delegierte der Schweizer Reformierten Kirche. Die Leiterin der Schwerpunktarbeit der EFBS Hamburg-Lokstedt hatte für Kopenhagen eine direkte Einladung vom WCC/ÖRK erhalten aufgrund der Kontakte, die sie als Teilnehmerin und Mitwirkende zusammen mit Pastor D. Ulrich Bach an dem Internationalen Kongress des WCC/ÖRK „*Behinderte Menschen: wohl* gesehen, *aber nicht beachtet*" in Lunteren geknüpft hatte.[174]

Hautnah erlebten wir die Schwierigkeiten, für einen Menschen mit körperlichen Einschränkungen eine passende Wohnung zu finden und was alles für einen angemessen ausgestalteten Arbeitsplatz zu bedenken war. Wie „stufenreich" und damit „hürdenreich" kirchliche und öffentliche Gebäude in Hamburg und Schleswig-

Holstein sich präsentierten, gehörte in den folgenden vier Jahren zum alltäglichen Erleben. Aus dem geplanten vierjährigen Aufenthalt zur Durchführung des Forschungsauftrages „Verwirklichte Nachbarschaft – verwirklichte Partnerschaft" des WCC/ÖRK und Mitarbeit in der Kirche in Deutschlands Norden sind für Pfarrerin Dr. Esther Bollag inzwischen bereits achtundzwanzig Hamburg-Jahre intensiver Weiterarbeit an der Thematik in unterschiedlichen Bezügen geworden. Derzeit hält sie als Projektleiterin des Zentrums für Disability Studies (ZeDiS) der Ev. Hochschule für soziale Arbeit & Diakonie, Stiftung das „Rauhe Haus", zusammen mit einem engagierten Team Vorlesungen, Seminare und Projektveranstaltungen für Studierende aller Fachrichtungen an den Hamburger Hochschulen. Als eingeschriebene Gasthörerin bin ich aufmerksam Lernende in einigen ihrer Seminare, um an der aktuellen Auseinandersetzung und Weiterentwicklung der Thematik zu partizipieren.

Pfarrerin Dr. Esther Bollag beschrieb damals ihren Auftrag wie folgt:

World Council of Churches
Forschungsprojekt des Weltkirchenrates der Kirchen/Genf

„Verwirklichte Nachbarschaft –
verwirklichte Partnerschaft"
1988–1992

Die Untersuchung läuft nach dem folgenden Grundsatz:
„Es gibt e i n e Welt, in der kommen
Menschen mit Behinderungen vor.
Wer die Augen vor uns verschließt, uns ausgliedert
aus seinem Weltbild und aus seiner Lebenswelt,
zahlt einen hohen Preis für ‚seine Ruhe'."

In dieser Arbeit wird von folgenden **theologischen Grundthesen** ausgegangen:

- Da die Diakonie zum Wesen der Kirche gehört, muss eine Theologie der Diakonie dogmatisch verankert sein im Trinitätsglauben.
- Es genügt nicht, diakonisch zu handeln aus Pragmatismus und dies dann theologisch zu rechtfertigen. Die verschiedenen Theologien der Diakonie müssen dogmatisch durchdacht werden, sonst fehlt ein wichtiges Instrumentarium zur Selbstkritik und Erneuerung kirchlichen Denkens und Handelns. (…)[175]

Auftrag des „Nordelbischen Studien- und Entwicklungsprojektes ‚Behinderte Menschen leben in den Gemeinden'" (NEK-Projekt)

Grundlage der Arbeit des NEK-Projektes waren Beschlüsse und Vereinbarungen der Kirchenleitung der Nordelbischen Evangelisch-Lutherischen Kirche vom 10. Januar und 11. Juli 1989*. Sie bringen deutlich zum Ausdruck, welche Schritte der Umsetzung mit einem gesteckten Zeitrahmen einzuleiten waren:

„Es ist das Ziel der Nordelbischen Kirche, durch praktische und theologische **Bildungsarbeit an Nichtbehinderten** das Verständnis für Behinderte zu entwickeln und zu stärken. Diese Arbeit soll nach Erarbeitung eines Konzeptes in den Zuständigkeitsbereich des Dezernats E (Erziehung) im Nordelbischen Kirchenamt überführt werden.

(…) „Der Dienst an Behinderten ist im Sinn und Selbstverständnis christlicher Gemeinde zugleich ein Dienst an nichtbehinderten Menschen. An ihnen ist es, Ausgrenzung zu überwinden – beginnend bei Wahrnehmen und Denken. Sie bedürfen dazu besonderer Anstöße, Erfahrungen und Unterrichtung. Das geplante Studien und Entwicklungsprojekt nimmt entsprechende Ansätze praktischer Arbeit in unserer Kirche auf, um sie zu koordinieren und in gezielte theologische *Bildungsarbeit* zu überführen. Es trägt in dieser Weise dazu bei, die diakonische Verantwortung unserer Kirchengemeinden (…) bewusster zu machen und zu entsprechendem Handeln zu beflügeln."[176]

Dem Auftrag entsprechend wurden zahlreiche Kurse, Studientage, Seminare und Veranstaltungen durchgeführt. Sie waren vom Inhalt wie von der Gestaltung her zu verstehen als Schritte auf dem Weg hin zu

– einer d i a l o g i s c h e n Diakonie,
– einer k o n t e x t u e l l e n Theologie
– einer veränderten D e n k – und S i c h t -Weise in Beziehung zu dem Leben der Menschen mit Behinderungen, mit dem Ziel: einem Perspektivwechsel weg vom „über" und hin zum „mit", zum Miteinander mit Menschen mit Behinderungen als Subjekte.

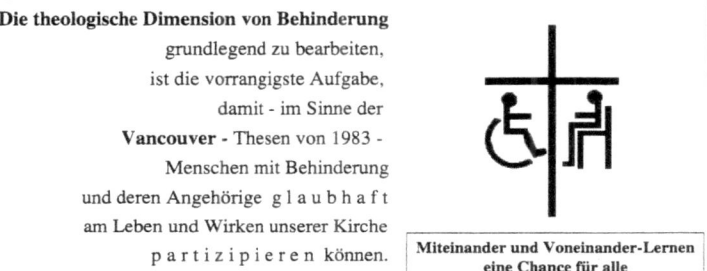

Die theologische Dimension von Behinderung grundlegend zu bearbeiten, ist die vorrangigste Aufgabe, damit - im Sinne der **Vancouver** - Thesen von 1983 - Menschen mit Behinderung und deren Angehörige g l a u b h a f t am Leben und Wirken unserer Kirche p a r t i z i e r e n können.

Miteinander und Voneinander-Lernen
eine Chance für alle

Grundfragen der Behindertenarbeit sollen am „Großen Niendorfer Tisch" vertieft werden

Projektbegleitend sollten weitere Grundfragen der Behindertenarbeit am sogenannten „Großen Niendorfer Tisch" unter Beteiligung unter anderen der Ev. Arbeitsgemeinschaft Behindertenhilfe, des Institutes Praktische Theologie der Universität Hamburg, der Diakonischen Werke, der Projektreferentin sowie des Nordelbischen Kirchenamtes vertieft werden. Die Kirchenleitung erwartete, dass auch die Ergebnisse dieser gemeinsamen Gespräche in den für Ende 1990 geplanten Entscheidungsprozess über die Frage der weiteren theologischen Bildungsarbeit in eine „Nordelbischen Konzeption" zu dieser Thematik einflossen.

Was hier programmatisch klingt, zeigte sich in der Umsetzung höchst problematisch. Die Eingeladenen tagten, wie es der Kirchenleitungsbeschluss vorgab, insgesamt siebenmal in der Zeit von März 1989 bis Sommer 1992 als „Großer Niendorfer Tisch".

In der Anfangsphase traten Irritationen auf. So stellte sich beispielsweise die Frage, warum eine „Nordelbische Konzeption" zum Thema „Menschen mit Behinderungen leben unter uns" überhaupt nötig sei, da doch alles durch die Diakonie geregelt wäre.

Die unterschiedlichen Denk- und Sicht-Weisen zum Leben der Menschen mit Behinderungen traten in dieser Runde deutlich zutage. Verständigungsschwierigkeiten bis hin zum Ausstieg aus der Runde sind Hinweise darauf, in welchem Maße spannungsreich die inhaltliche Auseinandersetzung über die Arbeit mit Behinderten, insbesondere das Zusammenleben in der Kirche zwischen behinderten und *nichtbehinderten* Menschen war. Es war nicht zu übersehen, dass die ersten Sitzungen zu sehr durch kommunikationshemmende Faktoren geprägt waren, als dass konstruktive Gedankenbeiträge in Richtung einer Nordelbischen Konzeption zum Thema „Behinderte Menschen leben unter uns" entwickelt werden konnten.

Es bildeten sich im Arbeitsvollzug folgende Struktur für die Sitzungen heraus: Jedes Mitglied erhielt einmal die Gelegenheit, seine hier zu vertretende Sicht in einem ersten Schritt darzustellen (zum Beispiel die der Diakonie, der Gemeinde, der Universität, der Evangelischen Stiftung Alsterdorf etc.) In einem zweiten Schritt wurde diskutiert, um in einem dritten Schritt Aspekte für die zu entwickelnde Konzeption zusammenzustellen.

Dankenswerterweise hatte es Oberkirchenrat Kurt Puls übernommen, die ergebnisorientierten Gedanken in Zwischenberichten festzuhalten. In dem Auswertungsbericht zum NEK-Projekt vor der Landesynode Nordelbien im Januar 1993 wurden durch ihn die notwendigen Konsequenzen aus dem derzeitigen „Nebeneinander" von Diakonie und Gemeinde zusammenfassend beschrieben. Dabei stellte er die Bedeutung seiner Erkenntnis heraus, Behinderung nicht *nur als eine innertheologische, sondern eine gesamtgesellschaftliche zentrale Bildungsaufgabe* zu sehen. Daraus ergeben sich für die Theologie zu beachtende Bildungsaspekte:

1. „Behinderung erscheint bei diesem Ansatz nicht in verdinglichter Isoliertheit als Beschränktheit einzelner Menschen, sondern als eine Bedingung des **Menschseins** selber: *begrenzt* zu sein, *erschöpflich* zu sein, in Gefahr zu sein. Damit wird das Thema „Menschen mit Behinderungen" eingeordnet in den größeren Zusammenhang dieser Grundbefindlichkeit des Menschen.

2. Mit diesem Ansatz glauben wir, dass ein wichtiger Ausgangspunkt gefunden ist, die Trennung im Sinne einer komplementären Beziehung zu überwinden, die sich zwischen kirchlichem und gemeindlichem Leben auf der einen Seite

und diakonischem Handeln in Einrichtungen oder Großorganisationen andererseits ergeben haben.

3. Für diese Bildungsarbeit ist konstitutiv, dass sie in Partizipation von Menschen mit und ohne Behinderungen geschieht.
Wir erwarten, dass die Umsetzung der Ergebnisse dieser
Arbeit (des ,Niendorfer Tisches' und des Projektes ,Behin-
derte Menschen leben in unseren Gemeinden') längerfris-
tig die Arbeitsstrukturen der Kirche verändern wird.“[177]

Ein aktiver Beirat unterstützt das Projekt und trägt zu dessen Effektivität bei

Als Reflexionszentrum fungierte während der Durchführungs-
phase des NEK-Projektes der Projektbeirat. Er war auf sieben
Mitglieder beschränkt und setzte sich zusammen aus Vertretern
der Nordelbischen Kirche, dem Propst des Kirchenkreises Niendorf, einem Mitglied des Kuratoriums der Familien-Bildungsstätte, einer namentlich benannten Person des Diakonischen
Werkes Hamburg und der Referentin des NEK-Projektes. Der
Projektbeirat tagte in der Regel alle acht Wochen und war
zuständig für alle inhaltlichen Fragen. In intensiven Arbeits-
sitzungen hatte sich der Beirat sowohl über alle anstehenden
Fragen zur Durchführung des NEK-Projektes gründlich
informiert als auch gestaltend mitgewirkt und die Inhalte
kritisch begleitet. Als ehemalige Referentin stelle ich rückblickend würdigend heraus, dass ein Projekt mit nur drei-
jähriger Laufzeit zu effektiven Ergebnissen führen kann, wenn
ein aktiver Beirat der Referentin zur Seite steht. „Aktiv“ beinhaltet sowohl die Motivation der Beiratsmitglieder in Bezug
auf den geforderten Arbeitseinsatz als auch die Bereitschaft einer

jeden Person, sich engagiert mit den Inhalten auseinanderzusetzen, die unterschiedlichen Meinungen zu akzeptieren und diesen Prozess als konstruktiv zu begreifen.

Kirchengemeinden gehen neue Wege …

Mit der Schaffung des NEK-Projektes bestand für Kirchengemeinden in der Nordelbischen Kirche das Angebot, in Kooperation mit dem NEK-Projekt das Thema „Behinderte Menschen leben in unseren Gemeinden" beispielsweise erstmalig aufzugreifen, erneut zu intensivieren oder mit anderen Methoden umzusetzen.

Alle Kirchenkreise in der Nordelbischen Kirche wurden über dieses Angebot informiert. Parallel dazu erhielten alle Gemeinden regelmäßig die Faltblätter des NEK-Projektes, in denen das Jahresprogramm vorgestellt wurde. Auf diesem Wege kam es zu Anfragen und im Weiteren zu Kontakten mit zahlreichen Kirchengemeinden zwischen Flensburg und Hamburg.

„Die Erfahrungen aus diesen Kontakten mit Kirchengemeinden in der Nordelbischen Kirche lassen sich so zusammenfassen: Die Vorstellung der meisten Kirchenvorstände war, mit dem NEK-Projekt würde ein „Komplettes Angebot" einschließlich einer Referentin für die Umsetzung *geliefert*. Sich selber dabei als Lernende einzubringen, Arbeit mit diesem Angebot zu bekommen, das bedürfe doch sehr gründlicher Überlegungen, ob die Kirchengemeinde das leisten könne und wolle. Manchmal gab es weitere Rückfragen: „Wir können Sie also nicht als Referentin des NEK-Projektes hier in unserer Kirchengemeinde einsetzen, um Kontakt zu Familien mit Behinderten aufzunehmen, an die wir doch so schwer herankommen?"

Die Frage anders gestellt, hätte positiv beantwortet werden können: „Kann das NEK-Projekt uns auf dem Weg begleiten, unterstützen und beraten, wie Kontakte zu Familien mit behinderten Angehörigen auf- und ausgebaut werden? Wir würden gern an einem Konzept arbeiten, wie Familien mit behinderten Angehörigen anders, besser in unsere Gemeinde integriert werden. Schritte der Umsetzung in die Praxis sollen dazugehören."[178]

Anerkennend ist festzuhalten, dass einige Kirchengemeinden sich die Entscheidung abzusagen nicht leicht gemacht hatten. Es blieb dennoch der Eindruck bestehen, dass die Kirchengemeinde mit zahlreichen Aufgaben ausgelastet und in erster Linie die Diakonie zum Thema gefragt sei.

Umso mehr sind die Kirchengemeinden Kiel-Kronshagen und/Friedrichsberg in Schleswig zu erwähnen, die das Angebot des NEK-Projektes annahmen. Die Kirchengemeinde in Kronshagen wurde in die Untersuchungen „Verwirklichte Nachbarschaft – verwirklichte Partnerschaft" des WCC/ÖRK einbezogen, die Zusammenarbeit mit der Kirchengemeinde Schleswig/Friedrichsberg gestaltete sich vielfältig und nachhaltig.

Die Präsentation Nr. 6 der Klausurtagung zur Auswertung des NEK-Projektes 1992 lautete: *„Das Thema setzt sich in der Gemeinde durch."* Treffender könnte der Lernprozess der evangelischen Kirchengemeinde Schleswig/Friedrichsberg und die Begleitung durch das NEK-Projekt von 1989–1992 nicht überschrieben worden sein.

Gunnar Adolphsen, Diakoniepastor des Kirchenkreises Schleswig und Pastor Norbert Wilckens aus der Kirchengemeinde Schleswig/Friedrichsberg wollten das Angebot des NEK-Projektes nutzen. Im Kirchenkreis Schleswig wurden so ab 1989 als Mut machende Beispiele für andere Gemeinden Gemeindeberatung und -begleitung sowie Fort- und Weiterbildungen angeboten. Diese waren auf die Bedürfnisse aufgeschlossener Mitarbeiterinnen für integrative Kindergarten-arbeit zugeschnitten und wurden 1991/92 berufsbegleitend durchgeführt. Die Referentin des NEK-Projektes und ebenso die Beiratsmitglieder konnten begleitend erleben, wie in der Friedrichsberger Kirchengemeinde, getragen von der ganzen Gemeinde, i n t e g r a t i v e s Lernen, beginnend im Kinder-garten, zu *miteinander und voneinander* Lernen in vielen Einzel-schritten weitere Kreise zog. Für mich als ehemalige Referentin besteht bis dato Kontakt zu dieser Kirchengemeinde, die im Zeichen von INKLUSION heute sicher als ein Leuchtturm-Projekt herausgestellt werden würde. Vor dem zeitlichen Hinter-grund des NEK-Projektes in den Jahren 1989 bis 1992 gilt es, die Vorbildfunktion dieser Kirchengemeinde würdigend herauszustellen.[178]*

Weiterarbeit am Thema:

"EUTHANASIE - EINE ALT-NEUE VERSUCHUNG"

Studientag  **Kiel** Gärtenstr. 20	**Studientag evangelisches zentrum rissen** Iserbarg 1 2000 Hamburg 56
B/FG 20	B/FG 21
am: Do., 25. April 1990 von 10.00 - 16.00 Uhr	am: Mi., 9. Mai 1990 von 9.30 --16.00 Uhr
Kosten: DM 20,-	DM 20,-

einschl. Vorbereitungsmaterial
DM 11,50 Verpflegung

Ziel des Studientages:

Spätestens seit der KONTROVERSE UM PETER SINGERS THESEN ZUR **"EUTHANASIE"** im Sommer 1989 ist deutlich geworden, daß das Thema "Euthanasie" keineswegs abgehakt ist, weder historisch, noch aktuell. Jede Generation muß sich offenbar neu auf die theologischen und ethischen Grundlagen der Unantastbarkeit des Lebens besinnen.

Es werden Basisinformationen weitergegeben, damit in unserer Kirche ein Bewußtsein dafür geweckt wird, die weiteren Vorgänge kritischer und aufmerksamer beobachten zu können und einen eigenen Standpunkt zu finden.

Teilnehmerkreis: Religionslehrer, MitarbeiterInnen in kirchlichen Einrichtungen und Gemeinden, Mitarbeiter in der Ausbildung: Erzieher, Diakone, Studierende der Theologie und Vikare, behinderte Menschen

Team in Kiel:	**Team in Rissen:**
Eva Bohne	Eva Bohne
Horst Möhle, PTI Kiel	Dr. Hans-Jürgen Brandt
Udo Sierck	Udo Sierck

Teilnehmerbegrenzung: 25 Personen
Anmeldung: an das NEK-Projekt, Tel. 58 78 78
Anmeldeschluß:
für Kiel: 23. April 1990   für Rissen: 27. April 1990

Das Nordelbische Studien- und Entwicklungsprojekt "Behinderte Menschen leben in den Gemeinden" kann zur Durchführung weiterer Studientage 1991 in unserer Landeskirche angesprochen werden.

(Nordkirchen Archiv Kiel, 13.9 Nr. 43.1)

Weiterarbeit am Thema Euthanasie

im August 1991

Betr.: Angebote 1991/92 des NEK-Projekts
"Behinderte Menschen leben in den Gemeinden"

mit der Bitte um Verteilung der gebündelten Faltblätter an Pastoren
und Mitarbeiter der Kirchengemeinden Ihres Kirchenkreises

Im 3. Jahr des befristeten
NEK-Projekts legen wir dieses
Programm vor und laden ein zum
Miteinander-voneinander-Lernen
und dies als **eine Chance für alle**
zu entdecken.

Die Inhalte und die Gestaltung der **Studientage,
Seminare** und **Kurse** basieren auf neuen Ansätzen
und sind Schritte auf dem Weg hin zu
- einer d i a l o g i s c h e n Diakonie
- einer k o n t e x t u e l l e n Theologie
- einer veränderten Denk- und Sichtweise des
  Lebens von Menschen mit Behinderungen,
mit dem Ziel, herauszukommen aus der Perspektive
des "ü b e r", hin zur Perspektive des "m i t", im
Miteinander z w e i e r S u b j e k t e -
behinderte und unbehinderte Menschen, Christen.

Herbst 1991

bis Sommer 1992

Wir laden Sie ein, in unserem Programm
zu blättern - zu lesen - zu verweilen und
miteinander - voneinander Lernen als eine
Chance für alle zu entdecken.

Eva Bohne

Referentin des
NEK Studien - und
Entwicklungsprojekts

(Nordelbische Evang.-Lutherische Kirche „ Nordelbisches Studien- und Entwicklungsprojekt
‚Behinderte Menschen leben in den Gemeinden' –Aufbau und Weg dahin, Weiterarbeit am
Thema- in der Vernetzung mit Anderen" Kiel 2. Auflage 1997 , Anhang S. 9)

Anschreiben an die Pröpste der NEK

Anmerkungen

Teil III

109 Nordelbische Evangelisch-Lutherische Kirche: „Nordelbisches Studien-
und Entwicklungsprojekt ‚Behinderte Menschen leben in den Gemeinden', Aufbau und Weg dahin, Weiterarbeit am Thema – in der
Vernetzung mit Anderen", 2. Aufl. 1997, Kiel, Anhang, S. 50 LKAK
13.39, N.N.

110 Nordelbische Evangelisch- Lutherische Kirche: „Nordelbisches Studien-
und. Entwicklungsprojekt ‚Behinderte Menschen leben in den Gemeinden', Aufbau und Weg dahin, Weiterarbeit am Thema – in der Vernetzung mit Anderen", 2. Auflage, Kiel 1997, S. 86 LKAK 13.39, N.N.

111 Nordelbische Evangelisch-Lutherische Kirche: „Nordelbisches Studien-
und Entwicklungsprojekt ‚Behinderte Menschen leben in den Gemeinden',
Aufbau und Weg dahin, Weiterarbeit am Thema – in der Vernetzung
mit Anderen", 2. Auflage, Kiel 1997, Anhang, S. 97; LKAK 13.39, N.N.

112 Müller-Fahrenholz, Geiko: „Behinderte leben unter uns – eine Herausforderung an die Theologie", Workshop d. Arbeitsgem. Behinderter u.
nichtbehinderter Studierender d. Univers. Hamburg, HH-Rissen 1984,
Vorwort, S. 4 LKAK 13.39,. **72**,4.

113 Degen, Johannes: „Diakonie im Widerspruch", Christian Kaiser Verlag, 1985, S. 39

114 „Es ist normal, verschieden zu sein – Inklusion leben in Kirche und
Gesellschaft. Eine Orientierungshilfe des Rates der Evangelischen
Kirche in Deutschland (EKD), Gütersloher Verlagshaus, 2014, S. 179 f.

115 Mondry, Rudi aus „Die behinderte Gemeinde – als lebendige Gemeinde", LKAK 13.39, **69**.3

116 Herbst, Hans R.: „Behinderte Menschen in Kirche und Gesellschaft",
Kohlhammer Verlag, 1999, S. 8

117 Bach, Ulrich: „Boden unter den Füßen hat keiner", Vandenhoeck &
Ruprecht, 1980, S. 37

118 Bohne, Eva: „Reden aus reflektierter Betroffenheit", in Schibilksy,
Michael (Hrsg.): „Kursbuch Diakonie", Neukirchner Verlag, 1991, S. 286

119 Diakonisches Werk der Evangelischen Kirche in Deutschland: „Was ist der Mensch …?" Hauke Christiansen, Hrsg. v. Bodelschwinghsche Anstalten in Verbindung mit Dr. Karl Dietrich Pfisterer, 1992, S. 114

120 Degen, Johannes: „Diakonie im Widerspruch", Chr. Kaiser Verlag, 1985, S. 39

121 Puls, Kurt: Nordelbische Evangelisch-Lutherische Kirche, „Nordelbisches Studien- und.entwicklungsprojekt ,Behinderte Menschen leben in den Gemeinden', Aufbau und Weg dahin – in der Vernetzung mit Anderen", 2. Auflage, Kiel 1997, S. 31 LKAK 13.39,N.N.

122 Degen, Johannes: „Diakonie im Widerspruch", Chr. Kaiser Verlag, 1985, S. 48

123 *Ausspruch einer Teilnehmerin der EFBS-Lokstedt angesichts schwerstbehinderter Jugendlicher; **Nipkow, Karl Ernst: „Bildung als Lebensbegleitung und Erneuerung", Gütersloher Verlagshaus, 1990, S. 128; ***Schmidt, Hans-Georg: „In der Schwäche ist Kraft", Wittich Verlag, 1979, S. 127

124 Metz, Johann Baptist: „Glaube in Geschichte und Gesellschaft", Matthias Grünewald Verlag, 4. Auflage, 1984, S. 65

125 Metz, Johann Baptist: „Glaube in Geschichte und Gesellschaft", Matthias Grünewald Verlag, 4. Auflage, S. 176

126 Bohne, Eva / Tegtmeyer, Joachim (Hrsg.): Dokumentation „Theolog. Denkstube" zu Bach, Ulrich: „Ohne die Schwächsten ist die Kirche nicht ganz. Bausteine einer Theologie nach Hadamar", 2008 LKAK 13.39, N.N.

127 „Es ist normal, verschieden zu sein – Inklusion leben in Kirche und Gesellschaft." Eine Orientierungshilfe des Rates der Evangelischen Kirche in Deutschland (EKD), Gütersloher Verlagshaus, 2014, S. 65

128 „Erklärung der Landessynode der Evangelischen Kirche im Rheinland zu Zwangssterilisation, Vernichtung sogenannten lebensunwerten Lebens und medizinischen Versuchen an Menschen unter dem Nationalsozialismus", Düsseldorf 1985

129 Puls, Kurt, in: Nordelbische Evangelisch-Lutherische Kirche: „Nordelbisches Studien- und Entwicklungsprojekt ,Behinderte Menschen leben in den Gemeinden', Aufbau und Weg dahin, Weiterarbeit am

Thema – in der Vernetzung mit Anderen", 2. Aufl., Kiel 1997, S. 31 LKAK 13.39, N.N.

129* Vogelmann, Wolfgang in: „Dokumentation der siebten Akademie-tagung ALTES/NEUES DENKEN zum Thema: MENSCHEN MIT BEHINDERUNGEN LEBEN UNTER UNS – ALS EINE ZEITANSAGE VERSTANDEN", 1992 S.6,/S.7 LKAK 13.39, **79,**4.

130 Degen, Johannes: „Diakonie im Widerspruch", Vandenhoeck & Ruprecht, 1985, S. 39

131 Nordelbische Evangelisch-Lutherische Kirche, Bohne, Eva: „Nordelbisches Studien- und. Entwicklungsprojekt ‚Behinderte Menschen leben in den Gemeinden', Aufbau und Weg dahin, Weiterarbeit am Thema – in der Vernetzung mit Anderen", 2. Auflage, Kiel 1997, S.37 LKAK 13.39 N.N.

131* Bohne, Eva in: Pilotprojekt I der Universität Hamburg 1983, LKAK 13.39 **73**, 1–12

132 Müller-Fahrenholz, Geiko: Workshop „Behinderte Menschen leben unter uns. Eine Herausforderung an die Theologie", AG „Behinderter u. nichtbehinderter Studierender d. Universität Hamburg", HH-Rissen, 1984, S. 4 LKAK 13.39 **72**,4

133 Bohne, Eva/Tegtmeyer, Joachim (Hrsg.:) „Theologische Denkstube zu Ulrich Bach. Ohne die Schwächsten ist die Kirche nicht ganz." Hamburg 2008, S. 7; Bach, Ulrich: „Ohne die Schwächsten ist die Kirche nicht ganz", Neukirchner Verlag, 2006, S. 108 LKAK 13.39 N.N.

134 Dokumentation „Stationen einer **Such-Bewegung**" zum Thema „Menschen mit Behinderungen leben unter uns" LKAK 13.39 N.N.

135 Puls, Kurt, Nordelbische Synode 1993; LKAK 13.39,. **14,**1–6

136 Nordelbische Evangelisch-Lutherische Kirche: Bohne, Eva: „Nordelbisches Studien- und Entwicklungsprojekt, „Behinderte Menschen leben in den Gemeinden", Aufbau und Weg dahin, Weiterarbeit am Thema – in der Vernetzung mit Anderen", Kiel, 2. Aufl. 1997, S. **72** LKAK 13.39 N.N.

137 Müller-Fahrenholz, Geiko: „Anschreiben vom 13.5.1980", LKAK 13.39,. **64,**1

138 Akademietagung 1982, LKAK 13.39, **65.**5,1–3

139 Akademietagung 1983, LKAK 13.39, **66,**1–7

140 Nacharbeit des internationalen Kongresses „Behinderte: wohl gesehen, aber nicht geachtet" des WCC/ÖRK im niederländischen Lunteren 1985;, LKAK 13.39, **69**,1–9; **80**,1–7c

141 Akademietagung 1987, LKAK 13.39, **69**,1–3

142 Akademietagung 1989, LKAK 13.39, **70**, 1–4

143 Akademietagung 1992, LKAK 13.39, **71**, 1–5

144 Müller-Fahrenholz, Geiko: Vorwort „Behinderte leben unter uns – eine Herausforderung an die Theologie", Workshop d. Arbeitsgem. Behinderter u. nichtbehinderter Studierender d. Univers. Hamburg, HH-Rissen, 1984, S. 4; LKAK 13.39, **72**,4.

145 Händler, Klaus/Müller-Fahrenholz, Geiko in: Vorwort zur Dokumentation „Behinderte auf der Kanzel? – Menschen mit Behinderungen im kirchlichen Dienst", Protokoll 215/1984, Evangelische Akademie von Kurhessen, Waldeck, Schlösschen Schönbrunn, 3520 Hofgeismar; LKAK 13.39, **66**, 7, S. 1–121

146 Herbst, Hans R.: Schriftenreihe des RCDS Bonn, 1. Auflage 1984, 2. Auflage 1986

147 Jessen, Mathias „Rechtsprobleme bei der Einstellung behinderter Pfarrer in den kirchlichen Dienst" LKAK 13.39, **66**.5, S. 1–31

148 Singer, Peter:,Praktische Ethik', 1984

149 Eingabe an den World Council of Churches/Lunteren Niederlande 1985 LKAK13.39, **78**

150 Dokumentationen der Akademietagungen 1-7, LKAK 13.39. **63–71**

151 Ökumenischer Rat der Kirchen, Zentralausschuss Genf, Dokument PLEN 1.1. v. 26.8.2003 aus der Beschlussfassung zu „Kirche aller", S. 3 LKAK 13.39, N.N.

152 Grünberg, Wolfgang: „Laien-Theologie", aus d. Ansprache anlässlich des Empfanges d. Kirchenleitung Nordelbien zur Übergabe des Archivmaterials, Kiel, 11. Nov. 1996 LKAK 13.39,N.N.

153 Grünberg, Wolfgang: Diskussionsbeitrag anlässlich des Empfanges d. Kirchenleitung Nordelbien zur Übergabe des Archivmaterials, Kiel, 11. Nov. 1996 LKAK 13.39, N.N.

154 Pilotprojekt I der Universität Hamburg, Institut für Praktische Theologie, LKAK13.39,. **73**, 1–12

155 Bach, Ulrich: „Ohne die Schwächsten ist die Kirche nicht ganz. Bausteine einer Theologie nach Hadamar", Neukirchner Verlag, 2006, *S. 38, **S. 31

156 Otto, Eckart, Sprecher des Fachbereichs Evangelische Theologie, Aktz. Ot-py, 14.5.1983: Schr. an E. Bohne, EFBS Hamburg-Lokstedt LKAK 13.39, N.N.

156* Auswertungsabend des Pilotprojektes I, LKAK 13.39, Nr. **73**,11

157 Gesprächunterlage zum Gespräch 1983 des Bischof D. Peter Krusche mit Studierenden der AG „Behinderte und nichtbehinderte Studierende der Universität Hamburg" LKAK 13.39, **75**,13

158 Zitiert nach „Nordelbischen Stimmen", 8/1984, Leserbriefe

159 Müller-Fahrenholz, Geiko: Dokumentation des Workshops der Studierenden an der Universität Hamburg, „Behinderte Menschen leben unter uns – eine Herausforderung an die Theologie", 1. Auflage 1985, *Vorwort, LKAK 13.39,. **75**,16

160 1–8 Stellungnahmen zum Workshop. Dokumentation des Workshops der Studierenden an der Universität Hamburg, „Behinderte Menschen leben unter uns – eine Herausforderung an die Theologie", 1. Auflage 1985,, LKAK 13.39, Nr. **75**,16, **S. 26, ***/****/*****S. 24, ******S. 32, *******S. 30, ********S. 37, *********S. 36

161 Nowak, Kurt: „Erbe und Auftrag Johann Wicherns. Die Geschichtsschreibung der Diakonie als Thema der Kirchengeschichte", Berlin 1998, in: Hübner, Ingolf/Kaiser, Jochen-Christoph (Hrsg.): „Diakonie im geteilten Deutschland – zur diakonischen Arbeit unter Bedingungen der DDR und der Teilung Deutschlands", Kohlhammer Verlag, Stuttgart 1999, S. 217/218

162 Degen, Johannes: „Diakonie im Widerspruch", Chr. Kaiser Verlag, 1985, S. 83

163 Schibilsky, Michael (Hrsg.): „Kursbuch Diakonie", Neukirchner Verlag, 1991, Vorwort

164 Puls, Kurt: Nordelbische Synode, 1993, Evangelisch-Lutherische Kirche: „Nordelbisches Studien- und. Entwicklungs-Projekt ‚Behinderte Menschen leben in den Gemeinden', Aufbau und Weg dahin – in der Vernetzung mit Anderen", 2. Auflage, Kiel 1997, S. 7 LKAK 13.39,N.N.

165 Bäumler, Christof: „Kommunikation und Partizipation diakonischen Handelns am Beispiel der offenen Behindertenarbeit", in Cremer, Ines/ Funke, Dieter (Hrsg.): „Diakonisches Handeln. Herausforderungen – Konfliktfelder – Optionen", Lambertus Verlag, 1988, *S. 199, **S. 202

166 Nowak, Kurt: Erbe und Auftrag Johann Wicherns. Die Geschichtsschreibung der Diakonie als Thema der Kirchengeschichte", Berlin 1998

167 Rudi Mondry: Akademietagung 1987,, LKAK13.39, **69**.3

168 Nordelbische Evangelisch-Lutherische Kirche: „Nordelbisches Studien- und Entwicklungsprojekt ‚Behinderte Menschen leben in den Gemeinden', Aufbau und Weg dahin, Weiterarbeit am Thema – in der Vernetzung mit Anderen", 2. Aufl. 1997, Kiel, S. 43 LKAK 13.39 N.N.

169 Nordelbische Evangelisch-Lutherische Kirche: „Nordelbisches Studien- und Entwicklungsprojekt ‚Behinderte Menschen leben in den Gemeinden', Aufbau und Weg dahin, Weiterarbeit am Thema – in der Vernetzung mit Anderen", 2. Aufl., Kiel 1987, S. 76 LKAK 134.39, N.N.

170 Jessen, Matthias, Nordelbisches Kirchenamt, Az. DI 22.1, 1997 Lz; *Versand u. a. an Ausbildungsdezernate der Landeskirchen der EKD, Diakonische Werke der EKD und der EKD-Kirchen, Behinderten-Einrichtungen i. Auswahl, Bildungs- und Ausbildungsstätten i. Auswahl, Pastorenkollegs der EKD und der EKD-Kirchen, Predigerseminare der EKD-Kirchen, religionspädagogische Institute der EKD und der EKD-Kirchen, Universitäten: Fachbereich Evangelische Theologie, deren Institute für Systematische Theologie und Praktische Theologie und weitere Multiplikatoren zum Thema LKAK 13.39, N.N.

171 WORLD COUNCIL OF CHURCHES, PROGRAMME UNIT ON JUSTICE AND SERVICE, Commission on Interchurch Aid, Refugee and World Service, Klaus Poser, Az. (022) 91 6026, 105, 1988 KP/Ic; LKAK 13.39, **82**,4c

172 Antwortschreiben der Evangelisch-Familien-Bildungsstätte HH-Lokstedt an WORLD COUNCIL OF CHURCHES, Nikolaus Jürgens, 30.5.1988; LKAK 13.39,. **82**, 4e

173 Ökumenischer Rat der Kirchen, 6. Vollversammlung 1983 in Vancouver. Fachgruppe 3: „In Richtung auf mehr Partizipation", Abschnitt f: „Be-

hinderte"; Empfehlung 3/f, 1–10, in: Bericht aus Vancouver, hrsg. von W. Müller-Römfeld, Frankfurt/M. 1983, S. b7 ff.;, LKAK 13.39. **72**,1

174 Internationaler Kongress „Behinderte, wohl gesehen, aber nicht geachtet" des WCC/ÖRK 1985, LKAK 13.39, **78/79**, 1–9/**80**,1–7c + *.
81,1–2d

175 Nordelbische Evangelisch-Lutherische Kirche: Bollag, Esther, in: Nordelbisches Studien- und Entwicklungsprojekt, ,Behinderte Menschen leben in den Gemeinden', Aufbau und Weg dahin, Weiterarbeit am Thema – in der Vernetzung mit Anderen", 2. Auflage 1997, Kiel, S. 80, LKAK 13.39,N.N.

176 Auszug aus dem Beschluss der Kirchenleitung zum NEK-Projekt 1989, LKAK 13.39, **5**, **6**,1–7

177 „Grundfragen der Behindertenarbeit sollen vertieft werden", LKAK 13.39,. **13**,1–3

178 Nordelbische Evangelisch-Lutherische Kirche: „Nordelbisches Studien- und Entwicklungsprojekt ,Behinderte Menschen leben in den Gemeinden', Aufbau und Weg dahin, Weiterarbeit am Thema – in der Vernetzung mit Anderen", Kiel, 2. Auflage 1997, S. 69, LKAK 13.39,N.N.

178* Präsentation Nr. 6 der Klausurtagung zur Auswertung des NEK-Projektes 1992; LKAK 13.3 **45** u. **52**.

Teil IV

Zeichen des Wandels …

Meilensteine auf dem Weg des Wandels in unserer Gesellschaft [179]

1948 UN-Menschenrechtserklärung
Allgemeine Erklärung der Menschenrechte, Artikel
1: „Alle Menschen sind frei und gleich an Würde und
Rechten geboren."

1948 Deutsches Grundgesetz, Artikel 1: „Die Würde des
Menschen ist unantastbar. Sie zu achten und zu schützen ist Verpflichtung aller staatlichen Gewalt."

1956 Gründung „Verein zur Förderung und Betreuung
spastisch gelähmter Kinder e. V." Hamburg. Heute:
„Leben mit Behinderung Hamburg e. V."
Es war der erste Verein in der BRD, der von be-
troffenen Angehörigen gegründet und geleitet wurde.
Wegbereiter war Kurt Juster.

1958 Gründung „Lebenshilfe für das geistig behinderte
Kind e. V."
später „Bundesvereinigung Lebenshilfe für Menschen
mit geistiger Behinderung e. V.; heute „Bundesvereinigung Lebenshilfe e. V."
Wegbereiter war Tom Mutters.

1960 „Liga von Vereinigungen zugunsten geistig Behinderter" schließt sich weltweit zusammen. Heute: „Inclusion International" mit Sektionen wie „Inclusion Europe".

1968   „Deklaration der allgemeinen und besonderen Rechte
        der geistig Behinderten" der „Internationalen Liga von
        Vereinigungen zugunsten geistig Behinderter"

1981   Erstes Internationales Jahr der Behinderten der Ver-
        einten Nationen (UN) mit dem Motto: „Integration
        statt Separation"

1983–1992
        „Dekade des behinderten Menschen" der Vereinten
        Nationen (UN)

2006   „Übereinkommen der Vereinten Nationen über die
        Rechte von Menschen mit Behinderungen" (UN-Be-
        hindertenrechtskonvention UN-BRK)

2009   UN-Behindertenrechtskonvention wird von der BRD
        ratifiziert und in Kraft gesetzt

Heute: UN-Behindertenrechtskonvention ist bereits von mehr
        als zweihundert Ländern übernommen

(Bohne, Eva/Marquardt, Bettina: „Schritte ... des Wandels
in unserer Gesellschaft für Menschen mit Behinderungen und
ihre Angehörigen, 2. Auflage, Hamburg 2011, S. 14) (LKAK
13.39, N.N.)

Der NDR unterbricht seine Radiosendung ...

Am 18. Dezember 2008 unterbrach der Norddeutsche Rundfunk (NDR) gegen 16 Uhr seine Musiksendung. Der Pastor, Rundfunk- und Fernsehbeauftragte der Norddeutschen Kirchen des NDR, Pastor Jan von Lingen übernahm das Mikrofon für diese Ansage: „Der NDR trauert um den langjährigen Mitarbeiter und Autor Jürgen Knop ..." Um die Morgenandachten von Jürgen Knop, Schriftsteller, Hörspiel-Autor und langjähriger NDR-Mitarbeiter hatte sich in fast zwanzig Jahren eine große Hörergemeinschaft gebildet. In der Nacht zum 18. Dezember war Jürgen Knop im Alter von einundsiebzig Jahren in seiner vertrauten Umgebung im Annastift in Hannover verstorben. Jan von Lingen war es ein Bedürfnis, den Hörerinnen und Hörern die Todesnachricht zu überbringen und sie in den Kreis der Trauernden um diesen besonderen Menschen einzubeziehen.

Was war das für ein Mensch, dessen Tod Anlass für den NDR 2008 war, sein Programm zu unterbrechen? Lassen wir zunächst Jürgen Knop selber zu Wort kommen:

> *Die Menschen nennen mich behindert,*
> *und sie haben recht,*
> *das bin ich auch.*

> *Die Menschen nennen mein Leben kostspielig,*
> *und sie haben recht,*
> *das ist es auch.*

Die Menschen nennen mich unproduktiv,
und sie haben recht,
das bin ich auch.

Nur Gott nennt mich seine gute Schöpfung,
und ER hat recht,
das bin ich auch.[179]*

Im Geleitwort zum Buch „*Ich lebe gern*" schreibt die Landes-bischöfin Dr. Margot Käßmann: „*… wer diese Lebensgeschichte und die Texte liest, wird angerührt. Sie lassen staunen über einen Lebenswillen, der nicht durch schwere Erfahrungen gebrochen wird. Sie machen eindrücklich deutlich: Das Leben ist eben nicht nur für die Starken, Schönen und Erfolgreichen lebenswert. Ein Mensch mit einer schweren Behinderung lehrt uns, die Welt mit anderen Augen zu sehen. Bescheidener, eingegrenzter, langsamer − und doch in gleicher Weise wertvoll.*"[180]

Ein zumutender, heilvoller Erfahrungsprozess für sogenannte Nichtbehinderte

Das trifft zu für viele Theologen, Pädagogen und politisch Ver-antwortliche, die in der Regel sogenannte Nichtbehinderte waren. Wer Jürgen Knop als den sich gekonnt ausdrückenden Autor aus seinen Büchern kannte, war umso erstaunter, wenn er ihm erstmals beispielsweise in einem Gremium im Rollstuhl gegenübersaß: Sein ganzer Körper ist ständig in Bewegung, und sein Gesichtsausdruck verändert sich durch Krämpfe.

Unter den vielen Begegnungen und Freundschaften mit Menschen mit Behinderungen, durch die mein Leben reich beschenkt wurde, sind die siebenundzwanzig Jahre Freundschaft und aktive Zusammenarbeit mit Jürgen Knop, insbesondere meine Achtung vor seinem theologischen Wirken, in mehrfacher Hinsicht unvergleichbar. Als *Verbündeter in der Sache behinderter Menschen hat* er mich wie kein anderer gelehrt, *kontextuell* unbedingt nach dem jeweils für ihn gemäßen Rahmen und einem Weg zu suchen, der seine Mitarbeit in beispielsweise theologischen Teams ermöglichte. Lehrstunden unter seiner Anwesenheit wurden zu einem zu-*mutenden*, *heilvollen* Erfahrungsprozess für viele Theologen, Pädagogen und politisch Verantwortliche, die in der Regel alle sogenannte Nichtbehinderte waren.

Wie die aktive Mitgestaltung dieses so schwer mehrfachbehinderten Menschen in Tagungen, Bildungsveranstaltungen und Schulungen dennoch bereits in den 1980er Jahren umgesetzt wurde, davon gilt es exemplarisch zu berichten. Zugleich ist sein Wirken zu verstehen als eine *Zeitansage* der gesellschaftlichen und sozialpolitischen Wirklichkeit zum Leben der Menschen mit schweren Behinderungen in unserem Land, die Schritte des Wandels ab den 1980er Jahren bis zu Jürgen Knops Tod 2008 einbezogen.

Dort oben steht die elektrische Schreibmaschine, mit der alles begann ...

Immer, wenn ich Jürgen Knop in seinem Zimmer im Annastift in Hannover besuchte, erwartete mich außer spontanen Willkommensgesten mit dem Kopf und dem linken Arm auch das strikte Weisen seines Zeigefingers auf das Bücherregal. „Da! ... Da!", versuchte er mühsam trotz der gelähmten Kehlkopfmuskeln zu formulieren. In der Stimme kam Freude zum Durchbruch. Dort oben im Bücherregal stand die elektrische Schreibmaschine, mit der alles begann.

Im Rahmen der Vorbereitungen für die Teilnahme Jürgen Knops am Evangelischen Kirchentag 1981 in Hamburg hatte ich erstmalig miterlebt, wie beschwerlich es für ihn war zu kommunizieren. Um ihn zu verstehen, musste ich mich jedes Mal neu und sehr bewusst hineinhören. Dann haben wir uns mühelos und lustvoll ausgetauscht über GOTT und die Welt. Sich schriftlich auszudrücken war für Jürgen Knop überlebenswichtig. Mühsam versuchte er mit seinen zittrigen und durch die Lähmung geschädigten Fingern, Buchstabe für Buchstabe knatternd auf einer veralteten Schreibmaschine aufs Papier zu drucken. Drei Stunden brauchte er für eine Seite und war danach völlig erschöpft. Das sollte so nicht bleiben! Der „Weihnachts-Schaukasten" in der Evangelischen Familien-Bildungsstätte HH-Lokstedt wurde deshalb 1981 ganz anders als üblich gestaltet: Auf einem Plakat stand das abgewandelte Motto des ersten UN-Jahres der Behinderten.

„INTEGRATION statt ISOLATION"
Darunter wurde eine ausgeliehene elektrische
Schreibmaschine platziert mit dem Text:
„Wir sammeln für eine **elektrische Schreibmaschine!"**

Und weiter neben einem Bild von Jürgen Knop: *„Seine Wünsche und Bedürfnisse sind uns wichtig! Er könnte sie uns bald mitteilen …"*
Bereits drei Wochen später fuhr ich mit dem Zug nach Hannover. Mit im Gepäck war die an Jürgen Knop zu überbringende nagelneue elektrische Schreibmaschine, dazu viele schriftliche Grüße von Teilnehmern unseres Hauses, gemalte Kindergrüße, Fragen- und Wunschzettel an den längst für sie nicht mehr unbekannten Menschen mit Behinderungen, Jürgen Knop. Bis heute habe ich die Szene mit seiner Reaktion deut-

lich vor Augen, als aus der Verpackung langsam eine nagelneue elektrische Schreibmaschine hervorkam. Der erste Satz,
den er auf der modernen Schreibmaschine nun viel schneller
als sonst eintippte, lautete: „1.000 Dank! **Die** *wird helfen, mein*
Leben zu verändern!" Viele seiner Texte für Morgenandachten
sind in den Folgejahren auf dieser Schreibmaschine zu Papier
gebracht worden. Später löste ein Personal Computer diese
Schreibmaschine ab. Die elektrische Schreibmaschine bekam
bis zu seinem Tod 2008, für ihn immer im Blick, einen Ehren-
platz auf dem oberen Wandregal im Zimmer.

Morgenandachten im Hörfunk …

Neues Denken machte seine Morgenandachten im Hörfunk
dank engagierter Mitarbeiter im NDR bereits ab Beginn der
1980er Jahre möglich. Texte für mehrere Hundert Morgenandachten hat Jürgen Knop in mehr als zwanzig Jahren auf
seiner Schreibmaschine und später am PC kreiert. Ein Pastor
der Landeskirche Hannover hat über zehn Jahre kontinuierlich seine Stimme geliehen, um die Texte von Jürgen Knop
ins Mikrofon zu sprechen. Pastor Jan von Lingen übernahm
diese besondere Aufgabe für weitere sieben Jahre. Das führte
zu der Zusammenarbeit auf Augenhöhe, die der Theologe
als Herausgeber des Buches „Ich lebe gern – Bekenntnisse eines
Menschen mit einer schweren Behinderung" ein Jahr nach dem Tod
von Jürgen Knop so *beschreibt: „(…) Er war ein starker Typ – eine*
starke Persönlichkeit, ein Mensch mit einem besonderen protestantischen
Profil. Jemand, dem nichts in den Schoß fiel, der sich alles hart er-
arbeitet hat. Ein schwerstbehinderter Spastiker, der zu einem Schrift-
steller wurde – ein weiter und für viele unvorstellbarer schwerer Weg."[181]

Jürgen Knop, der Autor

Mit seinen Texten, drei Büchern und mehreren Hundert Radio-Andachten kämpfte Jürgen Knop für eine Gesellschaft, in der Behinderte nicht mehr *angestarrt* und *ausgegrenzt* werden.

Um seinen Kampf zu konkretisieren, gehen wir zurück in die Jahre 1980/1981: Jürgen Knop, Jahrgang 1938, hatte seinen ersten Band mit dreizehn Kurzgeschichten aus dem Leben eines behinderten Menschen verfasst. Er schrieb dreißig Verlage an, die alle einen Druck ablehnten. Dann war der SOAK-Verlag bereit, sein Buch *„Sie werden uns doch bemerken müssen …"* zu drucken.[182] Rechtzeitig zur Frankfurter Buchmesse 1981 kam das Buch auf den Markt. Im ersten UN-Jahr *der Behinderten* gehörte es dazu – und das war neu –, Menschen mit Behinderungen in großer Zahl machten als Autoren auf ihre Situation aufmerksam. Jürgen Knops Buch, das in einer Auflage von 1500 Stück erschien, war in Kürze vergriffen. Mich wundert das nicht, denn bisher füllten lediglich Bücher *über* das Leben behinderter Menschen die Bücherregale, die meist von *‚anerkannten'* Nichtbehinderten (Dr. Johannes Degen) geschrieben wurden. Nun schrieben und veröffentlichten Menschen mit Behinderungen selbst und ebenso Frauen, Mütter behinderter Kinder Geschichten aus ihrem *wahren Leben.* Manche dieser autobiografischen Berichte wurden Bestseller.

Was Behindertsein zwischen Kirche und Gesellschaft bedeutet, hat Jürgen Knop in seinem zweiten Buch *„Lasst mich, wie ich bin"* so beschrieben: „Wer über Behindertenprobleme referiert, und darüber wird viel Tinte verschrieben, soll doch endlich die wahren Probleme aufzeigen. Sie zu lösen, braucht es weniger Bürokratie, dafür mehr Menschlichkeit. Denn das ist oft die eigentliche Behinderung: Nie richtig aus dem Kindsein herauskommen dürfen, immer in Obhut auch so sozial eingestellter Nichtbehinderter zu sein. Uns schwerst

Körperbehinderten wird durch falsch verstandene Rücksichtnahme und die Überbehütung völlig die Chance genommen, unseren Platz im Leben zu finden."

Die Evangelische Akademie Nordelbien, Tagungsstätte Bad Segeberg, wurde in den 1980er Jahren *der* Ort in der Nordelbischen Kirche, an dem einzelne Facetten der *theologischen* Dimension von Behinderung erstmals b e n a n n t , h i n t e r f r a g t , als u n g l a u b l i c h verworfen, g e b ü n d e l t und *unters Volk gebracht* wurden. Bei der zweiten Tagung der Reihe „*Menschen mit Behinderungen leben unter uns – eine Herausforderung an Kirche und Theologie*" gehörte Jürgen Knop als Mitveranstalter dazu. Zusammen mit ihm eine Gesprächseinheit unter D. Ulrich Bachs Leitgedanken „*Gott will, dass dieses Leben im Rollstuhl mein Leben ist ...*" auszugestalten und durchzuführen, hinterließ Spuren bei allen Beteiligten. Es wurde anhand konkreter Beispiele aus Jürgen Knops Leben herausgearbeitet, dass der Mensch mit Behinderungen in den 1980er Jahren immer noch nicht in seinem P e r s o n – S e i n vorkam. Unterwegs mit seinem Rollstuhl erlebte Jürgen Knop, wie er voller Mitleid als Neutrum beschrieben wurde, als „*dieses ganze Elend*", als „*beschädigtes Leben*" oder als „*hinfälliges Leben*". Auch dass das „Leben im Rollstuhl kein lebenswertes Leben" sei, musste er sich anhören. Betroffen stellten wir fest, dass diese *Aussprüche* durchaus christlicher Lektüre zum Thema *behinderte Menschen* entliehen und angelesen sein könnten. In dieser Gesprächseinheit wurde dezidiert gefragt: „*Ab wann werden in der Evangelischen Kirche die Fragen zum Menschsein* behinderter Menschen *in der Weise bearbeitet, dass sie sich gemeint fühlen mit dem Leben, das Gott ihnen zugedacht hat zu leben?*" Es entstand der Entwurf einer Theologie, in der zum Vorschein kommt, „... dass alle Menschen herausgerufen sind im S u b j e k t – S e i n vor ihrem Gott", wie es der Theologe Dr. Johann Baptist Metz wiederholt zum Ausdruck bringt.[183]

Seit ich mit Jürgen Knop ab 1981 zusammenarbeitete, erhielt durch seine *theologische* Kompetenz meine Erkenntnis eine immer tiefere Bedeutung: „*Wir werden genau so viel von ihrer Glaubensstärke und ihrer Glaubenstiefe erfahren, um daran partizipieren zu können, wie Christen bereit sind, t e i l h a b e n zu wollen an diesem Dennoch-Glauben von Menschen mit Behinderungen.*"[184]

„*Protestantische Profile*" heißt die Predigtreihe in der Neustädter Hof- und Stadtkirche Hannover. Am 18.1.2009 hielt Pastor von Lingen hier eine Predigt über Jürgen Knop, als einen Menschen mit besonderem protestantischen Profil. „(…) Er war kein Theologe und kein Pastor, doch hat er Andachten geschrieben, die Menschen berührten. (…)" Jürgen Knop, Schwerstbehinderter, Schriftsteller, Lebensfreund – er war auch ein Lastenträger. Dabei half ihm seine Gabe: „Schreiben". Und daraus machte er eine Aufgabe: Brücken bauen zwischen Behinderten und Nichtbehinderten. Und er fragt: Was ist Deine Gabe und Deine Aufgabe? Wie kannst du eines anderen Menschen Lasten tragen helfen?"[185]

„Glauben bewahren – Leben gestalten": Auszüge aus dem Ökumenischen Gottesdienst 2010

Hauptkirche St. Katharinen

Auszüge aus der Dokumentation: Gottesdienst am 10. September 2010, 17 Uhr in der Hauptkirche St. Katharinen, Hamburg Glauben bewahren – Leben gestalten
50 Jahre Lebenshilfe LV Hamburg.[185*] …

Vorwort zur Dokumentation

Pastor Joachim Tegtmeyer

Fünfzig Jahre *Lebenshilfe für Menschen mit geistiger Behinderung e. V.* in Hamburg 2010 waren für Eva Bohne Anlass genug, im Jubiläumsjahr einen Gottesdienst zu gestalten. Sie versammelte dazu um sich Menschen mit Behinderungen, Angehörige, „Verbündete in der Sache" und Theologinnen und Theologen verschiedener Konfessionen. Sie konnte die Hauptkirche St. Katharinen als Gottesdienstort gewinnen. Der Präsident der Hamburgischen Bürgerschaft ließ sich ebenso zu einem Grußwort einladen wie ein Mitglied des Bundesvorstandes der Bundesvereinigung Lebenshilfe, Marburg.

Eva Bohne, seit Jahrzehnten beruflich und persönlich mit Menschen mit und ohne Behinderungen in einem kirchlichen wie theologischen Bildungsprozess unterwegs, hat uns bewegen können, einen ökumenischen Gottesdienst zu gestalten, in dem alle gleichberechtigt ihren Beitrag einbringen. Schon in den ersten Gesprächen stellte sich das Leitwort ein: „Glauben bewahren – Leben gestalten". Der immer wieder angefochtene Glaube angesichts unserer Lebenswirklichkeiten mit und ohne Behinderungen und das unausweichlich zu gestaltende Leben sollten den Inhalt des Gottesdienstes bilden. Das

Gleichnis vom viererlei Ackerfeld und die Heilung eines an Epilepsie erkrankten Jungen aus dem Markus-Evangelium bildeten die biblische Herausforderung für alle Gestaltungselemente wie Bilder, Texte, Ansprachen, Grußworte, Lesungen, Predigt, Gebete, Segenskreis, Lieder und Musik.

Die einhellige Erfahrung in diesem Gottesdienst: Wir waren wirklich geschwisterlich-ökumenisch, gleichberechtigt, „ebenerdig" (Ulrich Bach) in Sprache und Geste, bewegt durch Sehen, Hören und Fühlen beieinander, in den Liedern und in der Musik miteinander verbunden. Wir alle fühlten uns neu ermutigt zu: Glauben bewahren – Leben gestalten.

Diese Dokumentation des Gottesdienstes ist deswegen ein herzlicher Dank an alle Mitwirkenden, und ich möchte über unseren Kreis hinaus ermutigen, immer wieder solche Gottesdienste in den Kirchengemeinden, Diensten und Werken zu wagen unter einer Einsicht, die sich mir in früheren Jahren in diesem Zusammenhang eingestellt hat: *Was wir mit Menschen mit Behinderung (theologisch) lernen, lernen wir für das Leben (für die Theologie) überhaupt.*

Gottesdienstablauf

Geläut / Musikalische Einleitung (Orgel)
Einzug der Mitwirkenden durch die Winterkirche. Die Bildtafeln zum viererlei Ackerfeld werden vorangetragen. Die Bildtafeln zum viererlei Ackerfeld werden im Altarraum aufgestellt.

Zum Anfang
> Begrüßung
> (St. Katharinen - Hauptpastorin Dr. Murmann / Lebenshilfe Hamburg - Eva Bohne)
> Einführung: "Leben mit Behinderung" als Thema des Gottesdienste (Pastor Jürgen Leng)
> Psalmenlesung (Psalm 104 in Auswahl, gelesen von Gertrud Wellhausen, Justine Martens)
> Gebet: (Pastor Joachim Tegtmeyer)
> Lied: Lobe den Herren   Evang. Gesangbuch 316/317, 1-3

Verkündigung
> Eltern: Glauben bewahren - Leben gestalten (Justine Martens/Gertrud Wellhausen)
> Musik: Choralvorspiel „ Wer nur den lieben Gott lässt walten" (J.S.Bach)
> Menschen mit Behinderung: Leben gestalten unter Anleitung/Begleitung von Eva Bohne.
> Bilder und Worte zum Gleichnis vom viererlei Ackerfeld Markus-Evangelium 4,1-9
> Lied: Such, wer da will, ein ander Ziel   Evang. Gesangbuch 346,1-2
>
> Lesung des Predigttextes mit Einleitung (Dompfarrer Georg von Oppenkowski):
> Von der Heilung eines Menschen mit Epilepsie Markus-Evangelium 9, 14-29
> Predigt: Hauptpastorin Dr.Ulrike Murmann (Markus 9, 14-29)
> Lied: Such, wer da will ein ander Ziel   Evang. Gesangbuch 346,3-4

Grußworte
> Hansestadt Hamburg: Präsident der Hamburgischen Bürgerschaft Dr. Lutz Mohaupt
> Ökumenische Gäste:
> Pastor Jürgen Leng für die Arbeitsgemeinschaft Christlicher Kirchen Hamburg
> Vertreter der Lebenshilfe: Ingrid Körner, Vorstand Bundesvereinigung der Lebenshilfe für
> Menschen mit geistiger Behinderung, Präsidentin von Inclusion Europe

Kollekte
> Informationen zum Rumänienprojekt d. Ev. Stiftung Alsterdorf (Eva Bohne)
> Lied(währenddessen Einsammeln der Kollekte):
> Danke für diesen guten Abend   Evang. Gesangbuch 334 (Abendfassung)

Dankgebet / Fürbitten / Vater unser
> Es sprechen alle Mitwirkenden, Einleitung und Vater unser: Pastor Tegtmeyer
> Lied: Der Mond ist aufgegangen   Evang. Gesangbuch 482,1-5

Gestalteter Segen
> Segenskette vom Altar aus. Mehrteiliger Segen mit verschiedenen Stimmen
> Aaronitischer Segen: Hauptpastorin Dr. Murmann
> Musikalischer Schluß **(Orgel) – Verabschiedung (Südtür)**

Nachgespräch(Südschiff)

Begrüßung Eva Bohne

Wir sind hier versammelt, um im Rahmen des Jubiläums „50 Jahre Lebenshilfe für Menschen mit geistiger Behinderung", Landesverband Hamburg, diesen Gottesdienst zu feiern.

Seien Sie herzlich willkommen. Unser aller einmaliges Leben, dieses mit Behinderung zu leben und zu gestalten als Betroffene, als Angehörige, als Freunde des Lebenshilfe-Gedankens, dem soll hier in dieser Stunde Raum gegeben werden. Dazu gehört, dass wir uns als die *So-Gewordenen* eingeladen fühlen, mit allem, was uns miteinander verbindet, trennt, drückt und trägt.

Wo sind wir versammelt? In der Hauptkirche St. Katharinen zu Hamburg. Vor fünfzig Jahren eine Vorstellung jenseits aller Realität. Heute ist dieses Ausdruck eines in vielen Einzelschritten vollzogenen Wandels in unserer Gesellschaft. Die Kirche ist mit einem Umdenken zu unserem Menschsein darin eingeschlossen. Mein ausdrücklicher Dank geht an die Hauptpastorin Dr. Ulrike Murmann, dass uns heute zum Feiern und zum Danken dieses siebenhundertsechzig Jahre alte Gotteshaus offensteht.

Schauen wir uns um: St. Katharinen ist zurzeit eine Kirche mit Behinderungen. Mit wandernden Baustellen nehmen sich kundige Bauleute den nachhaltigen Wunden an, die mit der Zeit, dem Hochwasser der Elbe und durch Kriegswirren entstanden sind. An einigen Teilen dieses Gotteshauses lässt sich bereits der Erfolg ihres Mühens ablesen. Ich empfinde diesen Ort als äußerst stimmig für unser gottesdienstliches Zusammensein. Zur Realität vieler Tage im Jahresverlauf der Familien mit behinderten Angehörigen gehören wechselnde „Baustellen" und Improvisieren zur Tagesordnung.

So lassen Sie uns nun gemeinsam diesen ökumenischen Gottesdienst beginnen zusammen mit denen, die sich in dankenswerter Weise bereitgefunden haben, diesen mit auszugestalten.

Glauben bewahren – Leben gestalten

Gertrud Wellhausen

Zwei Kinder sind uns in unserer Familie geboren worden, Lars und lsa. Die Tochter mit einer mehrfachen Behinderung. Meine Aufgabe war, unsere Kinder gleichzeitig in verschiedener Weise zu erziehen und zu begleiten.

Als unser Sohn in den Abiturprüfungen war, verbrachte ich Isas letzte Wochen bei ihr im Krankenhaus.

Als unsere Tochter gestorben war, stellte sich das Gefühl ein: Sie zu bekommen war schlimm, sie herzugeben war schlimmer.

Glauben bewahren?

An Gott und meiner Kirche habe ich nie gezweifelt, habe die Kinder mit dem christlichen Glauben vertraut gemacht. Alles sollte geschehen „im Namen Gottes des Vaters" – auch die Trauerfeier für die Tochter vor zweiundzwanzig Jahren ist mir immer noch präsent.

Den Gottesdienst in meiner Kirche habe ich als Annahme meiner und unserer Lebensgeschichte erfahren. Andere haben geholfen, Lasten mitzutragen und Freude zu teilen.

Leben gestalten?

So wie wir Eltern den frühen Lebensweg unserer Kinder gestaltet haben, helfe ich jetzt betroffenen Eltern, das für ihre Kinder mit einer Behinderung zu tun.

Meine Rückfrage an die Zeit damals: Habe ich genug getan, ausreichend auf die Bedürfnisse der Tochter, des Sohnes geachtet? Wie wohl bei allen Eltern wird die Antwort offenbleiben müssen.

Im Laufe der Jahre ist für andere Eltern daraus geworden: Begleiten, Zuhören und Aushalten. Begleiten heißt auch: Wir gehen zusammen die Gräber besuchen.

Wir stärken und trösten uns gegenseitig.

Als unser Sohn Christian vier Jahre alt war, kam unsere Tochter Gabi zur Welt. Schon bald nach der Geburt ahnten wir, dass sie schwer behindert war. Ärzte bestätigten diesen Verdacht. Sie hat sich nach ihren Möglichkeiten gut entwickelt. Sie lebt heute mit vierunddreißig Jahren in einer stationären Wohngruppe. Dort hat sie eine eigene Wohnung, wie die acht anderen Bewohner. Wie war es am Anfang?

Da war schon die Frage: Warum trifft es gerade uns?

In der Beantwortung der Frage ist mein Glaube gewachsen: Gott erschafft alle Menschen, aber jeder unterscheidet sich vom anderen und ist besonders.

In meiner Kirche habe ich Menschen gefunden, mit denen ich Gemeinschaft erfahren habe. Das hat getragen, das trägt bis heute.

In einer kirchlichen Familien-Bildungsstätte hatten alle meine Gedanken ihren Platz zum Aussprechen, dort fand ich Menschen, die mich ermutigt haben, meine Lebensgeschichte zu schildern und die Zukunft zu gestalten.

Dazu gehörte auch ganz einfach ein guter Kontakt zu den Nachbarskindern und ihren Eltern.

Vor sechzehn Jahren haben wir eine Jungendgruppe gegründet, in der junge Menschen mit Unterstützungsbedarf alle zwei Wochen eine Freizeitunternehmung machen können. Wir Eltern treffen uns bis heute zum Gespräch über unsere Wege mit unseren behinderten Kindern. In diesen Gesprächen geht es um Bedeutung und Deutung eines normalen und doch besonderen Schicksals. Mein Glaube ist die Erfahrung von Gehaltensein und Gemeinschaft, wie sie in der Bibel beschrieben wird.

Altarraum

„Bild und Wort Gruppe"
Ton-Tafeln von Hartmut Gnass zum Gleichnis vom viererlei Acker-
feld in einer gottesdienstlichen Aufbereitung mit der „Bild und Wort"-
Gruppe: Peter Clausen, Sandra Boishtyan, Thomas Hintz

Glauben gestalten in Bild und Wort

Vorbereitungsphase

Zu unseren Überlegungen gehörte, Menschen mit Behinderungen an der Gestaltung dieses ökumenischen Gottesdienstes zu beteiligen.

Vier Monate vor dem Gottesdienst wurde im Lebenshilfe-Newsletter angekündigt: Gottesdienst feiern und gestalten. Wer fühlt sich unseren Kirchen verbunden? Wer denkt gern zurück an die Konfirmation? Wer denkt gern zurück an die Erstkommunion?

Menschen mit Behinderung gestalten mit. Sie sind herzlich eingeladen, zusammen diesen Gottesdienst am 10. September 2010 auszugestalten. Wir wünschen uns, dafür eine Gruppe von sechs bis acht Personen zu bilden. In vier Vorbereitungstreffen hat eine Gruppe aus unterschiedlich behinderten Menschen dem Gleichnis vom viererlei Ackerfeld, Markus 4, 1–9, in verschiedenen Ausdrucksformen Gestalt gegeben. Dabei galt es, den Bezug zur jeweils eigenen Lebensgeschichte herzustellen, aber auch zum Beispiel den Kirchenraum von St. Katharinen intensiv zu erkunden.

Als Bildmaterial diente eine künstlerische Arbeit (Ton-Tafeln) von Hartmut Gnass. Drei Personen dieser Gruppe sahen sich in der Lage, am Gottesdienst direkt mitzuwirken.

Die folgenden Seiten dokumentieren diesen Teil des Gottesdienstes.

Glauben gestalten in Bild und Wort.

Das Gleichnis vom viererlei Ackerfeld, Markus-Evangelium 9,1–4 (Luthertext)

Und er [Jesus] fing abermals an, am See zu lehren. Und es versammelte sich eine sehr große Menge bei ihm, sodass er in ein Boot steigen musste, das im Wasser lag; er setzte sich, und alles Volk stand auf dem Lande am See.

Und er lehrte sie vieles in Gleichnissen; und in seiner Predigt sprach er zu ihnen:

Hört zu! Siehe, es ging ein Sämann aus zu säen. Und es begab sich, indem er säte, dass einiges auf den Weg fiel; da kamen die Vögel und fraßen's auf. Einiges fiel auf felsigen Boden, wo es nicht viel Erde hatte, und ging alsbald auf, weil es keine tiefe Erde hatte. Als nun die Sonne aufging, verwelkte es, und weil es keine Wurzel hatte, verdorrte es. Und einiges fiel unter die Dornen, und die Dornen wuchsen empor und erstickten's, und es brachte keine Frucht. Und einiges fiel auf gutes Land, ging auf und wuchs und brachte Frucht, und einiges trug dreißigfach und einiges sechzigfach und einiges hundertfach.

Und er sprach: Wer Ohren hat zu hören, der höre.

Glauben gestalten in Bild und Wort

Der Sämann

Die „Bild und Wort"-Gruppe trägt die einzelnen Bilder an die Stufen des Altarraumes. Zu jedem Bild wird der entsprechende Abschnitt des Gleichnisses vorgelesen. Anschließend kommen Lebens- und Glaubenserfahrungen der Gruppenmitglieder mit Behinderungen zu dem jeweiligen Bild zu Wort.

Säemann

Jesus fing abermals an, am See zu lehren. Und es versammelte sich eine sehr große Menge bei ihm, sodass er in ein Boot steigen musste, das im Wasser lag; er setzte sich, und alles Volk stand auf dem Lande am See. Und er lehrte sie vieles in Gleichnissen; und in seiner Predigt sprach er zu ihnen:
Hört zu! Siehe, es ging ein Sämann aus zu säen.

Eva Bohne:
Der Glaube wird in diesem Gleichnis verglichen mit einem Samenkorn. Die Wachstumsbedingungen des Glaubens aller Menschen werden zu aller Zeit durch Lebensbedingungen gefährdet. Deshalb bedürfen sie der besonderen Achtsamkeit von uns Menschen, damit aller Glaube wachsen und reifen kann.

Glauben gestalten in Bild und Wort

Der Weg

Weg

Und es begab sich, indem er säte, dass einiges auf den Weg fiel; da kamen die Vögel und fraßen's auf.

Sprecherin:
„Manchmal ist mein Glaube wie dieser Samen. (Zeigt auf das Bild.) Der Same fällt auf den Weg. Menschen treten drauf rum – zertreten den Samen. Vögel kommen und fressen den Samen auf."

Einiges fiel auf felsigen Boden, wo es nicht viel Erde hatte, und ging alsbald auf, weil es keine tiefe Erde hatte. Als nun die Sonne aufging, verwelkte es, und weil es keine Wurzel hatte, verdorrte es.

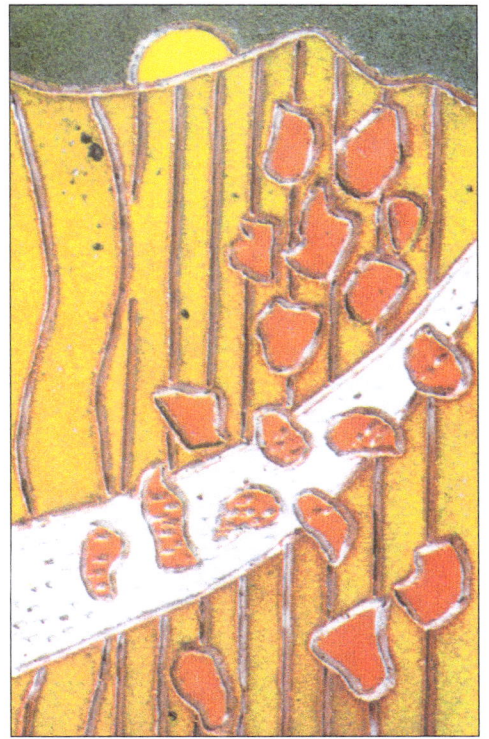

felsiger Boden

Sprecher:
„Meinem Glauben geht es wie diesem Samen.
(Zeigt auf das Bild.)
Der Same fällt auf Steine. Da ist keine Erde für die Wurzeln.
Da ist keine Nahrung, damit eine Pflanze wachsen kann, um sich tief zu verwurzeln."

Glauben gestalten in Bild und Wort

Und einiges fiel unter die Dornen, und die Dornen wuchsen empor und erstickten's, und es brachte keine Frucht.

unter die Dornen

Sprecher:
"Mein Glaube ist manchmal wie dieser Same. (Zeigt auf das Bild.) Der Samen fällt unter die Dornen. Die Menschen haben auch Dornen, und die stechen mich. Die Dornen wachsen sehr hoch wie eine Mauer. Die Pflanze wie mein Glaube werden erstickt."

Und einiges fiel auf gutes Land, ging auf und wuchs und brachte Frucht, und einiges trug dreißigfach und einiges sechzigfach und einiges hundertfach.
Und er sprach: Wer Ohren hat zu hören, der höre!

reichlich Frucht

Sprecherin:
„Diese Samen fallen auf guten, fruchtbaren Boden. (Zeigt auf das Bild.) Daraus kann eine Pflanze wachsen und reichlich Frucht tragen. So ist es mit unser aller Glauben: Er braucht gutes Miteinander der Menschen, um wachsen zu können."

Predigt

Hauptpastorin Dr. Ulrike Murmann
Predigt im Ökumenischen Gottesdienst anlässlich des 50-jährigen Jubiläums der Lebenshilfe Landesverband Hamburg in der Hauptkirche St. Katharinen

Predigttext: Markus 9, 14–29, Die Heilung eines Jungen mit Epilepsie

Liebe Gemeinde!
„Alle Dinge sind möglich dem, der da glaubt!" Das ist eine starke These, ein oft zitierter Spruch unter Frommen und Unfrommen, für uns Christen eine große Verheißung! Aber stimmt das denn? Überzeugt Sie diese Behauptung? Deckt sie sich mit Ihrer Erfahrung, liebe Gemeinde? Was hat Jesus damit gemeint? Wollte er dem Vater sagen: „Wenn du wirklich daran glaubst, dass ich deinen Sohn heilen kann, dann geschieht es auch!? Wenn du dich enorm anstrengst, mit all deiner Kraft, mit Herz und Verstand glaubst, dann ist alles möglich!?"

Das erinnert mich an Szenen aus meiner Kindheit: Da wurde uns doch die Medizin verabreicht mit den Worten: „Nun schluck mal die Tablette, die hilft, du wirst sehen. Und wenn du fest daran glaubst, dann bist du schon bald wieder gesund." Krebspatienten sagt man das auch heute: „Sie müssen gesund werden wollen, Sie müssen an die Therapie und an sich selber glauben."

Liebe Gemeinde, ich vermute, das hat Jesus nicht gemeint. Auch wenn ein Heilungsprozess sicherlich schneller voranschreitet, wenn der Patient glaubend mithilft, so bewirkt der Glaube an eine Therapie noch lange keine Wunder. Heilungswunder kommen immer von woanders her, sie sind jedenfalls nicht das Ergebnis unserer Glaubensanstrengungen. Mit dem

Glauben verhält es sich ja wie mit dem Leben überhaupt: Er ist Geschenk, unverdientes Geschenk. Du kannst ihn aus eigener Kraft weder begründen noch beenden, und du kannst ihn auch durch gutes Zureden nicht größer machen, als er ist. Die Möglichkeiten des Glaubens liegen nicht in deiner Hand. Alle Dinge sind möglich, dem, der da glaubt, wie ist das also zu verstehen?

Vielleicht sollten wir uns die Szene, die der Evangelist Markus hier so plastisch beschreibt, noch einmal vor unser inneres Auge holen:

Im Hintergrund die Menschenmenge, die Schaulustigen, die Neugierigen und Voyeure. Die Nachricht von Jesu Anwesenheit, der Streit zwischen den Jüngern und einigen Schriftgelehrten, der epileptische Junge und sein um Hilfe bittender Vater – das konnte eine Sensation werden. Viele waren gekommen, um diese Begegnung mitzuerleben. Mitten drin die ratlosen Jünger, sie hatten dem Vater helfen wollen, aber vermochten es nicht. Ihre Gebete blieben unerhört, sie hatten versagt. Sie waren in aller Öffentlichkeit gescheitert, hatten sich blamiert. Hilflose Helfer, die guten Willens waren und doch nichts ausrichten konnten. Und nun wurden sie auch noch vor allen anderen von Jesus gescholten: „Oh ihr ungläubiges Geschlecht!", ruft er ihnen zu. Alle Dinge sind möglich dem, der da glaubt? – Sie waren die Kleingläubigen, sie, die Freunde und Freundinnen Jesu, die immer um ihn waren und ihn besser kannten als alle anderen.

Im Vordergrund steht der enttäuschte Vater. Er berichtet Jesus von dem Unvermögen der Jünger. Ich vermute, Jesu Jünger waren nicht die Ersten, die er aufsuchte und um Hilfe gebeten hatte. Sein Sohn litt von klein auf unter epileptischen Anfällen, die seinen kleinen Körper schüttelten, ihn zu Boden warfen und in lebensgefährliche Situationen gebracht hatten. Ganz gewiss hatte er alles versucht, um einen Arzt zu finden, der ihn heilt, hatte Medikamente ausprobiert und Priester gebeten, den stummen und tauben Dämon auszutreiben.

Sie, liebe Eltern, kennen die Sorge um eine krankes oder um ein behindertes Kind. Sie haben selbst erleben müssen oder erleben es noch, wie hilflos und ratlos man als Mutter und Vater oft ist, zweifelnd und traurig, zornig und zutiefst verunsichert. Allein gelassen mit all der Sorge, der persönlichen und familiären Belastung, den Ängsten und der scheinbaren Aussichtslosigkeit. So könnte der Vater empfunden haben, als er sich an Jesus wandte mit den Worten: „Wenn du aber etwas <u>kannst</u>, so erbarme dich unser und hilf uns." Viel Zuversicht klingt nicht aus seinen Worten, fragend, zweifelnd trägt er seine Bitte vor. Sein Glaube hat ihn immerhin bis hierher gebracht, hat ihn begleitet durch gute und schlechte Zeiten, ist auch in diesem Moment präsent, als er vor Jesus tritt, mit nichts in Händen als der Liebe zu seinem Sohn: „Erbarme dich unser und hilf uns!"

Es hat mich beeindruckt, wie Sie eben von Ihrem Glauben erzählten, Frau Wellhausen und Frau Martens, wie viel er Ihnen bedeutet, wie er Sie tröstet und hält, und wie er sich gewandelt hat im Laufe der Jahre. Die Erfahrungen, die wir in unserem Leben machen, sie prägen uns, sie beeinflussen unsere Hoffnungen und Wünsche, unsere Gebete und unser Gottvertrauen. Auch ich wundere mich über Veränderungen meines Glaubens, welchen Schwankungen er ausgesetzt ist, wie schmerzhaft es ist, im Zweifel zu leben, und wie wunderbar, im Glauben zu wachsen. Es ist ein großes Geschenk, wenn es uns gelingt, im Vertrauen auf Gott zu leben und zu leiden, zu lieben und zu lassen, zu nehmen und zu geben.

Auch diese Geschichte deute ich als eine Glaubensgeschichte. Ausgangspunkt und Anlass ist die Epilepsie der Kindes und die liebevolle Sorge und Hingabe des Vaters – die Begegnung mit Jesus aber macht das eigentliche Thema sichtbar: Es ist die „Paradoxie des ungläubigen Glaubens". Der Vater glaubt und glaubt nicht, vertraut und traut nicht, er hofft und zweifelt doch – ganz so wie wir auch, liebe Gemeinde, vor Gott sind wir alle suchende, fragende, bedürftige, ganz und gar angewiesene und gemessen an Jesus kleingläubige Menschen. Das erkennt der Vater, als Jesus sagt: „Alles ist möglich, dem, der da glaubt." Er glaubt ja, aber offenbar anders als Jesus es meint. Jetzt gehen ihm die Augen auf, und er sieht, dass auch er auf Jesu Erbarmen angewiesen ist, genauso wie sein Sohn. Deswegen ruft er: „Ich glaube, hilf meinem Unglauben!" Auch er lebt von dem Geschenk des Heils oder des Heilsglaubens, dass Gott ihn sieht, begleitet, trägt und hält. Das Heil ist ganz und gar unabhängig davon, ob ich gesund oder krank, behindert oder nicht behindert bin, es ist eine Verheißung, die jedem Menschen gilt, den großen und kleinen, selbstständigen und abhängigen.

Ich habe in der Vorbereitung auf den heutigen Gottesdienst viel von Ihnen gelernt, Frau Bohne, Herr Tegtmeyer, habe gelesen, wie der Theologe Ulrich Bach die Heilungswunder deutet und zwischen Heil und Heilung unterscheidet: Jesus ist nicht gekommen, um uns zu geheilten, gesunden, fitten, erfolgreichen, schönen oder gar gelifteten Subjekten zu machen. Er ist gekommen, um uns das Heil des Glaubens zu eröffnen. Das aber liegt nicht in unseren Händen, es hängt nicht an unserer Macht, es liegt in ihm, und wir gewinnen es nur, wenn wir uns auf ihn verlassen und alle unsere Sorge auf ihn werfen. Dann wird der Satz sinnvoll: Alle Dinge sind möglich, dem, der da glaubt! Er müsste nämlich eigentlich lauten: Alle Dinge sind möglich, dem, der da glaubt, dass Gott alle Dinge möglich sind. Es geht hier nicht um menschliche Allmachtsfantasien oder um die Größe unseres Glaubens, sondern um das Bekenntnis zur Größe Gottes. Groß ist der Glaube, der sich nicht auf die eigenen Möglichkeiten stützt, sondern Gott vertraut und das Gelingen seines Lebens in seine Hände legt. Dann wird dir alles möglich, weil er es möglich macht. Wenn wir ihn wirken lassen und ihm überlassen, was seine Sache ist, dann wird uns Heil zuteil.

Das erkennt der Vater und spricht, was wir täglich wiederholen könnten: Ich glaube, hilf meinem Unglauben. Jesus hilft, er befreit den Jungen von dem stummen Dämon, hilft dem Vater zum wahren Glauben und verbindet Menschen miteinander, um diese Erfahrung zu teilen. So sind Sie heute hierhergekommen, Gott zu danken für seine Begleitung und Stärkung, für die Beziehungen, die Sie untereinander geschaffen haben, für die „Lebenshilfe", die Ihnen gewährt wurde, für gegenseitiges Zuhören und Verstehen, für Empathie und Sympathie, für Gottes Heil mitten unter uns. Amen.

Nachbetrachtung

Eva Bohne

Die Türen der Hauptkirche in unserer Hansestadt Hamburg, St. Katharinen, waren uns geöffnet, um 2010 dort gemeinsam einen ökumenischen Gottesdienst aus Anlass „50 Jahre Lebenshilfe – Landesverband Hamburg" so vorbereiten zu können, um den Fragen, Zweifeln, Hoffnungen und der Möglichkeit des Dankens Raum zu geben angesichts eines Lebens im Kontext von Behinderung es zu leben. Für Menschen mit Behinderungen und deren Angehörige ist Glauben, sich zu bewahren und ihn zu gestalten, ein existenzielles Thema, wie eigentlich für jeden anderen Menschen auch.

Eine Teilnehmerin fragte: „Warum so selten solch ein Gottesdienst? Obwohl die Zahl der behinderten Menschen und ihrer Angehörigen groß ist, ist ein Gottesdienst wie der heute gefeierte die Ausnahme."

In der Tat eher die Ausnahme als die Regel, zeigt dieser Gottesdienst dennoch den Wandel an, der sich in der Kirche und in der Theologie in den letzten dreißig Jahren vollzogen hat. In der Beantwortung der Frage „Wo kommen wir her?" rückt eine langjährige Erfahrung ins Bewusstsein für die, die *als Verbündete in der Sache behinderter Menschen* über drei Jahrzehnte gemeinsam und in der Vernetzung mit anderen deutliche Zeichen zu setzen begannen gegen eine weitverbreitete kirchliche Ausrichtung: Kirche für die Gesunden – Diakonie für die Kranken und Behinderten. Diese Arbeitsteilung hatte dazu geführt, dass das Gemeindeleben von einer Praktischen Theologie geprägt wurde, in der der ‚Behinderte' als ‚*Objekt barmherziger Nächstenliebe*' vorkam und damit letztlich ausgegrenzt wurde. Ein Lernprozess des Umdenkens mit vielen Facetten wurde auf verschiedenen Ebenen auf den Weg gebracht.

Mit diesem Ökumenischen Gottesdienst in der Hauptkirche St. Katharinen in Hamburg hat sich in mehrfacher Weise das erfüllt, was ich als Vision lange Zeit in mir trug. Die über so viele Jahre selbst erlebten und mitgetragenen Situationen von Freud und Leid in den Familien mit behinderten Angehörigen haben mich 2010 bewogen, als Laiin einen Gottesdienst zu „50 Jahre *Lebenshilfe für Menschen mit geistiger Behinderung* in Hamburg" anzuregen und in dieser Kirche ökumenisch auszugestalten. Mein Dank geht deshalb insbesondere an die mitwirkenden Theologen und Theologinnen, die das Priestertum aller Gläubigen so leben, dass es für alle einbezogenen Laien, die behinderten Menschen und deren Angehörige zu einem gemeinschaftlichen Gottesdienstgeschehen wurde.

Eine Glocke läutet in „fis": In den Gemeinden leben Menschen mit Behinderungen

Glocke

Die Inschrift der Glocke in „fis", NORDELBISCHES STU-
DIEN- UND ENTWICKLUNGSPROJEKT *„Menschen mit
Behinderungen leben in den Gemeinden" erinnert* programmatisch
an ein über viele Jahre gefördertes Projekt der Nordelbischen

Kirche zur Verbesserung des Miteinanders von Menschen mit und ohne Behinderungen.

Es soll in Erinnerung gerufen werden, dass Menschen einander nur tolerant wahrnehmen können, wenn sie die Stärken und Schwächen bei sich selbst und bei anderen erkennen und akzeptieren. So können Möglichkeiten zur Teilhabe möglichst vieler geschaffen werden, um miteinander zu lernen und zu handeln. [186]

An die Freunde und Förderer des Nordelbischen Studien- und Entwicklungsprojektes *„Menschen mit Behinderungen leben in den Gemeinden"* schrieb mit der Übersendung der Festschrift „Kieler Carillon, Friede sei ihr erst Geläute" Oberkirchenrat Matthias Jessen diesen Gruß:

„Unsere Glocke (Nr. 11) mit dem Ton ‚fis' wird nun bei jedem Geläut mit dem Carillon unser aller Mahnung an die Menschen in Kiel und der Welt weitergeben.

In den Gemeinden *leben* Menschen mit Behinderung!

Vielen Dank für alle Ihre Mitarbeit

Ihr Matthias Jessen"[186*]

Und wo erklingt diese Glocke?

Von der Heiliggeist-Klosterkirche, zugleich Gründungsort der Stadt Kiel, blieben 1945 nach der Zerstörung im Zweiten Weltkrieg nur der Turm und eine Glocke erhalten. In seiner fragmentarischen Gestalt ist dieser Ort heute Zeugnis und Mahnung für die wechselvolle Geschichte unseres Landes und dieser Stadt. An dieser Stelle Glocken eines Carillons zum Erklingen zu bringen, ist symbolträchtig. Dank eines engagierten Initiativkreises war es binnen drei Jahren von der Idee bis zum ersten Geläut des Kieler Carillons aus vierundvierzig gespendeten Glocken am 21. September 1999 gekommen. Die eine erhaltene Glocke mit dem Ton „g" bringt heute im Zusammenklang mit weiteren vierundvierzig Glocken den tiefsten Ton dieses Carillons zu Gehör. Einmalig bisher in Deutschland läutet nun seit 1999 eine Glocke für Menschen mit Behinderungen als weithin hörbares Zeichen.

Neues Denken setzt sich durch

Die bisher in diesem Buch beispielhaft und in Ausschnitten in den Blick genommenen Begebenheiten, Fakten und Situationen zur Lebenslage von Menschen mit Behinderungen und ihren Angehörigen machen deutlich, welchen Engagements und welcher Entschlossenheit Einzelner und von Gruppen es bedurfte, damit aus Ideen Wirklichkeiten wurden auf der Suche nach Alternativen zu einer stark veränderungsbedürftigen Realität.

Warum müssen die Rechte der Menschen mit Behinderungen völkerrechtlich abgesichert werden?

Seit 2011 stelle ich in unterschiedlichen Zusammenhängen Freunden, Bürgern im Wohnumfeld und Profis der Pädagogik, Justiz, Theologie und der Medizin diese Frage: „Warum müssen die Rechte der Menschen mit Behinderung nun völkerrechtlich durch eine UN-Behindertenrechtskonvention (UN-BRK) abgesichert werden? Nachdenkliches Schweigen ist fast immer die erste Reaktion.

Meine Antwort lautet, dass es weltweit als gescheitert einzuordnen war, grundlegende Änderungen in Gesellschaften auf freiwilliger Basis herbeiführen zu wollen. Alle bisherigen weltweit anempfohlenen Schritte mit UN-Aktionen vor dieser UN-Behindertenrechtskonvention haben nicht hin zu den erhofften Veränderungen zu einem *menschenwürdigen* Umgang und zur Absicherung für Menschen mit Behinderungen vor Diskriminierung und dem beliebigen Ausschluss auf den verschiedenen Ebenen gemeinschaftlichen Zusammenlebens geführt. Realistisch betrachtet war es insgesamt und auch in Deutschland gescheitert, grundlegende gesellschaftliche Änderungen unseres Zusammenlebens lediglich auf der Basis der Beliebigkeit durchsetzen zu wollen.

Dazu bringe ich in Erinnerung: 1981 wurde das erste internationale UN-Jahr der Behinderten unter dem Motto *„INTEGRATION statt SEPARATION"* nur sehr zögerlich angenommen.

In den Jahren 1983–1992 blieben in der UN-*Dekade des behinderten Menschen* trotz vieler Aktionen durchgreifende Veränderungen aus.

Als Resümee daraus wurde in den fünf großen, auch von der UN anerkannten, Internationalen Behindertenverbänden daran gearbeitet, wie weltweit mehr Verbindlichkeit geschaffen werden konnte. Aktivisten der international agierenden Behindertenverbände haben sich der Sache angenommen: ‚Inclusion Europe' und ‚Inclusion International', die beiden Dachverbände für Menschen mit geistiger Behinderung und ihre Angehörigen, gelten nicht erst seit ihrer aktiven Mitarbeit an der Entstehung der UN-Konvention für die Rechte behinderter Menschen von 2006 als Motor gesellschaftlicher Partizipation."[187] Sie haben Fakten zusammengetragen, die zu der UN-Behindertenrechtskonvention führen sollten. 2006 wurde sie in New York in Gegenwart von Vertretern aus achtzig Ländern feierlich verabschiedet. Der Bundestag und der Bundesrat der Bundesrepublik Deutschland haben 2009 ebenfalls beschlossen, die UN-Behindertenrechtskonvention im deutschen Recht zu verankern, damit sie umgesetzt und angewendet wird. Aufgrund dieses Prozesses wird seit sieben Jahren auf allen Ebenen unseres Zusammenlebens schrittweise versucht, INKLUSION einzuführen.

Inklusion – nichts Neues

Wer mit Nachdruck betont und herausstellt, bei INKLUSION handele es sich um etwas völlig *„Neues, anderes"*, der leugnet aus meiner Sicht – aus welchen Gründen auch immer – dass *mutig gegen den Strom* arbeitende *Vordenker* und *Vordenkerinnen* in Westdeutschland in einem langen Prozess einen steinigen Weg gegangen sind, auf dem sie das bis heute bereits *Erreichte* erkämpft haben:

Gegen erhebliche Widerstände wurde die schrittweise Abkehr von der *Separati*on und *Ausgrenzung* ‚Behinderter' in gesonderten Anstalten und Heimen erreicht.

Der beharrliche Weg durch beispielgebende Einzelversuche hat überzeugend gezeigt, dass Eingliederung von Menschen mit unterschiedlichen Behinderungen möglich ist.

Der verpflichtende Wille, politischer Durchsetzungskraft zu vertrauen, entsprechende Gesetzesänderungen auch für Menschen mit Behinderungen zu erwirken, um ihnen Rechte und damit Entwicklungsmöglichkeiten zu sichern, ist schrittweise eingelöst.

Mit der Argumentation, Inklusion sei das völlig Neue, lassen sich beispielsweise die nun zutage tretenden Lücken und Mängel von bisher nur zögerlich vollzogener *integrativer* Umsetzung innerhalb einer Institution oder einer Organisation überdecken. Der Überbetonung eines Paradigmenwechsels, der nun seine Zeit für den Aufbau *inklusiver* Angebote benötige, liegt möglicherweise das verschleierte Eingeständnis zugrunde: Wir beginnen jetzt *auch* mit dem Umdenken.

Inklusion – eine Herausforderung mit vielen Facetten?!

Als Aktivistin und Vordenkerin versuche ich die zurzeit stattfindende Auseinandersetzung mit Fragen wie: „Was ist und was bringt uns Inklusion? Was ist neu an dem Ansatz gegenüber Integration?", ansatzweise in den Blick zu nehmen.

Inklusion ist aus meiner Sicht ein weiterer *Entwicklungsschritt* und <u>nicht</u> das *ganz Neue*, das uns jetzt mit der UN-Behindertenrechtskonvention zur Umsetzung *auferlegt* wurde. Es ist ein weiterer großer Schritt auf dem langen Weg, Menschen mit Behinderungen – eine von vielen marginalisierten Gruppen – in ihrem Subjekt-Sein Partizipation am gesellschaftlichen Zusammenleben verbindlich festschreiben und verankern zu wollen.

Damit der weitere Entwicklungsschritt in Deutschland gelingen kann, sind als Voraussetzungen bereits gegeben:

– Die SEPARATION von Menschen mit Behinderung ist weitestgehend überwunden.
– Durch das Bemühen betroffener Eltern und einiger aufgeschlossener Fachleute wurde der gesellschaftliche und fachliche Diskurs zu Integration angestoßen. So wurden die für dieses Denken und Tun verschlossenen Türen endlich aufgestoßen.
– Professor Dr. Georg Feuser, Universität Bremen, formuliert: „(…) Auf diesem Hintergrund könnten wir heute von einer zweiten Phase der Integration sprechen, die ich dadurch charakterisiert erachte, dass Integration sozusagen mehr denn je in die Hand der Lehrer gelegt ist. Sie hätten damit die Aufgabe zu bewältigen: hinsichtlich der Qualität kooperativer Lehr- und Lernhandlungen alle am Unterricht beteiligten Personen einzubeziehen. (…) Sie haben schon vor zwanzig Jahren von mir gehört: ‚Integration fängt in den Köpfen an‘, und heute: Inklusion auch!"[188]

Damit ist deutlich, dass Inklusion im Jahr 2009 in Deutschland nicht etwas völlig Neues ist! Die Menschen mit Behinderungen jetzt vermehrt in den Blick zu nehmen begann 2009 in Deutschland aufgrund der Unterzeichnung der UN-Behindertenrechtskonvention (BRK) durch die Bundesregierung. Damit erübrigt sich, von Inklusion als dem mit Herausforderungen verbundenem ganz Anderen, und Neuem zu sprechen.

INTEGRATION hatte zum Ziel, Menschen mit Behinderungen durch Förderung in die Lage zu versetzen, sich in eine bestehende Gemeinschaft einzufügen.

Allen Verbänden, Organisationen und Einzelinitiativen war es in Deutschland freigestellt, ab 1981 mit dem ersten UN-Jahr der Behinderten unter dem Motto „Integration statt Separation" Erfahrungen mit der schrittweisen Umsetzung des *neuen Denkens* zur Lebenssituation der Menschen mit Behinderungen und ihrer Angehörigen zu sammeln. Integration umzusetzen, unterlag jedoch keinen *gesetzlichen* Vorgaben. Weil kein Anspruch darauf bestand, *wurde* sie einer *Ausnahme* gleich *punktuell* und *modellhaft* unter dem Schutz des *Besonderen* praktiziert, wenn herausstellend gefördert und geduldet. Für die, die Integration praktizierten, bedeutete es in der Regel, gegen *den Strom* zu arbeiten.

Wer diesen Weg des *Umdenkens* mitgetragen und eingeübt hat, dem kommt heute die Botschafterrolle zu, aufzuzeigen, was in Verbindung mit Integration an Teilhabe bereits seit mehr als dreißig Jahren schrittweise eingeübt und weiter zu entwickeln ist.

Als Weiterentwicklung hat INKLUSION zum Ziel, dass die Gemeinschaft die Voraussetzungen dafür schafft, jede/jeder kann an diesem gemeinschaftlichen Zusammenleben teilnehmen.

„Inklusion hat alle Aspekte von Verschiedenheit (von Menschen) im Blick. Behinderung ist also immer nur ein Subaspekt. Geht es ausschließlich um Behinderung, bleibt der Integrationsbegriff angemessener, denn andernfalls droht die Inflationierung des Inklusionsbegriffes. Geht es um Behinderung im Zusammenhang gesellschaftlicher Marginalisierung insgesamt, ist allerdings der Inklusionsbegriff sinnvoller und angemessener."[189]

„Inklusion bedeutet die große Chance für Interessenbündnisse mit allen Gruppierungen, die mit gesellschaftlicher Marginalisierung konfrontiert sind."[190]

Inklusion ist *T e i l h a b e* und *T e i l g a b e* (*Dr. Klaus Dörner*). Zu Zeiten der INTEGRATION (nach der Separation) war die Teilhabe am gesellschaftlichen Leben für Menschen mit Behinderung nicht mehr grundsätzlich verwehrt. Es war durchaus möglich – vorausgesetzt, die Menschen waren dazu in der Lage –, sich den gegebenen Voraussetzungen anzupassen. Inklusion hat damit im Gegensatz zu Integration zum Ziel, dass die Gemeinschaft die Voraussetzungen schafft, damit jede/ jeder am Zusammenleben teilhaben kann. Die Gemeinschaft hat somit eine *Geberfunktion*.

Bettina Marquardt und ich sind seit 2011 aktiv in die Zusammenarbeit mit der Landeszentrale für politische Bildung der Hansestadt Hamburg eingebunden, um mit Projekten, Workshops, Buch- und Bühnenvorstellungen *der anderen Art* zur Bewusstseinsbildung der Bürgergesellschaft unserer Stadt zum Thema INKLUSION beizutragen. Auffallend ist, dass in diesen Veranstaltungen und Workshops eigentlich nie Anmerkungen wie diese fehlen: „Nun arbeiten wir bereits zwei Stunden zum Thema Inklusion, und das Wort *Schule* ist mit noch keinem Wort gefallen!", „Ich dachte, Inklusion ist vor allem eine Sache der Schule!" Gut, dass es gemerkt wird: Inklusion umfasst und meint die *Teilhabe* und *Teilgabe* in allen Lebensbereichen und allen Lebensaltern; die Schule ist (lediglich) ein Lebensbereich davon.[190*]

Der Weg zu mehr Inklusion wird für uns alle überall dort sichtbar und erlebbar, wo an mehr Barrierefreiheit im öffentlichen Raum unserer Städte und Gemeinden gearbeitet wird. Das bringt einen Zugewinn an Mobilität für viele Menschen, die auf den Rollstuhl angewiesenen, altersbedingt weniger mobil mit Rollatoren oder mit Kinderwagen unterwegs sind.

In anderen Bereichen wird die Herausforderung zögerlicher angenommen, da sie mit *Umdenken* und *Umlernen* verbunden ist, beispielsweise mit mehr Beachtung und Anerkennung *anderer Lehr- und Lernschritte* als nur der auf kognitiver Ebene. *Offenes Lernen* mit nicht vorher festgelegtem Ergebnis wird zu fördern sein; dazu wird künftig eine begleitende kritische Reflexion zwischen Menschen mit und ohne Behinderungen gehören. Dies kann, beispielsweise mit der *einfachen Sprache*, eine ganz neue Herausforderung für die Gedankenführung darstellen. Um die unterschiedlichen Kompetenzen auszuschöpfen, wird insgesamt Vernetzung eine große Rolle spielen.

Es ist notwendig, den „deutschen *Sonder*-Weg" in der Behindertenarbeit (Teil II: „Eine Behindertenarbeit mit einem *Bildungs*-Ansatz?") endgültig zu beenden und stattdessen dazu zu ermutigen, als Lernende mehr über *den Zaun* zu den Nachbarländern zu schauen. Für die Kirchen bedeutet es aus meiner Sicht, der Zusammenarbeit mit der Ökumene einen anderen Stellenwert als bisher einzuräumen, um den *inklusiven* theologischen Austausch zu dieser Thematik zu intensivieren, damit die Ergebnisse ihren Niederschlag in den Kirchengemeinden finden können. Leuchtturm-Projekte an der Basis herauszustellen ist das eine. Die viel schwierigere Aufgabe, ob und wie *inklusive* Kirche zu gestalten ist, entscheidet sich in ihren Entscheidungs- und Verwaltungsgremien.

Auch auf einem weiteren Gebiet werden sich Veränderungen schrittweise vollziehen müssen: „Theologische Grundannahmen zur Behinderung – sie werden weithin nur von *,anerkannten' Nichtbehinderten* vertreten!"[191] Diese Feststellung von Dr. Johannes Degen von 1985 ist auch für andere Wissenschaftsbereiche noch die Regel. Die „Spezialisten" werden sich mehr und anders als bisher mit ihrem Wissen und Aussagen über Menschen mit Behinderungen der *direkten* Auseinandersetzung mit akademisch ausgebildeten Betroffenen stellen müssen. Es wird zu einem besonderen Prüfstein *inklusiver Lehre* an unseren Hochschulen werden.

Neues Denken setzt sich immer weiter durch

Was hat sich bereits geändert seit Inkrafttreten der UN-BRK zum Thema „Situation der Menschen mit Behinderung"? Wo setzt sich *neues Denken* durch?

Bisher war es ein Randthema, das Profis vorbehalten war. Da Menschen mit Behinderungen keine Lobby hatten, verblieb es ein Nischenthema. Und es war ein Insiderthema, mit dem sich Betroffene, deren Familien und Unterstützer beschäftigten. Heute ist es erfreulich oft bereits seh- und hörbar ein Thema in den Medien und der Presse und erlebbar im Miteinander, beispielsweise in Bürgerforen und vielen Initiativen.

Anders als bisher lautet nun der Ansatz: Nicht weiter *für* und *über,* sondern gemeinsam *mit* Menschen mit Behinderung agieren – und das auf Augenhöhe und auf allen Ebenen teilend. An die Stelle von Wohltaten treten dank der UN-BRK immer häufiger Rechte. Allen eine CHANCE geben, so wie ich es für mich von der Bürgergesellschaft erwarte und fordere.

Es ist an uns allen – der Bürgergesellschaft –, unseren Teil zur Inklusion mit *Teilhabe* und *Teilgabe* (Klaus Dörner) durch *Umdenken* und *Handeln* zum Gelingen beizutragen. Nachdenken und Lernen ist nun vor allem aufseiten der sogenannten Nichtbehinderten gefordert. Das Zusammenleben gelingt dann, wenn wir *inklusives* Denken und Handeln praktizieren und es nicht *„den anderen verordnen"*.

„(...) Die Weichen sind gestellt – letztlich auf die atemberaubenden Fernziele der UN-Behindertenrechtskonvention: eine Schule für alle, ein Wohnviertel für alle und ein Arbeitsmarkt für alle, obwohl niemand wissen kann, ob, wann und in welchem Umfang wir uns ihnen wirklich nähern wollen."[191*]

Inzwischen leben wir 2016/2017 in der Bundesrepublik Deutschland im Jahr sieben nach der Unterzeichnung der *UN-Behindertenrechtskonvention* im März 2009. Diskussionen zum Thema werden bundesweit auf den verschiedensten Ebenen geführt. Erfolge müssen – noch – als *Leuchtturm-Projekte* herausgestellt werden. Im ersten Fünfjahres-Auswertungsbericht der UN liegt die Bundesrepublik Deutschland keineswegs vorn bei den *Impulsgebern der Inklusion*. Ein Fernsehkommentator schloss am 21. Januar 2016 seinen Bericht auf 3sat folgendermaßen ab: „Wir müssen lernen, dass wir in Sachen Inklusion weltweit nicht zu den Schrittmachern gehören!"

„Es ist normal, verschieden zu sein." Das hatte Altbundespräsident Richard von Weizsäcker bereits 1993 als seine Losung für ein anzustrebendes Zusammenleben Aller ausgegeben, denn jeder Einzelne von uns ist auf seine Art und Weise anders. Und das ist gut so. Sein Zitat wird heute, zwanzig Jahre später, oft programmatisch über Aktionen und Vorhaben gesetzt und sogar als Buchtitel für Bücher zum Thema Inklusion genutzt.

In Bezug auf Entwicklung beinhaltet dies immer, die Orientierung auf den nächsten Schritt im Blick zu haben. Diesen sehe ich darin, dem neuem Denken Durchsetzungskraft zu verleihen, damit *miteinander und voneinander Lernen* in unserer Bürgergesellschaft als Chance für alle gesehen und gelebt werden kann. Dabei gilt es, den Perspektivwechsel als Ziel zu wagen, der nach Professor Grünberg nur zu erreichen ist, „…) wenn ihm auch *methodisch entgegengearbeitet* wird, d. h., wenn er eingeübt wird durch neue Lern- und Lehrschritte."[192]

Niemand in den Reihen der *mutigen Vordenkerinnen und Vordenker* hatte vor fünfundvierzig Jahren eine *Spezial*-Ausbildung im *neuen Denken*. Wir fühlten uns verbunden und bestärkten uns gegenseitig in dem entschlossenen Willen, die „Elendsstraße" (*Pastor Dr. Jörn Halbe*) *der stark veränderungsbedürftigen* Lebensumstände der Menschen mit Behinderungen und deren Angehörigen in den Fokus zu nehmen und sie schrittweise zu ändern. *Inklusives* Denken und Handeln findet seinen Ausdruck im Praktizieren und Gestalten im ganz normalen, vielfältigen Zusammenleben der Menschen in unterschiedlichen Lebenssituationen.

Anmerkungen

Teil IV

179 Bohne, Eva/Marquardt, Bettina: „Schritte … des Wandels in unserer Gesellschaft für Menschen mit Behinderungen und ihre Angehörigen, 2. Auflage, Hamburg 2011, S. 14 LKAK 13.39, N.N.)

179* Aus dem Buch: „Ich lebe gern. Bekenntnisse eines Menschen mit einer schweren Behinderung", Herausgeber: von Lingen, Jan, 2009, *S. 22, **S. 154

180 Käßmann, Margot, in: „Ich lebe gern." Bekenntnisse eines Menschen mit einer schweren Behinderung, Herausgeber: von Lingen, Jan, 2009, Geleitwort

181 „Ich lebe gern. Bekenntnisse eines Menschen mit einer schweren Behinderung", Herausgeber: von Lingen, Hannover 2009, S. 18

182 Knop, Jürgen: „Sie werden uns doch bemerken müssen", Soak-Verlag, 1981

183 Metz, Johann Baptist: „Glaube in Geschichte und Gesellschaft", Grünewald Verlag, 1. Aufl. 1977, S. 65

184 Bohne, Eva: „Reden aus reflektierter Betroffenheit – Lernfelder kirchlicher Bildungsverantwortung", Beitrag in Schibilsky, Michael: „Kursbuch Diakonie", Neukirchner Verlag, 1991, S. 286

185 „Ich lebe gern. Bekenntnisse eines Menschen mit einer schweren Behinderung", Herausgeber: von Lingen, Jan, 2009, S. 153

185* Dokumentation „Ökumenischer Gottesdienst, Glauben bewahren – Leben gestalten'" St. Katharinen Hamburg 2010 LKAK 13.39 N.N.

186 Kieler Carillon: „Friede sei ihr erst Geläute". Festschrift aus Anlass der Einweihung am 18.9.1999, Heinrich, Gerd/Mertens, Hermann (Hrsg.), Nordelbisches Kirchenamt Kiel, 1999, S. 27

186* OKR Mattias Jessen: Brief an die Freunde und Förderer des Nordelbischen Studien- und Entwicklungsprojektes „Menschen mit Behinderung leben in den Gemeinden", NAK –Kiel Aktenz.D1 v. 21.09.1989 LKAK 13.39,N.N.

187 Körner, Ingrid: „Die Verbände ‚INCLUSION EUROPE' und ‚INKLUSION INTERNATIONAL' als Motoren gesellschaftlicher

Partizipation", in: „Von der Integration zur Inklusion", Hinz/Andreas, Körner/Ingrid, Niehaus/Ulrich (Hrsg.), Lebenshilfe-Verlag Marburg, 2010, S. 29

188 Feuser, Georg: „Eine zukunftsfähige ‚inklusive Bildung' ist keine Sache der Beliebigkeit", Bremen, 6.6.2012

189 Frühauf, Theo: „Von der Integration zur Inklusion – ein Überblick", in: Hinz/Andreas, Körner/Ingrid, Niehoff/Ulrich (Hrsg.): „Von der Integration zur Inklusion", Lebenshilfe-Verlag Marburg, 2010, S. 12

190 Hinz, Andreas: „Inklusion – Historische Entwicklungslinien und internationale Kontexte", in: Hinz/Andreas, Körner/Ingrid/Niehoff, Ulrich (Hrsg.): „Von der Integration zur Inklusion", Lebenshilfe-Verlag Marburg, 2010, S. 50

190* Landeszentrale für politische Bildung Hamburg: **Auswertung und Sachbericht** zum Projekt „Schritte zur Auswertung der UN-Berichtskonvention über die Rechte der Menschen mit Behinderung", „Wir Alle zusammen – wie kann das gehen?'"2012 LKAK 13.39, N.N.

191 Degen, Johannes: „Diakonie im Widerspruch", Christian Kaiser Verlag, 1985, S. 39, Neumünster 2012, S. 47

191* Dörner, Klaus: „Helfensbedürftig", Paranus Verlag, Neumünster 2013, S. 47

192 Grünberg, Wolfgang: „Laien-Theologie", aus d. Ansprache anlässlich des Empfanges d. Kirchenleitung Nordelbien zur Übergabe des Archivmaterials, Kiel, Nov. 1996 LKAK 13.39, N.N.

Anhang

Zeitabläufe zu EINBLICKEN in unsere jüngere Zeitgeschichte

1945–1948	Internierung in Dänemark nach Flucht über die Ostsee
1952	Eine Lehrerin erinnert sich 35 Jahre danach
1954	Epilepsie-Klinik Mara, Bethel/Bielefeld
1956	Chance geben! Diakon Erich Kindermann
1956	Gründung des ersten von betroffenen Eltern geleiteten Elternvereins in Deutschland: „Hamburger Spastiker-Verein e. V." durch Kurt Juster
1958	Gründung der Bundesvereinigung „Lebenshilfe für das geistig behinderte Kind e. V." in Marburg durch Tom Mutters
1959	Beginn der Aufbauarbeit einer ersten evangelischen Mütterschule in der Hansestadt Hamburg
1970	„Eine Anfrage und was daraus wurde …", Hildegard Nerger
1972	„Sekundärschäden Behinderter durch das Fehlverhalten Erwachsener", Dr. med Helmuth Boehncke, erster „*Verbündeter in der Sache behinderter Menschen*" unter den Medizinern
1973	„Aus Müttern behinderter Kinder dürfen nicht *ausschließlich* behinderte Mütter werden", Karin von Behr, Artikel in der „Welt", 11/1973

1973	Erster „*Verbündeter in der Sache behinderter Menschen*" unter den Theologen, stellvertretender Propst wird Rudi Mondry: „Nur bekannt gemachte Not wird gelindert und beseitigt!"
1974	Pastorenkonvent: „Familien mit behinderten Kindern leben in unseren Gemeinden" (Propst Rudi Mondry und Frauen, Kärrner-Mütter behinderter Kinder)
1974	Das Thema „Familien mit behinderten Angehörigen" erreicht die breite Öffentlichkeit: „Unser Walter. Leben mit einem Sorgenkind", siebenteilige Fernsehsendung, ZDF
1974	Studierende entdecken ein neues Praxisfeld dank Prof. Dr. Ursula Hagemeister, Universität Hamburg
1976	Eltern wehren sich: Die Einschulung ihres behinderten Kindes kann z. Z. nicht erfolgen …
1977	„Ich bin wie IHR!" – Schulfunk aktuell, NDR
1979	„Gesellschaft der harten Herzen", ZEIT-Dossier; „Schlangengruben der Gesellschaft … Im Fokus sind die Zustände in den Alsterdorfer Anstalten"
1980	Die Evangelische Akademie Nordelbien nimmt sich des Themas „Behinderte Menschen leben unter uns" an
1981	Erstes UN-Behindertenjahr „INTEGRATION statt SEPARATION"
1982	Studierende der Theologie werden aktiv
1983	Beschluss des Amtsgerichtes: Nach Aktenlage besteht kein Anlass zum Handeln … (Fall J. K)
1983	„EUTHANASIE im NS-Staat – Die Vernichtung lebensunwerten Lebens", Ernst Klee.

Es wird der Beginn einer Aufklärung für die daran interessierte Bürgergesellschaft

1983 Akademietagung „Behinderte auf der Kanzel?"

1983 Synodenbeschluss zur Schwerpunktarbeit der Evangelischen Familien-Bildungsstätte HH-Lokstedt, worauf die Behindertenszene in der Hansestadt Hamburg reagiert …

1983 Erstes Pilotprojekt: „Behinderte Menschen leben unter uns – Herausforderungen an die Theologie" an der Universität Hamburg, Fachbereich Theologie, Institut für Praktische Theologie

1983 Gründung der Arbeitsgemeinschaft „Menschen mit Behinderungen leben unter uns, eine Herausforderung an die Theologie" durch behinderte und *nichtbehinderte* Studierende der Universität Hamburg aus den Fachbereichen Theologie, Sonderpädagogik, Medizin und Psychologie

1984 Workshop **„Behinderte leben unter uns – eine Herausforderung für Theologie und Kirche"**, verantwortet von der AG „Behinderter und *nichtbehinderter* Studierender der Universität Hamburg"

1985 Internationale Konferenz „*Behinderte, wohl gesehen, aber nicht geachtet*" des Ökumenischen Rates der Kirchen, Genf (WCC/ÖRK) in Lunteren/Niederlande

1987 EUROPA-CONSULTATION des Weltrates der Kirchen in Kopenhagen zur Nach-und Weiterarbeit des Internationalen Kongresses „*Behinderte, wohl gesehen, aber nicht geachtet*" (Lunteren/Niederlande)

1988	**„125 Jahre Behindertenarbeit in Hamburg"** – Bischof Dr. Peter Krusche hält im Hamburger Rathaus die Festansprache
1989	Koordinationsrunde „Erwachsenenbildung für behinderte Menschen", Hamburg wird gegründet
1989	Die 6. Tagung der Evangelischen Akademie Nordelbein, Tagungsstätte Bad Segeberg: **„Euthanasie – eine alt-neue Versuchung"** hat eine bewegte Vor- und Nachgeschichte…
1989	Kirchenleitungsbeschluss der NEK zum **Nordelbischen Studien- und Entwicklungsprojekt „Behinderte Menschen leben in den Gemeinden", dies von 1989–1992** in der Zusammenarbeit mit dem Ökumenischen Weltrat der Kirchen, Genf (WCC/ÖRK) zu fördern und umzusetzen. (NEK-WCC/ÖRK, Genf)
1993	**„Behinderung –als eine gesamtgesellschaftliche zentrale Bildungsaufgabe** anzusehen" – OKR Kurt Puls, im Bericht vor der NEK-Landessynode
1995/1996	Im Archiv der ehemals Nordelbischen Kirche in Kiel, heute Nordkirche, wird auf Veranlassung des Nordelbischen Kirchenamtes das seit 1992 zur Sicherheit eingelagerte Material des Nordelbischen Studien- und Entwicklungsprojekts „Behinderte Menschen leben in den Gemeinden" durch die ehemalige Referentin des NEK-Projektes als für Forschung und Lehre verfügbare Unterlagen mit Unterstützung eines Archivars archiviert.
1996	Empfang der Kirchenleitung Nordelbien zur Übergabe des Archivgutes 13.39 und des

dazu gehörigen Findbuches „Nordelbisches Studien- und Entwicklungsprojekt ‚Behinderte Menschen leben in den Gemeinden'".

1999	Einmalig bisher in Deutschland läutet seit 1999 im Carrilon des Turmes der im 2. Weltkrieg zerstörten Heilig-Geist-Klosterkirche in Kiel eine Glocke für Menschen mit Behinderungen als ein weithin hörbares Zeichen mit der Inschrift der Glocke in „fis", Nordelbisches Studien- und Entwicklungsprojekt *„Menschen mit Behinderungen leben in den Gemeinden"*. Sie erinnert programmatisch an ein über viele Jahre gefördertes Projekt der Nordelbischen Kirche zur Verbesserung des Miteinanders von Menschen mit und ohne Behinderungen.
2006	UN-Behindertenrechtskonvention (UN-BRK)wird in New York beschlossen
2008	Theologische DENKSTUBE: „Ohne die Schwächsten ist die Kirche nicht ganz", St. Katharinen, Hamburg (zu Ulrich Bachs gleichnamigem Buch)
2008	Der NDR unterbricht seine Radiosendung zum Tod von Jürgen Knop
2009	Die UN-Behindertenrechtskonvention wird von Deutschland übernommen
2010	**„Glauben bewahren – Leben gestalten"**. Ökumenischer Gottesdienst zu „50 Jahre Lebenshilfe, LV Hamburg", in der Hauptkirche St. Katharinen Hamburg
2011	Mit der Veröffentlichung **„Schritte … des Wandels in unserer Gesellschaft für Menschen mit Behinderungen und ihre Angehörigen"**; Dokumentation B. M./E. B.,

2. Auflage beginnt die Zusammenarbeit mit der Landeszentrale für politische Bildung der Hansestadt Hamburg mit dem Ziel, Bewusstseinsbildung für die Bürgerinnen und Bürger dieser Stadt zu INKLUSION durchzuführen.

2011   *„Wir Alle zusammen – wie geht das?!"* Projekt der Landeszentrale für politische Bildung der Hansestadt Hamburg

2015   **„INTEGRATION und INKLUSION: zwei Begriffe, die zu Missverständnissen führen"**, Workshop, Senioren Beirat Hamburg E. Bohne 2015

Personenregister

Verwendete Literatur

Dank an Bibliotheken und Archive

Dank der guten Zusammenarbeit zwecks Einsichtnahme in folgende Bibliotheken und Archiven sind die vorgenommen Einblicke in unsere jüngere Zeitgeschichte möglich geworden:
Staats und Universitätsbibliothek Carl von Ossietzky, Hamburg
Nordkirchen Bibliothek in Hamburg
Landeskirchliches Archiv der Nordkirche in Kiel (LKAK)
Archiv der Evangelischen Stiftung Alsterdorf, Hamburg

Bücher

Aly, Monika und Götz: **„Kopfkorrektur oder der Zwang, gesund zu sein"**, Rotbuch Verlag, Berlin 1982
Aly, Götz: **„Die Belasteten. Euthanasie 1933–1945. Eine Gesellschaftsgeschichte"**, S. Fischer Verlag, 2013
Babel, Andreas: **„Kindermord im Krankenhaus. Warum Mediziner während des Nationalsozialismus in Rothenburgort behinderte Kinder töteten"**, Edition Falkenberg, 2015
Bach, Ulrich: **„Ohne die Schwächsten ist die Kirche nicht ganz. Bausteine einer Theologie nach Hadamar"**, **Neukirchner** Verlag, 2006

Bach, Ulrich: **„Boden unter den Füßen hat keiner"**, Vandenhoeck & Ruprecht, 1980

Binding, Karl/Hoche, Alfred: **„Freigabe der Vernichtung lebensunwerten Lebens. Ihr Maß und ihre Form"**, Leipzig 1920

Bohne, Eva/Marquardt, Bettina **„Schritte… des Wandels in unserer Gesellschaft für Menschen mit Behinderungen und ihre Angehörigen.** Der sozialpolitische Weg aus 5 Jahrzehnten von der Isolation zur Integration, dargestellt an ausgewählten Beispielen. **Materialsammlung und Dokumentation** mit didaktischen und methodischen Hinweisen für Lernende und Lehrende, Multiplikatoren in Politik, Pädagogik, Sozialarbeit, Bürger und Bürgerinnen dieser Stadt. 2. Auflage Hamburg 2011 LKAK 13.39, N.N. Vertrieb: Buchladen der LZB Hamburg und E-Mail: e.bohne-hh@gmx.de

Borck, Winfried: **„Geistig Behinderte – Eingliederung oder Bewahrung?"** Herausgegeben von Kugel, Robert/ Wolfensberger, Wolf; Übersetzung und Bearbeitung der deutschen Übersetzung von Wilfried Borck, G. Thieme Verlag, 1974

Cremer, Ines/Funke, Dieter (Hrsg.): **„Diakonisches Handeln. Herausforderungen – Konfliktfelder – Optionen"**, Lambertus Verlag Freiburg i. Breisgau, 1988

Degen, Johannes: **„Diakonie im Widerspruch"**, Christian Kaiser Verlag, 1985

Dörner, Klaus: **„Tödliches Mitleid zur Frage der Unerträglichkeit des Lebens – oder die Soziale Frage: Entstehung Medizinisierung – NS-Endlösung – heute – morgen"**, Verlag Jacob van Hoddis, Gütersloh 1988

Dörner, Klaus: **„Helfensbedürftig. Heimfrei ins Dienstleistungsjahrhundert"**, Paranus Verlag, 2012

Ebert, Dorothee (Hrsg): **„Wer behindert Wen? Eltern behinderter Kinder und Fachleute berichten"**, Fischer Taschenbuch Verlag, 1989

Engelbracht, Gerda/Hauser, Andrea: **„Mitten in Hamburg – die Alsterdorfer Anstalten 1945–1979"** Kohlhammer Verlag 2013

Evangelische Kirche in Deutschland: **„Es ist normal, verschieden zu sein. Inklusion leben in Kirche und Gesellschaft"**, eine Orientierungshilfe des Rates der Evangelischen Kirche in Deutschland, Gütersloher Verlagshaus, 2014.

Frisch, Max: **„Stich-Worte"**, ausgesucht von Uwe Johnson, Suhrkamp Verlag, 1975

Galen, Clemens August von: Akten: **Briefe und Predigten: 1943–1946,** Matthias Grünewald Verlag, Veröffentlichungen der Kommission für Zeitgeschichte: Reihe A, Quellen Bd. 42

Heinrich, Gerd/Mertens, Hermann: **„Kieler Carillon. ‚Friede sei ihr erst Geläute'"**, Nordelbisches Kirchenamt-Kiel, 1999

Herbst, Hans R.: **„Behinderte Menschen in Kirche und Gesellschaft"**, Kohlhammer Verlag, 1999

Hinz, Andreas/Körner, Ingrid/Niehaus, Ulrich (Hrsg.): **„Von der Integration zur Inklusion. Grundlagen – Perspektiven – Praxis"**, Lebenshilfe-Verlag, Marburg 2010

Klee, Ernst: **„Euthanasie im NS-Staat. Die ‚Vernichtung lebensunwerten Lebens'"**, S. Fischer Verlag, 1983

Klee, Ernst: **„Was sie taten –Was sie wurden. Ärzte, Juristen und andere Beteiligte am Kranken- oder Judenmord"**, Fischer Taschenbuch Verlag GmbH, 1986

Klieme, Joachim: **„Ausgrenzung aus der NS-‚Volksgemeinschaft'. Die Neuerkeröder Anstalten in der Zeit des Nationalsozialismus 1933–1945"**, unveränderter Nachdruck der Ausgabe von 1997, Selbstverlag des braunschweigischen Geschichtsvereins, 2015

Knop, Jürgen: **„Ich lebe gern. Bekenntnis eines Menschen mit einer schweren Behinderung."** Herausgeber Jan von Lingen, Dienst Leistungs Center im BBW-Annastift, 2009

Knop, Jürgen „**Sie werden uns doch bemerken müssen … Geschichten aus einem behinderten Leben**", SOAK-Verlag, 1981

Knop, Jürgen: „**LASST MICH, WIE ICH BIN**", Reha-Verlag GmbH, Bonn 1987

Kretschmer, Manfred: „**Das NS-Gesetz zur Verhütung erbkranken Nachwuchses**", 2011

Luther, Martin: „**An den Adel deutscher Nation**", darin: „**Von des christlichen Standes Besserung**", 1520

Metz, Johann Baptist: „**Glauben in Geschichte und Gesellschaft**", 1977, Matthias Grünewald Verlag, Mainz, 4. Auflage 1984

Mitscherlich, Alexander u. Margarete: „**Die Unfähigkeit zu trauern – Grundlagen kollektiven Verhaltens**", Piper Verlag, München 1969

Moltmann, Jürgen: „**Diakonie im Horizont des Reiches Gottes**", Neukirchner Verlag, 1984

Moltmann, Jürgen: „**Gott kommt, und der Mensch wird frei**", 1975

Müller-Fahrenholz, Geiko: Vorwort in Dokumentation „**Behinderte leben unter uns – eine Herausforderung an die Theologie**", Workshop der Arbeitsgemeinschaft Behinderter und Nichtbehinderter, Studierender d. Universität Hamburg, 1984

Nipkow, Karl, Ernst: „**Bildung als Lebensbegleitung und Erneuerung in Gemeinde, Schule und Gesellschaft**", Gütersloher Verlagshaus, 1990

Schibilsky, Michael: „**Kursbuch DIAKONIE**", herausgegeben von Michael Schibilsky, Neukirchner Verlag, 1991. Mit Beiträgen darin: Bohne, Eva/Bäumler, Christof/Busch, Johannes

Schmidbauer, Jürgen: „**Die hilflosen Helfer. Über die seelische Problematik der helfenden Berufe**", Rowohlt Verlag, 1977

Schott, Ortrun und Eberhard: „**Verspottet als Liliputaner, Zwerge, Clowns**", Ernst Klee u. Bernd Liebner (Hrsg.), dtv-Sachbuch, 1983, und gleichnamige Verfilmung

Schuchardt, Erika: „**Schritte aufeinander zu – zur Situation in der Bundesrepublik Deutschland.**" Aus der Projektförderung des Bundesministeriums für Bildung und Wissenschaft, Julius Klinkhardt Verlag, 1987

Singer, Peter: „**Praktische Ethik**", Reclam Verlag, 1984

„**Soziale Integration Behinderter durch Weiterbildung – zur Situation in England, Frankreich, Italien, Schweden, USA.**" Blumenthal, Viktor von/Butlar, Annemarie/Stübig, Heinz/Willmann, Bodo. Aus der Projektförderung des Bundesministeriums für Bildung und Wissenschaft, Julius Klinkhardt Verlag, 1987

Wolf, Christa: „**Kindheitsmuster**", Aufbau Verlag, 1976

Wunder, Michael/Genkel, Ingrid/Jenner, Harald: „**Auf dieser schiefen Ebene gibt es kein Halten mehr – die Alsterdorfer Anstalten im Nationalsozialismus.**" Herausgegeben vom Vorstand der Alsterdorfer Anstalten, Pastor Rudi Mondry, Kommissionsverlag Agentur des Rauhen Hauses Hamburg, 1. Auflage 1987, 3. Auflage Nov. 2016

Weitere Publikationen

Auswertung und Sachbericht: „ Zum Projekt „Schritte zur Umsetzung der UN-Konvention über die Rechte der Menschen mit Behinderungen –,*Wir Alle zusammen – wie kann das gehen?* '" Bohne, Eva/Marquardt Bettina, gefördert von der Landeszentrale für politische Bildung Hamburg (LZB) 2012 LKAK 13.39, N.N.

BAG-INFO: Bundesarbeitsgemeinschaft Evangelischer Familien-Bildungsstätten BAG-Informationen November 1981/Nr. 2 **„Behinderte Menschen leben unter uns – eine Herausforderung an die Theologie.**" Eine Dokumentation des Workshops für Hochschullehrer und Studierende. Herausgeber: Arbeitsgemeinschaft Hamburger Studenten. „Behinderte Menschen leben unter uns – eine Herausforderung an die Theologie", 2.–3.11.1984, Evangelisches Zentrum, Rissen/Hamburg, 1. Auflage 1985. Einsichtnahme unter: LKAK 13.39 **75**, 16, S. 1–41. Bezugsadresse: E-Mail: e.bohne-hh@gmx.de

„Behinderte – Eine vernachlässigte Minderheit" – Schriftenreihe der Bundeszentrale für politische Bildung, (LZB) Bonn 1980

Deutsches Pfarrerblatt/EKiR, 1984

DIES IST BETHEL, von Johannes Busch, Bethel-Verlag, 1992

DGPPN = Deutsche Gesellschaft für Psychiatrie und Psychotherapie, Psychosomatik und Nervenheilkunde, Kongress 2011, Berlin. Darin: Beschluss zwecks Aberkennung der Ehrenmitgliedschaft im DGPPN, u. a. Prof. F. Mauz, vom 24.11.2011

Dokumentationen zur Tagungsreihe der Evangelischen Akademie Nordelbien: „Behinderte Menschen leben unter uns – Herausforderungen an unsere Theologie und Kirche" der Jahre 1981–1992:

Protokoll der 3. Akademietagung „**Behinderter auf der Kanzel?**" Menschen mit Behinderung im kirchlichen Dienst, Akademie Hofgeismar 1983 LKAK 13.39 **66** 7. S.1–121

Dokumentation der 4. Tagung zur Reihe: „Behinderte Menschen leben unter uns – Herausforderungen an unsere Theologie und Kirche ‚**Die Kontroverse von Lunteren**‘ – Nacharbeit des Internationalen Kongresses ‚Behinderte, wohl gesehen, aber nicht geachtet‘ in Lunteren/Niederlande Eva Bohne, Joachim Tegtmeyer (Hrsg) 1985, LKAK 13.39 **68** 6. S.1–41

Dokumentation der 6. Tagung zur Reihe: „Behinderte Menschen leben unter uns –Herausforderungen an unsere Theologie und Kirche „**Euthanasie – eine alt–neue Versuchung**", Evangelische Akademie Nordelbien, Bad Segeberg: Eva Bohne, Joachim Tegtmeyer (Hrsg.), 1989; LKAK 13.39, **70**,4, S. 1–163

Dokumentation der 7. Tagung zur Reihe: „Behinderte Menschen leben unter uns – Herausforderungen an unsere Theologie und Kirche ‚Altes Neues Denken zum Thema: Menschen mit Behinderung leben unter uns – als eine Zeitansage verstanden‘." Herausgeber: Eva Bohne, Joachim Tegtmeyer, Wolfgang Vogelmann 1992 LKAK 13.39, **71** 5. S. 1–163

„**Eine zukunftsfähige ‚inklusive' Bildung ist keine Sache der Beliebigkeit**" Feuser, Geog Vortag in Bremen 6.2012

Empfehlung „Zur pädagogischen Förderung behinderter und von Behinderung bedrohter Kinder und Jugendlicher" (1973) der deutschen Bildungskommission, S. 15 f.

Empfehlungen zur sonderpädagogischen Förderung der Kultusministerkonferenz, historischer Abriss 1973, S. 15 f., 25.8.2016

Erklärung zu Zwangssterilisation, Vernichtung sogenannten lebensunwerten Lebens und medizinischen Versuchen an Menschen unter dem Nationalsozialismus, Siemens,Ludwig Evangelische Kirche im Rheinland, Landessynode Düsseldorf 1985;, LKAK 13.39.**87**, B85/2

„Jahr der Behinderten" – Die Situation der Eltern von geistig Behinderten. Eva Bohne. Hamburger Lebenshilfe – Nachrichten 3/1981; LKAK 13.39 363, M81/2

Leben in Bethel, Heft 1, Beitrag: Menschen mit Epilepsie, Dankort Bethel, 1990

Nordelbische Evangelisch-Lutherische Kirche: „Nordelbisches Studien- und Entwicklungsprojekt ‚Behinderte Menschen leben in den Gemeinden', Aufbau und Weg dahin, Weiterarbeit am Thema – in der Vernetzung mit Anderen", Verfasserin: Bohne, Eva Kiel 1995, 2. Auflage 1997. S. 1–250 Einsichtnahme unter: LKAK 13.39, N.N. Bezugsadresse: E-Mail: e.bohne.hh@gmx.de

„Ohne die Schwächsten ist die Kirche nicht ganz. Bausteine einer Theologie nach Hadamar" (Ulrich Bach, 2006), Dokumentation der „theologischen Denkstube" am 21. Januar 2008 in der Hauptkirche St. Katharinen in Hamburg. Herausgegeben Bohne, Eva und Tegtmeyer, Joachim Hamburg/Norderstedt 2008, LKAK 13.39, N.N. Bezugsadresse: E-Mail: e.bohne-hh@gmx.de

„Sekundärschäden behinderter Kinder durch das Verhalten Erwachsener", Boehncke, Helmut Sonderdruck der Lebenshilfe LV Hamburg, 1972. LKAK 13.39, **435,** M72

Ökumenischer Rat der Kirchen. Bericht aus: 6. Vollversammlung, Vancouver; Müller-Römheld, Fachgruppe 3: **„In Richtung auf mehr Partizipation",** Abschnitt f; „Behinderte": Empfehlung 3f, 1–10, Frankfurt 1983 und LKAK 13.39 **76.**6.

Ökumenischer Rat der Kirchen, Zentralausschuss Genf, aus der Beschlussfassung zu „Kirche für alle", Dokument PLEN 1,1, v. 26.8. 2003 LKAK 13.39, N.N.

„Paradigmenwechsel in Alsterdorf", Wunder, Michael https: www.beratungszentrum-Alsterdorf.de, 15.3.2016

„Was ist der Mensch …?" Dokumentation des theologisch-diakonischen Symposions in Bethel vom 15.–19.März 1992, herausgegeben von Hauke Christiansen in Verbindung mit Karl Dietrich Pfisteren, Verlagswerk der Diakonie im Diakonischen Werk der EKD, 1992

Wer macht den ersten Schritt? Fragen der Eltern an die Kirche nach integrativer, pädagogischer Arbeit im kirchlichen Kindergarten ihrer Gemeinde. Evangelische Familien-Bildungsstätte HH-Lokstedt. Herausgeber Schwerpunktarbeit „Behinderte Menschen leben unter uns" der Ev. Familien-Bildungsstätte. 1987 LKAK 13.39 **51**. 2. 2, S. 1–40

Zeitschrift für Heilpädagogik, Nr. 31, 1980

„Zum 40. Jahrestag des Krieges in Europa und der nationalsozialistischen Gewaltherrschaft – von Richard von Weizsäcker. Ansprache am 8. Mai 1985 in der Gedenkstunde im Plenarsaal des Deutschen Bundestages." Herausgegeben u. a. von: Bundeszentrale für politische Bildung, Bonn 1985

Foto- und Abbildungsnachweise

In den 1970 und 1980 Jahren war es aus Ersparnis Gründen erforderlich, vorrangig mit Schreibmaschinen- und Matrizenabzügen zu arbeiten; das erklärt die mindere Qualität der Abbildungen.

Dank für Unterstützungen auf dem Weg von der Idee zum Buch

In der Schreibphase fühlte ich mich vor allem unterstützt durch ideenreiches Mitlesen, Ratgeben und fachliches Ergänzen der freundschaftlich mir verbundenen Bettina Marquardt und Joachim Tegtmeyer. Für Korrektur- und Formatierung erfuhr ich professionelle Hilfe durch Miriam Flues und Simone Krahn. Besonderer Dank gilt allen Lebenden aus der „Weggemeinschaft" der *Verbündeten in der Sache behinderter Menschen* für die vertrauensvollen Gespräche und die daraus gewonnene Übereinstimmung, diesem Ausschnitt aus unserer jüngeren Zeitgeschichte in der vorliegenden Form Gestalt zu geben. So konnte eine Idee Wirklichkeit werden.

Covergestaltung. Beate Dingwort, Hamburg

Vom Verkaufserlös jeden Buches geht € 1 −, an die Elterninitiative „Hände für Kinder e. V.", Hamburg. Seit 2013 werden im neuen Kupferhof im Norden Hamburgs Ausruhtage und Ferien zur Entlastung für Eltern und ihre Kinder mit schweren Behinderungen angeboten.

EIN HERZ FÜR AUTOREN A HEART FOR AUTHORS À L'ÉCOUTE DES AUTEURS MIA KAPΔIA ΓIA ΣYГГP
ΓΙΑ ΣΥΓΓΡΑ FÖR FÖRFATTARE UN CORAZÓN POR LOS AUTORES YAZARLARIMIZA GÖNÜL VERELIM SZÍ
PER AUTORI ET HJERTE FOR FORFATTERE EEN HART VOOR SCHRIJVERS TEMOS OS AUTO
CÖINKÉRT SERCE DLA AUTORÓW EIN HERZ FÜR AUTOREN A HEART FOR AUTHORS À L'ÉCOU
ÇÃO BCEЙ ДУШОЙ К АВТОРАМ ETT HJÄRTA FÖR FÖRFATTARE Á LA ESCUCHA DE LOS AUTOF
MIA KAPΔIA ΓIA ΣYГГPAФEIΣ UN CUORE PER AUTORI ET HJERTE FOR FORFATTERE EEN H
CÖINKÉRT SERCE DLA AUTORÓW EIN HERZ FÜF
SCHRI ÇÃO BCEЙ ДУШОЙ К АВТОРАМ ETT HJÄRTA FÖF

Die Autorin

 Eva Bohne tritt seit 1970 aktiv als Zeit-
zeugin, Betroffene und Aktivistin für das
„neue Denken" und „neue Handeln" in
Hinblick auf Menschen mit Behinderungen
ein. Sie ist national und international vernetzt mit zahlreichen Verbündeten, die
sich für diese sog. „Randgruppe" unserer
Gesellschaft einsetzen, und besitzt einen
reichen Erfahrungsschatz, umfangreiches Fachwissen
und große Praxiserfahrung in diesem Bereich. Auch trat
sie bereits als Autorin zahlreicher Veröffentlichungen
zu diesem Thema in Erscheinung. Ihr neuestes Buch
„Was für ein Mit-einander von Menschen mit und ohne
Behinderungen – Einblicke in unsere jüngere Zeitgeschichte" erschien zu ihrem 85. Geburtstag.
Genauer hinzuschauen!, denn „*Nur bekanntgemachte
Not wird beseitigt!*" (Rudi Mondry), das gilt seit
45 Jahren für sie aufgrund der Begegnung und der
beruflichen Herausforderung durch Frauen, KÄRRNER-
Mütter behinderter Kinder. Genauer *hinschauen*, das
lässt sie schrittweise und staunend als Hobbygeologin
die unermessliche Komplexität des Kreislaufes von
Werden und Vergehen unserer Erde b e g r e i f e n
und dankbar sagt sie: „Es gibt erfülltes Leben trotz vieler
unerfüllter Wünsche!" (Dietrich Bonhoeffer)

novum VERLAG FÜR NEUAUTOREN

Der Verlag

*Wer aufhört
besser zu werden,
hat aufgehört
gut zu sein!*

Basierend auf diesem Motto ist es dem novum Verlag
ein Anliegen neue Manuskripte aufzuspüren, zu veröffentlichen und deren Autoren langfristig zu fördern.
Mittlerweile gilt der 1997 gegründete und mehrfach
prämierte Verlag als Spezialist für Neuautoren in
Deutschland, Österreich und der Schweiz.

**Für jedes neue Manuskript wird innerhalb
weniger Wochen eine kostenfreie, unverbind-
liche Lektorats-Prüfung erstellt.**

Weitere Informationen zum Verlag und
seinen Büchern finden Sie im Internet unter:

www.novumverlag.com